大
DALU
麓

汇集思想　纳于大麓

Song
Huizong

任崇岳——

著

宋徽宗

岳麓書社 · 长沙

图书在版编目（CIP）数据

宋徽宗 / 任崇岳著. -- 长沙：岳麓书社，2022.6（2023.12重印）
ISBN 978-7-5538-1608-1

Ⅰ.①宋… Ⅱ.①任… Ⅲ.①宋徽宗（1082-1135）-传记 Ⅳ.①K827=441

中国版本图书馆CIP数据核字(2022)第061536号

SONG HUIZONG

宋徽宗

任崇岳 著

岳麓书社出版发行

地址｜长沙市岳麓区爱民路47号
承印｜湖南省众鑫印务有限公司

开本｜880mm×1230mm 1/32　印张｜11.25　字数｜238千字
版次｜2022年6月第1版　印次｜2023年12月第2次印刷
书号｜ISBN 978-7-5538-1608-1
定价｜68.00元

如有印装质量问题，请与本社印务部联系
电话｜0731-88884129

前　言

　　宋徽宗赵佶是历史上知名度颇高的人物。有关他的逸闻轶事，在民间广为流传。这不仅因为他同名妓李师师曾结下不解之缘，从而成为骚人墨客吟咏的对象，而且也因为他风流倜傥，精通绘画，擅长书法，工于诗词，使他在艺术史上占有一席之地。当然，更重要的是，他成为亡国之俘后，度过了八年铁窗生涯，受尽了凌辱和折磨，54岁时在北方边陲小镇——五国城结束了生命。这一段传奇式的经历，恐怕也是引起人们兴趣的一个原因。

　　宋徽宗是一个复杂的历史人物，仅仅用"昏庸"二字形容他，似乎不尽贴切。北宋末年政治黑暗，经济凋敝，农民起义此起彼伏，金国铁骑频频南寇，终于导致社稷倾覆，江山易主，宋徽宗自然负有不可推卸的责任。但是，如果把罪过全部算在他一人身上，那也不尽公允。

　　众所周知，北宋自真宗以降，阶级矛盾、民族矛盾激化，财政危机加深，宋朝的统治已经处在风雨飘摇之中，岌岌可危。有识之士为挽救危机，提出了各种各样的主张，从真宗时王禹偁的应诏上书，建言五事，仁宗时范仲淹的庆历新政，直到神宗时的王安石变法，都殚精竭虑想使宋王朝摆脱危机，重振雄风。可惜的是，由于种种原因，这种努力并未成功。1093年，19岁的哲宗亲政后，曾一度表示要继承神宗的未竟之业，并为此改元"绍圣"，将保守派官员贬窜出朝，恢复王安石新法。这些措施，固然未可厚非，但在执行过程中，有些法令被歪曲，变得对大地主豪强有利，显然有悖于王安石的初衷。就是在变法派内部，也因意见不合而产生了裂痕，他们党同伐异，互相攻讦，为一己之私利而把民族国家的命运抛诸脑后，本来势力就很薄弱的变法派，处境就更加不妙了。1100年，25岁的哲宗撒手人寰，19岁的端王赵佶入继大统，他就是宋徽宗。主少国疑，权柄落在从来就反对新法的向太后手里，变法派雪上加霜，遭到了更沉重的打击。次年正月，向太后病逝，宋徽宗始得亲政。经过这些折腾，北宋王朝已是每况愈下，气数将尽了。

徽宗执政时，北宋王朝积贫积弱已久，就像一个久染沉疴、辗转床褥的病人，要徽宗妙手回春，挽狂澜于既倒，当然是不切实际的空想。但是，徽宗昏聩荒淫，挥霍无度，任佞逐贤，大兴土木，沉溺道教，加剧了北宋的覆亡，也是明白无误的事实。

平心而论，徽宗在即位之初，曾经有过一段励精图治的辉煌时期，清人王夫之曾说："徽宗之初政，粲然可观。"试看他屡下求直言诏、窜逐奸佞、昭雪冤狱、察纳忠言，所有这些，都受到了朝野的一致赞誉。这位涉世未深的少年天子，此时还未被权臣所左右，还有一股振翮九天的雄心壮志。假如他能够持之以恒，假如他不受宵小们的包围，假如他能够汲取历史上那些亡国之君的教训，北宋王朝也许可以中兴，至少能够保持与金国抗衡的局面。

可惜的是，这段清明政治只是昙花一现，在历史上几乎没有留下什么痕迹。时隔不久，徽宗便沉沦了。他把一个好端端的国家弄得满目疮痍，哀鸿遍地，十室九空，民怨沸腾。在毁掉北宋社稷的同时，他也尝到了自己种下的苦果——沦为金人的阶下囚。

《宋史·徽宗本纪》在谈论北宋覆亡的原因时说："自古人君玩物而丧志，纵欲而败度，鲜不亡者，徽宗甚焉，故特著以为戒。"王夫之说，徽宗君臣"君不似乎人之君，相不似乎君之相，垂老之童心，冶游之浪子，拥离散之人心以当大变，无一而非必亡之势"。这些评骘大体符合事实。

徽宗联金灭辽，本想大伸国威，谁知弄巧成拙，金国的铁骑却以摧枯拉朽之势颠覆了北宋王朝。后世不少史学家对徽宗这一决策提出疑问，认为如不与金朝结盟，不纳叛将张觉，金军便没有理由南下，北宋便不会覆亡。这显然是皮相之见。其实，徽宗图谋恢复燕、云之举并无过错。自石敬瑭将燕、云十六州割让与辽以来，中原王朝便丧失了抵御游牧民族南下的屏障——长城，而自燕京至黄河之间地势平坦，几乎无险可守，游牧民族很容易进入中原腹地。从周世宗柴荣以来，中原王朝便处心积虑地要夺回燕、云失地，以使本固邦宁，但是又都力不从心。"澶渊之盟"后，宋输银十万两、绢二十万匹给辽，庆历年间又增银绢各十万两、匹，才换得两下相安无事。尽管北宋又从对辽的榷场贸易中赚回了岁币，但向辽缴纳岁币这件事，毕竟使一个主权国家难堪，徽宗宁愿将给辽的岁币给金，也要把燕、云十六州置于自己的有效控制之下，这个设想还是值得嘉许的。

就北宋的情况而言，自元祐以来，朝廷上下几无可用之将，举国内外几无可战之兵，城堡颓圮，戍卒离散，武力不竞，自然难以抵御游牧民族剽悍铁骑的进攻。但是，如果徽宗认真整军经武，事情并非没有转机。以财赋而言，徽宗虽然奢侈，还未至于像隋炀帝杨广那样用之如泥沙，尽天下财力以捍蔽北方，仍是绰绰有余。以兵力而论，北宋的士兵人数超过金方许多倍，以将相而言，张孝纯、张叔夜、张浚、赵鼎等俱已在位，韩世忠、岳飞、刘琦等或已身在行伍，或已崭露头角，如果用人得当，他们当可大展身手。但是徽宗、蔡京统治集团却派出了童贯、刘延庆等人。宋军以精锐之师去攻打如爝火之微，行将澌灭的契丹，犹不能稳操胜券，先是童贯败于白沟，接着是刘延庆、郭药师败于燕山，更不必说与士马强勍的金军对垒了。金军的铁骑几乎没有遇到什么抵抗，便打到了开封城下，这一切来得如此突兀，徽宗完全没有思想准备，一夜之间他便由尊贵的天子变成了阶下囚。凄风苦雨，长夜不寐，他只能在羁旅中含泪吟出"花城人去今萧索，春梦绕胡沙。家山何处，忍听羌笛，吹彻梅花"的诗句，以抒发他国破家亡的感慨了。

徽宗是位多才多艺的帝王。他那潇洒飘逸、刚柔相济的瘦金书，栩栩如生、呼之欲出的花鸟人物画，饱蘸泪水、哀怨低回的诗词，时隔八百余年，如今仍然放射着璀璨夺目的光彩。他嫖娼狎妓，但没有像前蜀王衍写出"者边走，那边走，只是寻花柳。那边走，者边走，莫厌金杯酒"（《醉妆词》）那样格调低下的词；也没有像李后主写出"奴为出来难，教君恣意怜"（《菩萨蛮》）那样露骨的词。他那凄怆欲绝的《燕山亭》词，足以和李后主的《破阵子》词相媲美。实事求是地说，宋徽宗与李后主在才能、气质乃至结局上，都有惊人的相似之处。但李后主除了诗词、书法外，对于治理国家一窍不通，让他当一国之主，实在是一场历史的误会，因此，南唐的覆亡在人们的预料之中，而赵佶的情况则不同。以他的才能，治理国家本可游刃有余，到头来却演绎了一出系颈牵羊、衔璧出降的悲剧，这个结局，是耐人寻味的。

言之无文，行之不远。二十四史中的《史记》之所以享誉古今，被鲁迅先生称为"史家之绝唱，无韵之离骚"，就是因为它文藻灿烂，妙笔生花。目前的史学著作大多引证烦琐，晦涩难懂，因此令读者望而却步，倒是中央电视台举办的《百家讲坛》栏目讲述历史深入浅出，生动活泼，颇受大众欢迎，给一向沉寂的史学园地注入了一股清新的活力。宋徽宗一生事迹甚多，笔者在全面掌握和充分吃透史料的基础上，去芜存菁，择其荦荦大端，加以叙述，力求语言简洁流畅，富有文采，避免烦冗、艰涩之弊，没有烦琐的考证，没有大段的引文，丰赡通达，雅俗共赏。

限于水平，书中肯定有许多不尽如人意之处，还请博雅君子教正。

目　录

致命的诱惑：联金灭辽

渔阳鼙鼓动地来

九叶鸿基一旦休

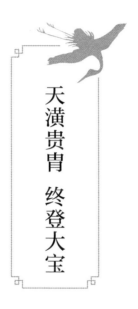

天潢贵胄　终登大宝

天潢贵胄

元符三年（1100）正月十二日夤夜，雨雪霏霏，寒风料峭，东京紫禁城内福宁殿中隐隐传来一阵哭泣声，原来是25岁的哲宗皇帝赵煦驾鹤西去，魂归道山。哲宗是神宗皇帝的第六子，元丰八年（1085）三月初一在福宁殿被立为太子，三月初五即位，那年他刚刚10岁。如今还不到而立之年，哲宗便撒手尘寰，这在朝野之间引起了不小的震动。依照父死子继的惯例，哲宗的儿子应该嗣位，但是哲宗膝下无子。天不可无日，国不可无主，偌大的江山交付何人执掌，是一个亟待解决的棘手问题。

和后妃成群的帝王相比，哲宗只有两位皇后，一是孟皇后，二是刘皇后。孟皇后是洺州（今河北邯郸永年区）人，生于官宦之家，但与哲宗琴瑟不调，几年之后便被废黜，出居瑶华宫，号华阳教主、玉清妙静法师，法名冲真。她生有女儿，没有儿子。刘皇后生得风神秀彻，艳冠后庭，且多才多艺，甚得哲宗宠爱，由美人、婕妤进位贤妃，孟皇后被废，刘氏得以入主后宫。她生有一子二女，但她的儿子赵茂刚出生三个月便告夭折，从此刘皇后再没生子。哲宗寻思，自己正值盛年，何愁没有儿子？然而儿子还在乌有之乡，他自己竟先撒手去了。

哲宗猝然病逝，并未留下遗嘱，他自己无子，其他人与之关系疏远，无缘问鼎帝位，嗣君只能在他的兄弟中遴选了。神宗共有十四子，哲宗行六，长子伏、次子仅、三子俊、四子伸、五子侗、七子价、八子偶、十子伟均享寿不永，死于哲宗之前。剩下的是九子佖、十一子佶、十二子俣、十三子似、十四子偲。这五人都醉心富贵，觊觎帝位，毕竟天子之位对每个人来说都有不可抗拒的诱惑力。五人中活动最积极的是赵佶。赵佶的生母是陈皇后，她与哲宗生母朱皇后均是开封人。陈皇后出身微贱，却颖悟庄重，选入掖庭为御侍，生下赵佶后，才母以子贵，进位美人。神宗崩逝，她居住于陵寝之侧，因哀伤过甚，形销骨立，身体羸弱，下人捧粥、药劝食，她拒不服用，32岁时便香消玉殒，建中靖国年间被追封为皇太后，陪葬于神宗永裕陵旁。也许是哲宗与赵佶的外祖父都是开封人的缘故，在众多的弟兄中，两人关系最好。

本来继位希望渺茫的赵佶，凭着他纵横捭阖的本领，居然登上了九五之尊，因此后世的官私史乘便有了许多附会传说。赵佶生于元丰五年（1082）十月十日，据说他降生前，神宗到秘书省观看那里庋藏的南唐李后主像，看见后主的文采风流，心里不禁一动，这时后宫报称赵佶已呱呱坠地。这种天与神授的迷信传说，当然不足凭信，但从赵佶身上，我们也的确能看到李后主的影子。两人都风流倜傥，才华横溢，无论是诗词、绘画、书法，都到了炉火纯青的境界，在中国文学史、艺术史上占有重要的地位，但在政治上，又都是昏庸之君。即使在结局上，两人都有惊人的相似之处：同是亡国之君，同是阶下之囚，李后主被宋太宗鸩死在东京开封，宋徽宗于贫病交加中死于五国城（今黑龙江依兰县）。

赵佶1岁时便被其父神宗封为镇宁军节度使、宁国公；哲宗即位，赵佶晋封遂宁郡王，绍圣三年（1096）改封端王，绍圣五年（1098）加封为司空，改昭德、彰信军节度。天潢贵胄，自然不同凡人，小小年纪便有了许多官衔。赵佶当藩王时，所作所为便与那些喜欢声色狗马的弟兄们不同，喜欢的是图书、丹青、射御，在京城颇有声誉。他与驸马都尉王诜（字晋卿）、宗室赵令穰（字大年）往来，二人都擅长丹青、书法，赵佶与他们切磋琢磨，绘画、书法都大有长进，后来独步一时，成为方家。自然，这是后话。

觊觎神器

哲宗元符年间，太子赵茂夭折，皇嗣未立，哲宗郁郁不乐。他听说泰州（今属江苏）天庆观有个叫徐神翁的道士善于推算休咎，便派宦官前去询问。宦官见到徐神翁，说明来意，徐神翁沉吟片刻，说上天已经降下嗣君，宦官问是何人，徐神翁只是缄默不语。宦官问得急了，徐神翁在纸片上写了"吉人"两字，让宦官拿回朝中。哲宗召集群臣商议，一个个如坠云里雾中，没有一人能破解奥秘，只得作罢。其实，"吉人"两字合起来便是"佶"字，乃是徽宗的名讳。徐神翁之所以不肯明说，是怕泄露了天机。

元符年间哲宗常在殿廷上召见群臣，看班舍人必定手持笏板巡视班列，遇到没有拿好笏板或站立不合规矩者，便大声呵斥："端笏立！"意思是要恭恭敬敬拿好笏板，维持好殿廷上的规矩。但赵佶当时已被封为端王，就意味着手持笏板的端王已经有被立为帝的预兆了。后来哲宗崩逝，赵佶果然由端王进位为天子，好事之徒便说"端笏立"三字应验了。

还有一件有趣的事：哲宗曾创建一堂，落成后，想让群臣起个恰当的堂名，那些饱读诗书的士子纷纷搜肠刮肚，给堂取名，怎奈皆不中哲宗之意。哲宗沉思片刻，忽然有了灵感，说就叫"迎端"吧，意思是迎事端而治之，办每一件事，开始就要认真，不料这却成了迎端王入继大统的符谶，不久端王赵佶就登上了帝位。

这几则阿谀奉承的记载非常荒唐，无法使人相信，但赵佶的名声却一天天大了起来。

赵佶做藩王时，有个叫杨震的管家，对他忠心耿耿，勤勉有加。一次，端王府第降下两只鹤鸟，鹤降于庭，向来都被视为祥瑞。朝中大臣得知消息，纷纷前来祝贺，赵佶内心也喜不自禁。杨震怕传出去引起哲宗的猜忌，便把那些人赶走，说你们看错了，那是鹳非鹤！又有一日，端王寝阁上突然长出了灵芝，这又是一种祥瑞之兆，大臣们又纷纷前来祝贺。杨震忙把灵芝铲去，对人说，是菌非芝。赵佶开始对杨震的做法非常不满，后来才理解了他极力护主的良苦用心，从此对他信任弥笃。

　　既有祥瑞出现，赵佶觊觎帝位之心便愈加迫切，但仍需韬光养晦，以免引人猜忌，他整日六神无主，坐卧不安。终于有一天，他按捺不住，叫来手下人吩咐说："你可拿我的生辰八字到大相国寺去，等开门时进去，让每一个卦摊都推算一遍，查看吉凶祸福。但只准说为你自己算命，不准说出我来。"那人奉命在每一个卦摊前询问一遍，那些卖卜者多数是凡夫俗子，没能看出赵佶的富贵之命。最后才见一人，衣衫不整，面容憔悴，坐在卦摊之后，一副穷困之相。赵佶的手下看他其貌不扬，便不抱太大希望，随便问他籍贯姓名，那人回答说："浙人陈彦。"赵佶的手下拿出主人的八字让他看。陈彦端详良久说："足下真会开玩笑，这不是你的生辰八字，乃是天子的生辰八字，你何苦这样捉弄我？"这真是石破天惊，陈彦不慌不忙，一语便道破天机，是出于巧合，抑或是陈彦真能神机妙算？赵佶的手下惊得目瞪口呆，一句话也说不出来。他怕陈彦看破了行藏，不敢泄漏消息，急忙回府报告给赵佶。赵佶沉默有顷，对他说："等相国寺开门，你可再去见他一趟，就说是我的生辰八字，一切都不必隐瞒。"那人奉命再次见到陈彦，把赵佶的话复述了一遍。陈彦嗟叹良久，对那人说："你回去禀报端王，他命里注定该当天子，愿他自爱。"时隔一年，陈彦的话果然应验，赵佶如愿以偿，登上了九五之尊。陈彦从此官运亨通，从一个普通卖卜之人官至节度使，成为炙手可热的权贵。

　　陈彦卖卜的事给徽宗留下了难以磨灭的印象，即位之后，仍然乐此不疲。宣和年间，一个叫谢石的人，从成都来到京师，靠拆字言人休咎祸福，来人只需随意书写一字，谢石便能拆开分析，从中测出吉凶祸福，屡试不爽，因而名闻京师。徽宗得知此事，不觉怦然心动，他随手写了一个"朝"字，派一名宦官拿去找谢石。谢石见字把宦官上下打量了一番，不紧不慢地说："此字并非出于公公之手，乃是另一贵人所写。我既以拆字为生，只能据字而言。我青云直上在于此字，贬谪发配也在于此字，只是不敢直说。"那宦官愕然片刻说："只要言之有据，但说无妨。"谢石以手加额说："'朝'字拆开来看，即为'十月十日'四字，不是这一天出生的人，谁会写这个'朝'字呢？"十月十日乃徽宗诞辰，京师人人皆知，谢石突然说出，令在场的人都惊讶不已，宦官慌忙跑回宫廷，报告给了徽宗。第二天徽宗便把谢石召到了后苑，让身边的人和宫嫔们各写一个字，交给谢石分析。谢石据字论说祸福，有根有据，后来均一一应验。徽宗甚为高兴，随手就补了谢石一个承信郎的官职。承信郎是武阶官名，官职不高，谢石也不必到职，只管领取俸禄就是。从此以后，来谢石处询问休咎者门庭若市。

向后贤淑

赵佶清楚地知道，不管制造多少祥瑞，都只能帮他登上皇帝宝座作铺垫，单靠这些并不能成为天子，要想成功，必须赢得朝中最有权势之人的欢心。而当哲宗病重时，军国大权都掌握在神宗正宫向皇后手中，她一言九鼎，举足轻重，不打通这个关节，一切都是镜花水月，无从谈起。

向皇后，河内（今河南沁阳）人，真宗朝宰相向敏中的曾孙女。治平三年（1066）三月，神宗任颍王时，娶向氏为妻，封安国夫人，神宗即位，册封向氏为皇后。神宗与她琴瑟和谐，伉俪情笃。元丰八年（1085）三月，38岁的神宗撒手人寰，崩于福宁殿，向皇后与神宗生母高太后定策立赵煦为帝，是为哲宗，向皇后升格为皇太后。神宗生母高太后命人修葺庆寿宫给向皇后居住，但庆寿宫位于高太后住处之东，以方位而论，东方为上。向皇后推辞说："哪里有婆婆住西边而儿媳住东边的道理，这样岂不乱了上下之分！"坚持不肯搬迁。哲宗准备挑选皇后，并同时为诸王娶妻，那些垂涎富贵的王公大臣纷纷送女儿应聘，向皇后却下令向氏女子不得参与，一时传为佳话。向氏族人中有求官者，请求向皇后说项，向皇后一概拒之门外，她说："向氏族中没有这个规矩，我不敢以私情扰乱公法。"在满朝文武大臣心目中，向皇后是一个公平正直、不徇私情的贤淑皇后。

赵佶准确地分析了形势后，便使出浑身解数，曲意逢迎向皇后，以讨取她的欢心。他不惜降尊纡贵，着意笼络向皇后身边的侍从，让他们在太后面前称誉自己。这一招果然奏效，时间一长，宫廷上上下下都说赵佶的好话，说他仁义孝悌，风流蕴藉，不同凡响。向皇后听得多了，也对赵佶有了好感，在她的心目中，赵佶龙章凤姿，比其他诸王都有才干，因而对他特别钟爱。朝野间也纷纷传言，一旦哲宗龙驭上宾，继位者必是赵佶无疑。

好风凭借力

元符三年（1100）正月十一日夜间，向太后与哲宗生母朱太妃先后来到福宁殿看望病体支离的哲宗皇帝，只见他气若游丝，神情木然。朱太妃悲从中来，五内俱焚，哭泣着扑向哲宗，希望能听到他一句话，但哲宗只是嘴唇翕动，已发不出声音了。向太后见状，忙把朱太妃拉在一边，低声说："你不要再询问官家（指天子），他已经跟我说了。"朱太妃问："官家说什么？"向太后说："他让我迎立端王。"朱太妃寻思："我是天子生身母亲，为何从未听他说过此话？如今哲宗已口不能言，何以能托付后事？"虽然她满腹狐疑，但鉴于向太后是正宫，一向位高权重，她不想争辩，转身走出了福宁殿。向太后并不在意朱太妃是否离去，皇位继承问题，她成竹在胸，自有安排。她一直守在哲宗身旁。

果然，哲宗刚刚咽气，福宁殿里就灯烛煌煌，向太后已经在那里处理由谁嗣位的问题了。她把大臣们召集在一起说："国家多难，大行皇帝（刚死的天子）不幸崩逝，他未立皇太子，应该由谁继位，现在必须有个了断。"

宰相章惇立在堂下，他仔细琢磨向太后这句话，似乎立谁为帝，还没有定论，既然没有定论，他就可以发表意见。何况宰相是百僚之长，无论从哪个角度说，都应该第一个讲话。章惇平日不喜欢赵佶，认为他轻佻，全没有天子的风度和气质，不配当皇帝，便高声奏道："简于赵似与大行皇帝一母同胞，天子既崩，揆诸情理，应由简王嗣位。"

向太后摇摇头说："老身膝下无子，其余诸王均是庶出，不必如此分别。再说简王是神宗第十三子，断无僭越诸兄之理。卿言不当，可再议。"

章惇又奏道："有嫡立嫡，无嫡立长，乃是古今通例。神宗皇帝十四子中有八人早逝，加上大行皇帝，共为九人。剩下的五位藩王中，依照长幼顺序，应立申王佖为帝。"章惇和申王赵佖并无多少交往，他之所以竭力推荐赵佖继位，目的只有一个，那就是阻止赵佶登基。赵佖也是诚悫之人，出生不久便被封为山南东道节度使、仪国公。哲宗即位，对这位异母兄弟呵护有加，加封开府仪同三司、大宁郡王，未几，进申王，拜司空。司空为三公之一，虽不预政事，却是极高的荣誉头衔，朝廷轻易不肯除授，只作为宰相、亲王、使相的加官，赵佖能获此殊荣，足见他和哲宗手足情笃。哲宗既崩，在现存诸王中赵佖年龄最大，立他为帝，本是顺理成章的事。但赵佖幼小时患病眇目，倘若让瞎了一只眼的人登位，岂不贻笑天下！

向太后当即驳斥说："申王虽然年龄居长，但一目已眇，岂有堂堂天子眇目之理，此事万万不可，毋庸再议。"她这一席话光明正大，无懈可击，章惇不禁语塞。

向太后隔着珠帘扫视朝堂，见大臣们一个个执笏端立，脸上露出惶惑之色，便徐徐说道："申王既有目疾不可立，依次当然是端王入继大统了，你等可有异议？"

众大臣面面相觑，无人回答。皇位继承是一个敏感问题，一言不合，便会招来无妄之灾，何苦为此丢掉身家性命！最稳妥的办法就是三缄其口，一言不发。

章惇见无人持异议，心有不甘，便急不可耐地大声反驳说："端王轻佻，不可以君临天下。"

知枢密院事曾布一向与章惇意见不合，今日见他疾言厉色，出言无状，便高声斥责说："章惇从未与臣等商议过立天子之事，今日突发这种议论，实在令人惶骇，未知他居心何在。皇太后说应立端王，臣聆听多时，觉得圣谕极当，并无不妥之处，想必朝野中人同此心，心同此理，一切敬请太后定夺，不必理会章惇的胡言乱语。"知枢密院事是枢密院的长官，与中书分掌军政大权，合称"二府"，因此曾布敢与章惇一争高低。

曾布既提出了异议，大臣蔡卞、许将也跟着附和说："太后圣谕极是，应该凛遵勿违，不可节外生枝，再有异议。"章惇见偌大的朝堂上无人附和自己，料是孤掌难鸣，只得退至一旁，长吁短叹。

向太后缓缓说道："先皇（指哲宗）在时曾经说过，端王有福寿之相，且又仁孝，不同于其他诸王。既然诸王中无人与他比肩，于情于理，都该由他嗣位。众卿如无异议，可召端王入宫。"众大臣一致回答："悉凭太后主张。"

其实，赵佶早就翘首企盼这一天了。哲宗病重之际，他就度日如年，躁动不安，当然他关心的不是哲宗的安危，而是自己有无希望染指皇位。他明白，是作为藩王终老其身，还是作为帝王名垂简册，两者不可同日而语，自己一生的升沉荣辱，都与能否成为天子连在一起。

他时刻关注着福宁殿那场大辩论，并派人去刺探消息，他在端王府时而兴高采烈，时而沮丧颓唐，时而仰天长啸，时而伏案沉思，这是他一生中从未经历过的焦灼时刻。

蓦地，他听到了传唤端王的声音，接着便是一片杂沓的脚步声，他知道自己的企盼已经变成现实，脸上的愁容便一扫而光。阳光明媚，春风骀荡，当他迈着轻盈的步伐，在群臣簇拥下来到福宁殿时，向太后已在那里等着他了。

一切都行礼如仪，赵佶在大行皇帝灵柩前宣布即位，就是徽宗皇帝。这年，他19岁。

昙花一现的新政

凤雏新声

徽宗虽然如愿以偿，登上了天子之位，但他没有治国经验，况且他以庶子成为皇帝，人心是否信服，他没有把握。他思虑再三，不得不搬出向太后来，请她垂帘听政。

已经55岁的向太后性格恬淡，且年事日高，如今新天子既立，自己正可逍遥自在，颐养天年，徽宗却要她垂帘，她当然不允。但徽宗不依不饶，再三恳求，向太后无奈，只得应允。她通过御药院内侍黄经臣传旨说："垂帘听政，非出本心，只因圣君累次拜请，只得勉为其难。一旦国事稍定，便立即还政，断不敢同真宗刘皇后、英宗高皇后一样终身听政。"然后由蔡京草制，颁示天下。果然向太后执政不过半年，便交还了政柄。

建中靖国元年（1101）正月，56岁的向太后奄然物化，寿终正寝。应该说，在宋代的众多后妃中，向太后不失为睿智贤淑的一位。

骤失向太后的怙恃，军国大事便全部落在了不到弱冠之年的新天子身上，已经没有人可以依傍，他必须自己挑起这副担子。

应该说，徽宗并不是一开始就不恤政事，他也想过励精图治，把这个江河日下的帝国打造成太平盛世。至于后来沦为亡国之君、阶下为囚，客死异域，那是另一回事，不能因此否定徽宗当国初年的政绩。

徽宗当政之初，北宋王朝就像一艘年久失修、千疮百孔的破船，在惊涛骇浪中缓缓前行，稍一不慎，便会触礁沉没。徽宗甫即位便大刀阔斧，整理朝纲。第一个措施便是果断地任命大名府知府韩忠彦为吏部尚书，真定府知府李清臣为礼部尚书，右正言黄履为资政殿大学士兼侍读。这三人均为人正直，出言无忌，此次破格提拔，消息很快不胫而走，中外翕然称颂。市场上有人雕印出卖这一消息，称这次任命是"快活差除"。

大臣曾布上疏说："陛下即位之初，所有举措无不深合人望，尤其是韩忠彦等被任命一事，朝野皆称颂圣德。"但也有持反对态度者。给事中刘拯上疏说："韩忠彦系驸马都尉韩嘉彦之兄，元祐年间曾任尚书右丞，后调枢密院任职。如今忠彦刚升擢为吏部尚书，又升为辅佐宰相的门下侍郎，如果他日有人援以为例，朝廷岂不成了优待外戚之地？"徽宗不同意这种看法，他说："忠彦之父韩琦历仕仁宗、英宗、神宗三朝，功勋卓著，忠彦德行醇厚，理应升迁，岂能因驸马嘉彦之故而妨碍贤能之路？"遂对这种反对意见屏而不纳。

韩忠彦也没有让徽宗失望，提出了广仁恩、开言路、去疑似、戒用兵四项主张，也一一都被采纳。三个月之后，韩忠彦便被任命为尚书右仆射（宰相）兼中书侍郎。

其他正直敢言之士，龚夬被任命为殿中侍御使，陈瓘、邹浩为左右正言，江公望、常安民、任伯雨、陈次升、张舜民等皆居台谏之职。

谏官职掌弹劾奸邪，纠察时弊，有不少人因言贾祸，顾虑重重，噤若寒蝉。中书舍人曾肇提出："以往言事屡遭迫害，谏官至今心有余悸，不敢直抒胸臆，畅所欲言，希望陛下允许他们直陈己见，然后择善而从，酌加旌赏。即使言不足取，甚至狂妄荒谬，也不必怪罪，置之不理可也。"徽宗认为曾肇言之有理，忠贞可嘉，当即下诏将其上疏送往三省（门下省、中书省、尚书省）研究。

隔了几天之后，徽宗便下诏让士庶臣僚直言指责时弊，批评朝政，并表示其言可采，立受奖掖；所言皆错，亦不受罚。诏书中说："朕自入继大统，任大责重，不知如何治理天下。四海之大，问题之多，非朕一人所能遍察，端赖士庶臣民多进忠言，以匡不逮。举凡朕躬的阙失，政令是否妥当，风俗是否淳朴，朝廷恩泽能否普及民间，黎庶的疾苦是否有人关心，均在建言之列。在京言事者，送给所属地区长官；外地言事者，送给所在州军转呈。"

这篇洋洋洒洒的诏书，出自中书舍人曾肇之手，感情激越，沁人肺腑，在宋朝的诏书中可谓别具一格。我们完全可以想象，此时的宋徽宗完全是出于至诚，绝非欺世盗名，骗取朝野的好评。

诏书刚一下达，韩忠彦、曾肇便上书言事。韩忠彦要求徽宗兑现诺言，取信于民，不要因言事而降人以罪。曾肇则要求撤销编类臣僚章疏局，此局负责编录臣庶奏章，别有用心之人往往从奏章中摘录片言只语，然后深文周纳，给人定上莫须有的罪名。徽宗认为说得有理，便下诏撤销了编类臣僚章疏局。

二悖两蔡

朝野之间都在观察徽宗的言行，见他襟怀豁达，上书言事者便纷至沓来。奏疏多集中在用人方面。

筠州（今四川筠连南）推官崔鹏首先发难。推官只是掌一州司法事务的小官，职位卑微，但"位卑未敢忘忧国"，他说："陛下下诏求直言，臣若有话不说，便辜负了陛下的栽培之恩。如今政令烦苛，民不堪其扰，风俗险恶，法令不能制，这且不去说它，单说陛下身边的忠奸大臣。"接着便指名道姓地斥责宰相章惇。在历数章惇一大堆劣迹后，又着重指出他操持国柄，遮蔽圣聪，排斥正直之人，有议论政事者便诬蔑为讥刺朝政，直言进谏者是诋毁天子，以此来堵天下人之口，掩饰自己的罪行。凡此种种，都超过了历史上的巨恶大憝。朝廷上有人说司马光为奸，而天下之人皆曰忠；今日宰相章惇，朝廷上认为是忠臣，而天下之人皆称之为奸邪。京城中流传说，"大惇、小惇（指御史中丞安惇），祸及子孙"，还有人直接称章惇为"惇贼"，这样的人如不惩处，怎能平民愤！

徽宗浏览奏章，不禁有一丝快意。他在藩邸时便知章惇是奸邪之辈，即位时又是章惇极力反对，差一点龙位不保，心中早存芥蒂，崔鷗上疏弹劾他，可说是正中下怀。但仅凭一纸奏折便惩办宰相，又恐人说他挟嫌报复，便隐忍不发。刚好又有人告发，章惇任哲宗山陵使时，将哲宗的灵柩陷于泥泞之中，直到第二天才从泥泞中拖出，言官们以此为由头，弹劾章惇对哲宗在天之灵不敬，徽宗当即顺水推舟，贬章惇出朝，由宰相降为知越州（今浙江绍兴）。

不久，言官陈瓘又说章惇在绍圣年间设置元祐诉理局，凡元祐年间言语不顺者，施以钉足、剥皮、斩颈、拔舌之类酷刑，如今只贬为知州，实在是罪大罚轻，不足以平民愤，结果章惇再贬为武昌节度副使，安置潭州（今湖南长沙）。节度副使没有实际职掌，只用来安置贬谪官员。章惇在朝为官时为人忮刻，积怨甚多，言官们继续抨击，章惇又被贬为雷州（今广东雷州）司户参军，后再徙睦州（今浙江建德），最终悄然死在那里。

安惇是言官们抨击的第二个对象。他身为御史中丞，本应扶正祛邪，整肃纲纪，但他与章惇沆瀣一气，狼狈为奸。邹浩在哲宗朝因谏立元符皇后事，被章惇进谗，削官安置新州（今广东新兴），徽宗即位后才得以回到朝中任右正言。安惇上奏反对说：“如果复用邹浩，岂不是说哲宗对他的处罚错了？”徽宗表示：“立后是件大事，你官阶高而缄默不言，邹浩却挺身而出，有何不可？”安惇这才无言以对。大臣们揭发安惇和另一大臣蹇序辰在元祐诉理局编摘大臣章奏期间，受章惇指使，无中生有，污蔑贤良，谤讪朝政，引起朝野共愤。徽宗核实后，将两人除名，放归田里。

蔡京之弟蔡卞是王安石的女婿，绍圣年间任尚书左丞，专托"绍述"之说，上欺天子，下压同僚，情节恶劣。所谓"绍述"是指哲宗亲政后，以绍述（继承）其父神宗成法为名，改元绍圣，贬谪旧党，起用章惇为相，更改元祐法度，陆续恢复神宗新法。其实章惇等意在打着绍述的幌子，党同伐异，蔡卞与他同恶相济，推波助澜。章惇轻佻，好发议论，蔡卞则城府极深，藏而不露。每逢议论朝政，章惇摇唇鼓舌，唾沫四溅，而蔡卞则一言不发，诡秘莫测。

此时章惇已贬，蔡卞还未受到牵连，右正言陈瓘怕抨击蔡卞会受到徽宗阻挠，便试探着上疏说："我想弹劾蔡卞，却又不敢贸然行事。"徽宗问他为何有这种想法，陈瓘说："朝中议论纷纷，恐怕蔡卞去朝而其兄蔡京返朝，那时会受到报复，因此不敢。"徽宗表示，即使贬了蔡卞，也不会起用蔡京，如果贬弟用兄，岂不是前门驱虎，后门进狼？

陈瓘摸清了徽宗的态度，才上疏列举了蔡卞六大罪状：打算追废神宗之母高皇后；怂恿哲宗窜逐大臣；进谗言导致元祐皇后被废黜；因编排元祐章疏导致上千人蒙冤获罪；邹浩上疏哲宗忤旨，蔡卞趁机落井下石，致使他被贬远恶州郡；设局编类臣僚奏章，致使士大夫获罪者八百三十余家。

御史龚夬奏蔡卞、章惇同恶相济，天下共知，民间歌谣说："一蔡二惇，必定灭门，籍没家财，禁锢子孙。"这是说人们倘若得罪了蔡卞、章惇、安惇等人，必遭灭门之祸，家产被抄没，子孙遭禁锢。又有歌谣说："大惇、小惇，入地无门；大蔡（蔡京）、小蔡（蔡卞），还他命债。"这是说得罪了章惇、安惇，连入地狱的门都找不到；触怒了蔡京、蔡卞，就连性命也难以保全了。

接着，台谏陈师锡、陈次升、任伯雨等十多人上疏弹劾蔡卞之奸。徽宗顾及大臣体面，让蔡卞自己上疏辞职。蔡卞不得已，上表请求给予宫观使之职。宫观使是闲散职务，只拿俸禄，不预政事。徽宗依例下诏挽留，蔡卞再上第二表请辞，徽宗贬他为江宁（今江苏南京）知州。台谏认为处罚太轻，徽宗改贬为提举杭州洞霄宫，太平州（今安徽当涂）居住。尽管如此，朝臣仍然弹劾不已，徽宗降他为秘书少监，也就是秘书省的副长官，掌古今经籍图书、国史、实录、天文历数等。但这只是名义，徽宗不让他在朝，命他分司池州（今安徽池州贵池区）。

蔡卞之兄蔡京也是朝中奸佞，徽宗即位后被罢去翰林学士兼侍读、修国史之职，贬为知太原府，皇太后动了恻隐之心，留他在京师修史。朝中大臣纷纷上疏揭露蔡京之恶，侍御史陈师锡上疏指出，蔡京好大喜功，日夜交结内侍、戚畹贵族，企图得到重用。如果真的用他，必然导致天下大乱，毁了祖宗基业。龚夬则劾奏他审理文及甫案件时，受到株连的大臣梁焘、刘挚、陈衍等皆含冤而死，子孙遭到禁锢，王岩叟、范祖禹、刘安世等则贬窜远方，蔡京心肠之狠，甚于蛇蝎。

起初徽宗还不相信蔡京有这么多恶迹，以为是大臣们心存偏见，党同伐异，但是有那么多大臣群起而攻之，徽宗便不能不认真对待了，下诏贬蔡京为知永兴军（今陕西西安）。言官们认为贬谪太轻，徽宗只得再次下诏，夺职居杭州。

哲宗绍圣年间曾任御史中丞的邢恕是一个伪君子，心地险恶，与蔡卞、章惇等同流合污，排斥元祐诸臣，诬告宣仁皇后想废掉哲宗，又诋毁大臣梁焘、刘挚图谋不轨，几至灭族。经陈瓘劾奏，邢恕被安置均州（今湖北丹江口市西北）。接着，林希、吕嘉问、吴居厚、徐铎、叶祖洽等也相继被黜。至此，那些宵小奸佞大部分被逐出了朝廷。

虚怀纳谏

驱逐了奸佞，便为任用贤良铺平了道路。

徽宗首先起用的是年已七旬、双目失明的哲宗朝宰相范纯仁。此人是北宋名臣范仲淹之子，公忠体国，为人正直，因受章惇等人迫害而贬谪永州（今属湖南）。徽宗即位后，授他为光禄卿（掌祭祀、朝会），分司南京（今河南商丘），迁居邓州（今属河南），并派人前往永州赐给茶药，询问病情，表示虚相位以待。

范纯仁于绍圣四年（1097）二月被贬往岭南，当时他已双目失明，瘦骨嶙峋，岭南山水迢递，气候恶劣，范纯仁于多次流徙之后，被安置于永州，自忖他生未卜，今生已休，忽然接到新天子的勖勉慰问，不禁有绝处逢生、恍若隔世之感。范纯仁赴邓州途中，徽宗又拜他为观文殿大学士、中太乙宫使。这两个职务虽无实际职掌，但观文殿大学士可备天子顾问，京城的宫观使照例以宰执充任。对于新天子的知遇之恩，范纯仁感激涕零。接着，徽宗又派人赐茶药，催他入朝觐见。这种吐哺握发、求贤若渴的举动，得到了朝野的一致赞誉。

范纯仁入朝后，因尪羸多疾，风烛残年，请求归养林泉，不预政事，徽宗无奈，只得应允。每次见到辅臣，徽宗都要问候范纯仁，并对人说，得识范纯仁一面足矣！

文坛领袖苏轼是唐宋八大家之一，哲宗绍圣年间，有人诬他指斥先朝，诽谤先帝（指神宗），朝廷不察真伪，便将他落职降官知英州（今广东英德），还未到任，又贬往惠州（今广东惠州东），受尽了苦楚。徽宗即位时，他自昌化（今海南儋州西北）转徙廉州（今广西合浦），再徙永州。徽宗赦免其罪，让他提举成都玉局观。宫观使虽无职掌，但生活安定，不再遭恓恓惶惶、四处奔波之苦。但是瘴疠之乡的恶劣气候，栖迟不定的囚徒生活，严重地摧残了苏轼的健康，建中靖国元年（1101），这位震古烁今的大词人病死常州，终年64岁。

除了范纯仁、苏轼以外，其他蒙冤的大臣也都得到了妥善安置。在韩忠彦倡议下，已逝的文彦博、王珪、司马光、吕公著、吕大防、刘挚等三十三人均恢复了原有官职。哲宗孟皇后无端被废，徽宗知她冤枉，为她恢复名誉，仍尊为元祐皇后，尊刘皇后为元符皇后。这些棘手公案已经沉积多年，徽宗却能举重若轻，一一妥善处理，表现出了一个年轻天子的才干。

唐太宗是历史上从谏如流的明君，但也有忍不住的时候，有一次他对长孙皇后说，要杀掉魏徵这个田舍翁，经长孙皇后劝说，才转嗔为喜。徽宗即位之初，在纳谏上并不比唐太宗逊色。

一次，徽宗日理万机之暇，在宫中放纸鸢（风筝）玩耍，纸鸢落入了附近百姓家中，百姓见是御物，惊恐不已。曾布奏明此事，徽宗连忙遮掩说："不会有这等事，或许是民间妄传，待查明再说。"其实曾布已掌握了情况，见徽宗推脱，便从容上奏说："陛下刚刚即位，春秋方壮，朝政之暇，偶尔为戏，未尝不可。怕的是有了差错，不肯承认，诿过臣下，不但败坏了社会风气，而且也有损圣德。"徽宗自知理屈，只得承认。

徽宗喜欢大兴土木，修葺殿堂，宰相张商英屡次进谏，请求罢掉这些不急之务。一次，徽宗命人修葺升平楼，告诫监工说："若张丞相经过此处，快把匠人藏匿起来，等张丞相过去，再出来施工。"一个堂堂帝王修葺楼房，本属很普通的事，却不得不躲过宰相的监督，令人忍俊不禁。

徽宗当藩王时，喜欢驯养兽禽玩耍，即位后仍乐此不疲，宦官们投其所好，四方罗致。谏官江公望闻知此事，上疏极谏，说是长此以往，会误了国家大事。徽宗览奏，认为说得有理，即日下诏宫苑，将蓄养的鸟雀悉数放飞，不得收留。其中有一只鹇鸟（一种观赏鸟），因蓄养时间过久，恋恋不肯离去，徽宗不得不亲自用麈尾驱赶。徽宗还把江公望的姓名刻在麈尾上，以此来旌赏直言敢谏之士。

天子纳谏，臣子才勇于进谏。政和初年，一个叫陈禾的人担任右正言的职务，职掌进献忠言。此人铁骨铮铮，亢直敢言。徽宗知其耿直，下诏升迁为给事中（门下省属官）。当时宦官童贯、黄经臣等人倚恃徽宗的宠爱胡作非为，朝野侧目，敢怒而不敢言。陈禾赴任之前，挺身而出说："我担任右正言之职，就该直言进谏，食君之禄，忠君之事，古今一理。一旦转为给事中，便不是言官，此时不言，更待何时！"不待徽宗宣召，便金殿面君，力陈汉、唐之世宠任宦官，造成大权旁落、社稷覆亡的教训，殷鉴不远，不可不防。今日宠任宦官，异日便会有不测之祸，愿陛下留意，防患于未然。陈禾侃侃而谈，不觉天色已晚，到了落日熔金、暮云合璧时分。此时徽宗已饥肠辘辘，拂衣而起说："朕饿了，这个问题容改日再议吧。"陈禾言犹未尽，上前拽住他的衣服说："陛下再忍耐片刻，容臣竭尽愚衷。"徽宗犹豫再三，只得又坐了下来。陈禾继续说："陛下今日宠幸宦官，他日便会有江山危亡之祸，孰轻孰重，请陛下审思！"徽宗刚刚即位，忽听陈禾说有江山危亡之祸，心中未免不快，兀坐殿上不动。谁知陈禾情绪激动，用力过猛，竟将徽宗衣裾拽掉。徽宗忙说："正言且慢点，朕的衣服被拽碎了。"陈禾全然不顾，凛然说道："陛下不惜碎衣，臣又岂惜碎首以报陛下！"徽宗不禁动容，勉励他说："卿能如此，朕还有何忧！"内侍请徽宗另换一件衣服，徽宗挥挥手说："留下此衣，旌赏正直有节操的大臣吧。"

读罢这段记载，不禁使人想起汉成帝时攀折殿槛、直言极谏的朱云。陈、朱两人的事迹极为相似，但朱云籍籍声名，广为流传，而陈禾却鲜为人知。个中原因，无非因徽宗乃亡国之君，陈禾牵衣直谏的事，也就湮没无闻了。

言官们上疏言事，涉及各个方面，比如人事的安排，规章制度的厘定等，徽宗总是从善如流，从不拒人于千里之外。

右司谏黄葆光上疏说，三省官员太滥，迁补、升转及赏罚不尽合理，徽宗随即命人更正。

主管营缮事宜的将作少监萧服认为，人主应察纳忠言，即使在唐、虞太平盛世，也应该厌恶花言巧语，摒弃邪说。徽宗说他有诤臣之风，擢升为监察御史，并对辅臣称赞萧服之才。

宗正寺主簿石公弼入见时说："近日朝廷上一片颂扬之声，不闻批评之词。愿陛下重用正直之人以销奸佞，接受忠言谠论以去言论不通之弊。"徽宗擢升他为监察御史，又进为殿中侍御史。

县令毛注清廉正直，御史中丞吴执中荐他为御史，徽宗还未及召见，吴执中改迁他职，毛注不肯上殿面君，徽宗却坚持召见。君臣谈论一番后，徽宗勉励他说："如今的士大夫多寡廉鲜耻，而卿却恪守官箴，因此朕坚持召见。"不久便擢升他为殿中侍御史。

中书舍人徐勣掌管起草诏令，他遇事敢言，给徽宗留下了深刻印象，称赞他说："朕每听群臣进对，不是所言不实，就是阿谀奉承，只有卿耿直正派，真是朕所倚赖的人啊！"

陈轩在徽宗初年任兵部侍郎（兵部副长官）兼侍读（为天子讲解经史），上疏认为监司及地方官员经常更换，还未熟悉政务，已被调往他处，这样容易滋生弊病。又劝徽宗效法汉文帝、汉景帝，清静无为，事事节俭，如此，则天下可望大治。徽宗点头称是。

通判王涣之在应召入对时说："陛下向天下人征求意见不是难事，能够听从采纳才是难事；听从采纳不是难事，条分缕析，正确地去执行才是难事。朝廷多次下求言之诏，臣子也踊跃陈言，朝廷却百般挑剔，谁要是指陈阙失，便说他是谤讪朝政；谁会阿谀奉承，便被夸奖为忠君；以奇谈怪论、不痛不痒之言为时髦，而能够挽救时弊的言论，反被视为异端邪说。因此仁人志士觉得说了也是枉然，便三缄其口，而小人诡谲可骇之言，却能讨得上司的喜欢，实在使人不可思议。依臣之见，陛下应虚心纳谏，言论不管逆耳顺耳，只要正确就得采纳施行，事情不管过去还是现在，只要妥当就得重视，人不分亲疏，只要正直就应委以重任。如此，则人心必服，天下就可臻于郅治，天帝也会降福陛下。"徽宗对王涣之这番言论甚为欣赏，打算升擢他为谏官或者御史。王涣之表示，自己是受大臣推荐来应对的，不能当谏官。徽宗便任命他为吏部员外郎，不久便升他为替天子起草诏令的中书舍人。

即使一些无关大局的琐事，只要不合情理，徽宗也会出来纠正。

执政之初，他去大内（皇宫的总称）检查仓库，在拱辰门左侧，有一座房屋对着后苑东门，人称苑东门库，那是贮藏毒药的所在。徽宗命人打开，里面尽是两广、川蜀等地贡献的毒药，其中有野葛、胡蔓、鸩酒等。这些毒药是太祖建隆年间贮藏的，一直没有动用过。徽宗当即表示，大臣如果有不赦之罪，自当明正典刑，岂能用这些东西？于是下诏废掉仓库，焚毁毒药，埋于远郊，并设立标志，防止牛畜践踏而中毒。徽宗即位之前已有过七位天子，都不承想到这一问题，他一即位便有如此举动，的确难能可贵。

徽宗从藩邸搬入宫廷后，便觉得宫禁建筑过于奢华，容易使人沉沦丧志，曾对曾布谈及此事。又说仁宗曾命匠人制一宝座，因为过于华丽，遂置于相国寺而不用，可惜现在已无当年节俭之风了。

从这些小事上，我们不难看出这位少年天子的刚厉有为之气。

建中靖国

徽宗鼓励臣下言事，上疏者愈来愈多，后来争论渐渐集中在对神宗、哲宗两朝变法、废法的评价上。众口纷纭，意见不一，归纳起来，有三种看法。一种认为，神宗任用王安石变法图强，而元祐年间司马光却反其道而行之，尽废新法，使国家陷于积贫积弱的境地，以后虽有绍圣"绍述"之举，但终因积重难返，法度已破坏殆尽。天子如欲有大作为，必须尽去元祐党人，弃旧图新。另一种看法则针锋相对，认为祖宗法度本已尽善尽美，后世只需萧规曹随即可，不必节外生枝。王安石不谙国情，强行变法，使祖宗法规荡然无存，多亏司马光慧眼独具，拨乱反正，正本清源，才使宋室江山危而复安。不幸又有绍圣之变，致使今日国匮民穷，政令不举。当务之急是起用元祐旧臣，贬逐主张绍述的大臣，如此一来，天下事尚有可为。第三种意见则认为，不必持党派门户之见，无论是元丰党人或元祐党人，均应因才擢用，不可扬此抑彼。这一说法虽有调和之嫌，但无疑是正确的。

年轻的徽宗陷入了沉思，到底是接受哪一种意见，他踌躇不决。神宗是他的父亲，变法图强，自然无可厚非。哲宗是他的兄长，虽然不是一母所生，但向来手足情笃，自己的帝位就是承袭他的，如果即位伊始，便驱逐先朝老臣，更改法度，于情于理，都不惬当。

他仔细阅读奏疏，觉得无论是否定元丰党人抑或是否定元祐党人，似乎都失之偏颇，都有以偏概全之嫌，倒是主张取消门户之见的议论，深深打动了他。

大臣范纯仁在病重弥留之际，还断断续续地嘱托，请天子不要理会所谓的朋党之争，应该观察某人是否正直，从而披抉幽隐，发现人才。这几句话由别人书写，然后转呈徽宗。徽宗的目光停留在这几行墨字上，久久凝视不动，不禁思绪万千。所谓不要理会朋党之争，不就是要不偏不倚，公平用人吗？范纯仁是当年元祐党的领袖，在政坛上曾经大起大落，饱尝艰辛，在易箦之际还能如此捐弃成见，一心为国，其心可嘉。

纯仁之弟纯礼当时任礼部尚书，从容向徽宗进言说："臣遍阅朝廷近来所颁政令，多颂扬元丰而责难元祐，依臣看来，不尽公允。神宗变法的初衷固然不错，但官吏推行时不能恪尽职守，行动乖戾，措施不当，百姓未能从中得到实惠。宣仁皇后洞察幽微，临朝称制后，对偏颇之处小有纠正，无可非议。大臣之间认识不同，议论也不同，不能一概斥之为奸邪之辈。如今喜好议论朝政之人，因郁郁不得志，才故意挑起党争，作为自己进身之阶，赞成元丰变法的就称誉元丰时期的大臣，以元祐为非者则指斥元祐之士，他们心里哪里是为国家着想？不过是泄私愤以售其奸而已，陛下不可不察。"范纯礼的话道出了门户之争的真谛，不论是攻击元丰之党或是攻击元祐之党，均不是忠贞为国，而是为了一己之私，均不可取。

右司谏江公望上疏说："先帝（指哲宗）虽有绍述之意，但辅政非人，他们党同伐异，以献媚取悦于己者为同志，以忠于朝廷者为异党，借天子之威以发泄私愤，致使天下骚然，先帝回天无力，不能尽继述之美。元祐时期的大臣都是熙宁、元丰时期成长起来的，到了绍圣年间已贬逐殆尽，所剩无几。神宗时的大臣与哲宗时的大臣，虽然时代有先后，但既无杀父夺妻之恨，也没有射钩斩袪之隙，如果硬要人为地区分元丰、元祐之党，必然引起党派对立与门户之见。"

礼部侍郎陆佃则一针见血地指出："如今的士大夫大多厚颜无耻，为求进用而互相倾轧，以善于钻营拍马为精明，以能攻讦别人之短为能事，以忠厚为愚钝，以恬退为卑弱，相沿成风，愈演愈烈，匡正祛邪，实在今日。神宗延揽名儒耆宿，建立法制，而元祐之际却变更神宗法制，绍圣以来，又全部肯定神宗时的一切。善于赓续前人事业的，不应因用人而有所轩轾，错了就纠正，对的就发扬。元祐时变更祖宗法制，是只知纠正错的而不知发扬对的，绍圣时称颂神宗变法，是只知发扬对的而不知纠正错的，皆不足取。愿陛下分清贤愚，考察前代治乱得失，妥当的就发扬光大，则我朝兴旺发达，就在今日了。"徽宗览奏，见其所说甚有道理，非常高兴，立即升陆佃为吏部尚书。

那些措辞温和而又说理精辟的奏章打动了徽宗的心，他在反复思考之后，于元符三年（1100）十月向全国颁布了一道诏书，表明自己对元丰、元祐两党之争的态度。大意是说："朕对于军国大政及用人标准，没有元丰、元祐的区分；斟酌某项举措是否可行，办法是否妥善，只看是否合乎时宜；辨别忠奸，用舍进退，只看是否合乎情理。如果能使政事稳妥无失，人才各得其所，天下就太平了。无偏无党，正直是与，清静无为，顾大局识大体，使天下得到休养生息，以成就朕躬继志述事之美，岂非一件好事？如果曲解别人，心存偏见，妄自更改已有之规，扰乱政治，伤害国家利益，不但为朕所不容，而且也为天下公论所不容，朕必与国人共同唾弃之。"应当说，这道诏书是徽宗在位期间所下的最有分量、最值得肯定的诏书，可谓痛快淋漓！

　　诏书刚颁布一个月，徽宗又以元祐、绍圣均有所失，立志施政大公至正，消释朋党，将年号由"元符"改为"建中靖国"。徽宗即位时沿用哲宗元符年号，自然需要更改，但改为"建中靖国"，则寓意深长。所谓"中"就是不偏不倚，既不盲从元祐，也不附和绍圣；所谓"靖国"，是说要建立一个安定和谐的国家。立意不可谓不善。徽宗刚刚即位，就如此大刀阔斧，除旧布新，去奸佞，任贤良，开言路，纳忠论，俨然一个中兴天子的形象。如果他能持之以恒，不改初衷，北宋的兴旺发达必将指日可待，宋徽宗在历史上也可与唐太宗相媲美了。

权力巅峰上的舞蹈

曾布跋扈

可惜的是，徽宗锐意革新的政策只是昙花一现，没有继续下去。究其原因，一是徽宗年纪太轻，没有从政经验，只得依靠向太后。向太后倾向于旧党，因此韩忠彦才得以升任宰相。迨至向太后还政，不久又乘鹤西去，旧党失去了依靠，新党便趁机卷土重来。二是韩忠彦、曾布两个宰相意见不合，遂生矛盾。韩忠彦性格懦弱，虽然位在曾布之上，庙堂上的事却是曾布说了算。尽管如此，曾布还是不能容他，使尽浑身解数排挤他。不久，左司谏吴材弹劾忠彦，说他变更神宗法度，驱逐神宗时旧臣。忠彦木讷，不善辩解，终于被逐出朝廷，以观文殿大学士身份出知大名府。韩忠彦既离朝，曾布便独揽朝中大权，旧态复萌，宣传"绍述"之说，徽宗也受到了蛊惑。建中靖国的年号只用了一年，第二年便改元为"崇宁"。崇宁者，崇熙宁也。熙宁是神宗年号，改元是明白无误地表示要恢复神宗之法了。不久前徽宗还振振有词地说要"无偏无党，正直是与"，如今言犹在耳，便食言自肥，改革还没有见到成效，便宣告夭折。

　　曾布专横跋扈，独断朝纲。侍御史陈次升弹劾他任枢密使时，任用私人，大开边衅。当宰相后轻视同僚，威福由己，提拔亲信为耳目，任用门人为台谏，子弟招权，交通宾客，门庭若市。陈次升所说均是事实，曾布引荐门人王觌为御史中丞，贾易为右谏议大夫，他们互相结纳，朋比为奸。曾布厌恶李清臣不附和自己，暗示江公望弹劾他，如果江公望照办，便授以谏议大夫之职，被江公望拒绝。范纯礼沉毅刚正，为曾布不容，曾布便挑拨驸马都尉王诜说，天子打算任命你为承旨，范右丞坚持不可，天子便取消了任命。王诜听后大怒，诬陷范纯礼主持宴请辽使时冒犯徽宗名讳，徽宗不察究竟，将纯礼贬出朝廷。

　　曾布之弟曾肇看不惯其兄种种恶劣行径，苦口婆心写信劝他说："数月之内正人君子相继离朝，如今官居辅臣、从官、台谏者，尽是章惇、蔡卞旧人，倘若局势有变，他们必然抬出章惇、蔡卞来巩固自己的权位，这样一来，曾氏之祸还能免吗？"但是言者谆谆，听者藐藐，曾布把弟弟的信扔在一边，不予理会。

　　当时曾布圣眷正隆，右司谏陈祐弹劾曾布，徽宗置之不理。另一右司谏江公望再次弹劾曾布，徽宗不高兴地说："陈祐抨击曾布包藏祸心，意在驱逐曾布，引李清臣为相，如此进谏，分明是私心作怪，岂能容他！"江公望反驳说："陛下即位时间不长，已换了三个言官，驱逐了七位谏臣。如今陈祐言宰相过失，是他职责所在，怎能说他私心作怪？"徽宗这才无话可说，但依然宠信曾布。

　　不过曾布并没有得意多久，便栽在蔡京手里。蔡京与曾布同殿为臣，一任执政，一知枢密院，曾布恐怕蔡京有一天位在己上，便想方设法排挤他，后来蔡京被贬谪出朝，曾布起了很大作用。韩忠彦当朝，曾布反对他，感到势力单薄，又想起了蔡京，便奏明徽宗，复用蔡京为学士承旨，荐他入朝。出于共同的目的，两人沆瀣一气，狼狈为奸，合伙陷害忠良，配合甚是默契。等到韩忠彦被贬谪出朝，蔡京已逐渐在朝中站稳脚跟，便以牙还牙，排挤曾布。

　　曾布与陈祐甫是儿女亲家，祐甫之子陈迪是曾布爱婿。曾布欲任命陈祐甫为户部侍郎，蔡京得知此事，立即上奏徽宗说："爵禄是陛下的爵禄，曾布怎能私下赐予自己的亲戚？"徽宗召来曾布询问，曾布愤然争辩，不觉声色俱厉。大臣温益斥责曾布在天子面前失礼，徽宗也甚为不快，拂袖而起。御史们交章弹劾，说曾布无人臣礼，呼吸之间便能给人带来祸福，喜怒之际便能使人感到世态炎凉。曾布无奈，只得请求辞职。徽宗立即准奏，免去他右相之职，改为观文殿大学士，知润州（今江苏镇江）。蔡京积怨未消，落井下石，诬陷曾布受赇纳贿，令知开封府吕嘉问逮捕曾布的儿子，锻炼讯鞫，并设下圈套，让他们自己承认贪污，希图免罪。结果曾布再次被贬，提举太清宫，出居太平州（今安徽当涂）。从此以后，曾布以戴罪之身历经劫难，大观元年（1107）卒于润州，终年72岁。

　　曾布死不足惜，但从其宦海沉浮中，我们可以看到北宋末年政坛的波谲云诡。权臣互相倾轧，最终导致北宋的衰微与覆亡。

蔡京还朝

曾布与蔡京交恶，曾布既死，蔡京的命运如何，是朝野关心的问题。蔡京是一个比曾布更阴险无耻的小人，在朝中几经大起大落，但都逢凶化吉，遇难成祥，后来成为气焰熏灼的宰相。

还是在蔡京贬谪落难之时，一个名叫邓洵武的起居郎（掌记录天子命令赦宥、官员任命、祭祀宴享等）是个善于投机钻营的人物，他预料到蔡京会东山再起，重掌政柄，便刻意巴结。

当时韩忠彦、曾布为相，洵武在一次入对时挑拨徽宗说："陛下是先帝（指神宗）之子，宰相韩忠彦是韩琦之子。先帝曾推行新法以利万民，韩琦为相提出异议，如今忠彦为相，便更改先帝之法。由此看来，韩忠彦能继父志，而陛下却不能。"徽宗不禁愕然说："依卿看来，此事该如何处理？"洵武说："陛下如欲继先帝之志，非起用蔡京不可。"他是看准了徽宗在是否变法上举棋不定而又急于继承父志的心理，用父子之情去离间君臣关系。徽宗果然入其彀中，沉默不语。

当时蔡京已贬往外地，徽宗并无复用之意。邓洵武又继续说："陛下如果真的要绍述先志，群臣中恐怕没有相助者。"说着拿出一幅《爱莫助之图》献上。其图体例如《史记》中的年表，按宰相、执政、侍从、台谏、郎官、馆阁、学校分为七类，每类又分为左右两栏。左边是绍述派（即变法派）官员，右边是元祐派官员。七类中列入左栏支持绍述者，宰相、执政中只有温益一人，其他官员不过三四人，如赵挺之、范致虚、王能甫、钱遹等；而右栏中赞成元祐更化的，上自宰执公卿，下至执事，满朝文武大臣百余人，悉数列入。凡是列入右边这一栏的，皆被指为危害朝政者，满朝文武大臣几乎全部在内。在此图左栏，密书一人姓名于宰相之列，徽宗仔细审视，乃是"蔡京"二字。这本来是恶作剧式的文字游戏，徽宗竟然深信不疑。

对于神宗、哲宗两朝的旧臣，徽宗本已不存偏见，而邓洵武公然挑拨，目的在于试探徽宗调和两党矛盾是否坚定不移，谁知他这种带有赌博性质的荒唐举动，却得到这位青年天子的默许。

徽宗之所以对蔡京情有独钟，是因为蔡京那潇洒飘逸的书法。原来，徽宗当藩王时，就与书画结下了不解之缘，每见书画奇巧，便流连忘返。绍圣年间，蔡京的书法名噪一时，无人能出其右。一次，蔡京的两个侍从手持百团扇为他扇凉，蔡京甚为高兴，当下便在两人的扇子上题写了杜甫的两句诗，侍从高兴而去。隔了几天，两人再来服侍蔡京时，喜气洋洋，衣帽一新。经仔细询问，蔡京才知道是端王赵佶出钱两万把扇子买走了。徽宗肯出重金购买蔡京墨迹，于是爱屋及乌，对蔡京本人也产生了好感。徽宗即位后，本想立即重用蔡京，怎奈他劣迹斑斑，受到朝野的一致抨击，无法庇护，只得将他贬谪杭州。也是事有凑巧，颇受徽宗宠幸的宦官童贯，奉诏赴杭州搜罗书画奇巧，在那里盘桓了一月之久，因此认识了蔡京。蔡京知他是天子弄臣，便多方交结，并精心制作了屏障扇带，让童贯带回宫禁。徽宗对这些东西啧啧称赞，童贯趁机为蔡京说项，徽宗便有意起用蔡京。左阶道录徐知常以符水出入元符皇后住所，太学博士范致虚知道徐知常手眼通天，便有意在他跟前称赞蔡京有宰相之才，徐知常不察究竟，入宫后逢人便吹嘘蔡京，久而久之，宫妾、宦官竟然众口一词称誉蔡京。徽宗得知此事，马上起用蔡京知定州（今河北定州），不久便转知大名。

曾布出于排挤韩忠彦的需要，呼朋引类，力荐蔡京入朝，徽宗便把蔡京召入朝中担任翰林学士承旨，蔡京终于又回到了朝廷。为了表示自己不同凡响，蔡京到处散布流言蜚语，攻讦元祐党人，而徽宗竟点头称是，这预示着一场迫害元祐党人的风暴已起于青蘋之末了。

徽宗既然信任蔡京，便不断提升他的官职。知大名府仅一个月的蔡京便升为翰林学士院的长官翰林学士承旨兼修国史，两个月后升任尚书左丞（即执政），又过了两个月，升任右仆射兼中书侍郎，这已是权势煊赫的宰相了。再过半年，又升任左仆射兼门下侍郎，成为一人之下万人之上的第一宰相。他从贬谪地东山再起，仅用了一年时间，便成了调和鼎鼐，燮理阴阳的重臣，其升迁速度之快，令人瞠目。

元祐党禁

奸佞得志，便意味着忠良遭殃。果不其然，蔡京走马上任后，徽宗便下诏禁元祐法，同时在尚书省设立讲议司，为的是要绍述神宗大业。往日下诏书，徽宗尽量中庸平和，此次却一反常态，把元祐期间的政治措施抨击得一无是处，措辞之严厉，态度之蛮横，均为前所未有。

这道诏书是在蔡京操纵下炮制出来的。诏书指责哲宗在位时期民生维艰，商旅未通，官吏寡廉鲜耻，民风浇薄，赋税不均，奢靡严重，稍微遇到饥荒，百姓便流离失所。诏书中所指也许都是事实，但北宋积贫积弱已久，把这些积弊都算在哲宗账上，实在不公允。不过，问题的症结并不在于此。哲宗是徽宗的兄长，尽管不是一母同胞，但毕竟都是神宗之子，且已撒手人寰，现在清算这些陈年旧账，并非蔡京等人的本意，整肃如今仍在政坛上的哲宗朝大臣，置他们于死地，才是这道诏书的目的所在！

至于那个非驴非马、不伦不类的讲议司，是仿照神宗熙宁年间设置条例司的旧例设立的，讲议司的首领叫提举，这一职务自然是由宰相蔡京兼任了。徽宗成立讲议司，本意是"讲议熙、丰已行法度及神宗欲为而未暇者"，但这个机构却成了蔡京排挤异己、陷害忠良的工具。他托绍述之名钳制天子，任用亲信吴居厚、范致虚、王汉之等十余人为僚属，举凡国用、商旅、盐泽、赋调、冗官、宗室、尹牧任用等朝政大权都牢牢控制在他手里。所颁政令不许台谏封驳议论，强制推向全国。以上诸项都是关乎国家兴衰存亡的大政，蔡京一一都掌握在手里，就等于控制了整个国家。

等到一切都安排妥当，蔡京便磨刀霍霍，开始穷凶极恶地迫害正直之士。崇宁元年（1102）八月，蔡京指使同党上疏说："陛下即位之初，曾下诏让天下人建言献策，许多士人纷纷响应，建言者有自布衣成为县令的，有加官一等的，有骤然享有寺、监、丞、簿等官员俸禄的。但建言内容并未公开，天下人不知他们所论何事，使用何等语言，疑团迄今未释，乞将他们的言论刊布天下。如果他们的言论正确，疑团自然冰释；如果他们以建言为名，借此谋取好处，希冀捞上一官半职，无忠贞报国之心，有奸险诈骗之实，陛下岂可置而不问！"徽宗览奏，不问青红皂白，把元符末年建言上疏的鹿敏求由承事郎降为簿尉，高士育除名，何大正追回所赐出身及所授官职，并不得应举。这三人都是低级官员，勤勉忠悫，并无过错，竟糊里糊涂地被免了官职。

　　蔡京抛出鹿敏求等三名小官，是想试探一下舆论对此有何反应。在鹿敏求等罢官几天之后，徽宗又下诏规定司马光等二十一人的子弟不得在京师居官。这二十一人中，除邹浩、张舜民、李清臣等少数人外，大部分人已登鬼箓，他们的子弟却遭到株连，不许在京城居官，实在使人感到突兀，这预示着一场更大的政治风暴就要来临了。

　　在蔡京的撺掇下，徽宗于崇宁元年七月曾下过一道《焚毁元祐条件诏》，说哲宗元祐年间"权臣用事，俗学欺愚"，接着又恶狠狠地攻击元祐大臣汲引死党，鼓吹异端，更改朝政，无复忌惮。朝野之间对徽宗这种自相矛盾的做法迷惑不解，却不知道这道诏书的后面隐藏着杀机！

　　这年九月间，徽宗下诏开具元符臣僚章疏姓名，把元符年间曾经上疏言事的官员分为正上、正中、正下、邪上尤甚、邪上、邪中、邪下七等，共五百八十二人。这些官员都是元符三年（1100）应徽宗求直言诏书上疏言事的，徽宗当时曾表示，若其言可行，立加旌赏，其言有失，亦不加罪，一片至诚，使许多人感动不已。如今墨迹未干，言犹在耳，便出尔反尔，追究上疏人的责任了。乖戾荒谬，竟至于此！

　　徽宗将奏章悉数交给了蔡京，再由蔡京、蔡攸父子及其门客强浚明、强渊明（二人系弟兄）、叶梦得等人断章取义，仔细掊扯，然后定罪。这几人心地险恶，狠如蛇蝎，他们判断是非曲直的标准是"同己为正，异己为邪"。强氏兄弟与叶梦得阿顺蔡京之意，立元祐党籍，分三等定罪。强氏兄弟不学无术，攀龙附凤，自在情理之中；而叶梦得在徽宗朝任地方官时摧抑豪强，平反冤狱，曾遭贬谪，高宗朝致力抗金，且又博洽多闻，著述甚丰，如今尚有《石林燕语》《避暑录话》传世，是个满腹经纶的学者，可惜一度阿附蔡京，不能不说是白圭之玷！

　　按照徽宗划分的七等人规定，被列入正上的官员只有六人，均是品质恶劣，阿谀奉承蔡京之流，献《爱莫助之图》的邓洵武便是其中之一。耿毅等十三人被列为正中，许奉世等二十二人被列为正下，而被列入"邪"字榜的，竟多达五百三十四人！这些人中固然不乏陈师道、晁说之、邵伯温等知名人物，但多数是不见于经传的无名之辈，他们不过是应徽宗之召就某一问题略陈己见而已，至于是否采纳，当权者自可定夺，蔡京竟也将他们列入了邪等。

　　事情并未到此结束，在徽宗的默许下，蔡京凭借手中的权力，睚眦必报，把和他有个人恩怨或意见相左的人悉数定成了"奸党"。这些所谓的奸党中，文臣执政官有二十二人，均是颇有名望的大臣，如文彦博、吕公著、司马光、安焘、吕大防、王岩叟、范纯仁、苏辙、范纯礼、陆佃等均在其中；曾任待制以上的官员三十五人，如苏轼、范祖禹、刘安世、曾肇、邹浩、张舜民等人榜上有名；余官四十八人，秦观、司马康（司马光之子）、吕希哲、晁补之、黄庭坚、程颐、李格非（词人李清照之父）、任伯雨、陈瓘、龚夬等在劫难逃；此外还有内臣张大良等八人，武臣王献可等四人。由徽宗御笔书写元祐"奸党"姓名，镌刻于端礼门的石碑上，用以昭示天下。这样，朝廷中的精英以及那些算不上精英但与蔡京有过节的人，都被戴上了"奸党"的帽子。

　　事实上，所谓奸党的人情况复杂，不可一概而论。如王安石的学生陆佃根本不是旧党，但是正人君子，与蔡京冰炭不同炉，自然难逃厄运。章惇、曾布心地褊狭，品行恶劣，和元祐党毫不相干，只因与蔡京见解不合，也被列入了元祐党籍。又如曾任宰相的张商英，哲宗朝曾反对变更新法，上疏攻击司马光、吕公著等，只因与蔡京政见不合，也被列入了元祐党籍，贬出朝廷。总之，元祐党籍是蔡京迫害异己的杀手锏，只要他轻轻掷给你一顶元祐党人的帽子，就足以使你陷入万劫不复的境地。

　　与此形成鲜明对照的是，凡附和投靠蔡京者则加以升擢。宣德郎钟世美已经作古，被追赠为右谏议大夫，其子被录用为郊社斋郎。他生前曾慷慨激昂地要求恢复熙宁、绍圣之政，以销天变，在上书的莘莘官员中，他的态度最为激烈。天子皇恩浩荡，泽及枯骨，儿子也跟着沾了光。和钟世美言论相近而又健在者四十余人，也都并列为上等，一一升迁了官职。

　　被定为邪等的范柔中等五百余人，无一例外地都被降官，以示惩罚。尽管如此，心肠歹毒的蔡京仍嫌株连不够，又向徽宗提出惩办那些要求恢复元祐旧法之人，徽宗自然应允，于是刘奉世等二十七人被罢了祠禄。按照宋代规定，大臣被罢官以后，让他们去管理道教宫观，没有具体职掌，只发些俸禄，谓之"祠禄"，如今连这一点微薄的待遇都要取消了。同时又命令他们分散在各州居住，不得同居一州，以防串通滋事。这些人多是皤皤老翁，长期遭受迫害，困顿潦倒，生活拮据，现在又以戴罪之身，携妇将雏，飘零天涯，饱受那颠沛流离之苦。著名词人黄庭坚、晁补之等人就在这一行列中。

　　蔡京对元祐党人的迫害还不止此。崇宁元年十二月间，徽宗在蔡京的怂恿下，又下了两道诏书。规定一是凡被降官及编管、羁管之人，所在州、军要严加防范，不得放他们出城；二是凡"邪说诐行"非先圣之书，以及元祐时的学术著作，不得教授给学生，违者一律斥退。其实编管、羁管已经是非常严厉的惩罚。编管是把被贬谪的官员送入指定地区管制，羁管则更进一层，指拘管，已失去人身自由，如今又画地为牢，连县城也不能出，这与囚徒已毫无二致了。所谓"邪说诐行"，系指不符合蔡京一伙心意的言论、文字，不准刊刻流布，免得天下莘莘士子说短道长。宰相范纯仁已逝世一年，蔡京的党羽提出不该谥"忠宣"之号，徽宗马上下诏，原来给范纯仁定议、复议的官员，均罚铜十斤，命颍昌府（今河南许昌）销毁其神道碑。一个生前鞠躬尽瘁、为国效力的宰相，死后连灵魂都得不到安宁，蔡京一伙的行为，令人发指！

徽宗嗣位之初，台谏官任伯雨、陈瓘、陈次升等人曾上书弹劾蔡京奸邪，导致他贬谪出朝，如今蔡京时来运转，大权在握，自然要报当年之仇。

崇宁二年（1103）春天，蔡京撺掇徽宗，将这些正直之士悉数贬窜：任伯雨贬昌化军（今海南省儋州西北）、陈瓘贬廉州（今广西合浦）、龚夬贬象州（今广西象州）、马涓贬澧州（今湖南澧县）、陈祐贬归州（今湖北秭归）、李深贬复州（今湖北天门）、张庭坚贬鼎州（今湖南常德），均除名勒停编管。江公望责授衡州（今湖南衡阳）司马，永州安置。宋代官员因罪贬谪外地，轻则送某州居住，稍重叫安置。以上诸人，永远不得重新录用。这些人中张庭坚并未在台谏任过职，只因他不肯与蔡京同流合污，竟无端遭受编管的迫害。尤其是任伯雨、陈瓘、龚夬等人的贬谪之地，均为蛮荒瘴疠之乡，蔡京把他们送往那里，无异于置他们于死地！

蔡京一伙是典型的迫害狂，官员们自不必说，就连普通老百姓也不放过。应徽宗之诏上书者多达八百余人，其中布衣居多，尽管有些人动机不纯，觊觎富贵，企图借上书成为登龙门之捷径，希望朝奏而暮召，但充其量也不过是就朝廷的某一项政策提点看法而已，他们做梦也没想到，朝廷竟磨刀霍霍，依据他们言论的轻重而予以定罪。有人看不惯这种做法，写了一首小令讥讽说：

当初亲下求言诏，引得都来胡道。人人招是骆宾王，并洛阳年少。 自讼监宫并岳庙，都教一时闲了。误人多是误人多，误了人多少！

还有一个叫侯彭老的长沙人，建中靖国年间以太学生身份上书得罪，徽宗还算宽大，没有多加责罚，只下诏除名，勒令回乡。他临行时写了一首词告别同舍：

十二封章，三千里路，当年走遍东西府。时人莫讶出都忙，官家送我归乡去。 三诏出山，一言悟主，古人料得皆虚语。太平朝野总多欢，江湖幸有宽闲处。

侯彭老虽然因上书惹祸，被除名勒令回乡，但意气安闲，全不放在心上。此词传开，赢得了士人的同情，太学生们纷纷来为他送行，后来也传入了宫禁，徽宗也觉得处分太重，想更改而未果。

崇宁二年（1103）又有一些专门奉承蔡京，唯恐天下不乱的马屁精上书徽宗，说陈州（今河南周口淮阳区）距京师近在咫尺，但很多士人竟然不知道京师端礼门御笔石刻上的元祐"奸党"姓名，岂非咄咄怪事！近在畿内辅郡尚且不知，更何况边远之地，应由朝廷下诏，将端礼门御书石碑上的"奸党"姓名下发给外路州军，在监司长吏厅立石刊记，以传示万世。

徽宗不假思索，满口答应，马上让御史台抄录，分送各地。因抄写时碑尾的字迹被土掩埋，模糊不清，未及抄上，遗漏了一些人的姓名，总共只有九十八人，比原来的一百一十七人少了十九人，但文彦博、吕公著、司马光、韩忠彦这些名望素著的大臣都榜上有名。这样，所谓奸党的姓名很快便由京师传到了全国各地。

崇宁三年（1104）六月，徽宗、蔡京等经过精心策划，又把元符、元祐党人及上书邪等者合为一籍，总共三百零九人。在这三百零九人中，有三十二人流放岭南，占总数的十分之一还多，他们之中有不少人殒身异域他乡，无缘再回到魂牵梦萦的故乡；侥幸活下来的人，也只能是"而今识尽愁滋味，欲说还休；欲说还休，却道天凉好个秋"了。

尽管徽宗、蔡京等人搞得沸沸扬扬，给元祐党人加上了许多莫须有的罪名，但在老百姓眼里，这些元祐党人却是顶天立地的好汉，安邦定国的忠良。

当蔡京令州郡将所谓奸党碑刻石时，长安有一名叫安民的石工被征镌字，他拒不受命，对官府说："我是愚钝之人，不知道立碑的用意，但像司马相公（指司马光）这样的人，四海之内都说他正直，今日却说他是奸邪，我实在不忍心把他的名字刻在石头上！"官府大怒，打算惩治他，他哭泣着说："既被官府征来刻字，我不敢推辞，但请求竣工之时，不要把我的名字刻在石上，免得获罪后世。"按照当时的规矩，书写、刻碑之人，均须在碑的最末一行留下姓名，安民以这种方式对蔡京一伙提出了抗议。九江有一碑工名叫李仲宁，镌刻技术精湛，偶与诗人黄庭坚相识，庭坚为其所居之处题了"琢玉坊"
的匾额，仲宁珍如拱璧。崇宁年间，朝廷诏令州郡刊刻元祐党
籍姓名，仲宁也被征去刻碑。他见"奸党"名单中有黄庭坚之
名，便对州郡长官说："小人以前家庭贫窭，只因刊刻苏内翰
（苏轼）、黄学士（黄庭坚）诗词，来买的人越来越多，小人
一家才得以饱暖，如今说他们是奸党并要镌刻石上，小人实在
不忍心下手。"州郡长官是个正直的官员，感慨地说，想不到
一个乡野村夫，竟有这等超凡脱俗的见解，真是难能可贵，于
是馈赠以酒，并答应了他的请求。安民、李仲宁这些贫贱乡民
深明大义，比起那些满腹经纶，却卖身投靠权贵，夤缘干进的
士大夫来，相去何啻霄壤！

苏黄文章

　　在被列入元祐党籍的众多官员中，有不少人才高八斗，著
作等身，其作品风靡天下，妇孺皆知。又因为他们忠而被谤，
信而见疑，际遇坎坷，沉冤莫白，更赢得了百姓的广泛同情。
蔡京等人知道，只要他们的著作还在民间流传，就不可能消除
他们的影响，当务之急是焚毁他们的著作。于是在蔡京的指使
下，一伙奸佞宵小专门捃扯所谓奸党著作中的"毛病"，然后
锻炼周纳，陷人以罪。

　　首先遭到厄运的是诗人黄庭坚，他因名列党籍，被责降
管勾玉隆观。黄庭坚百无聊赖之际，写了一篇《荆南承天院
碑》，湖北转运判官陈举马上弹劾他语涉谤讪。蔡京一伙正愁

抓不到把柄，一见陈举上报，不查究竟，便将黄庭坚除名勒停，编管宜州（今广西河池宜州区）。其实黄庭坚撰写的碑文只是直抒胸臆，表示对修造佛寺的看法，丝毫不涉及时政。碑文大意说："有人说建一座佛寺要耗费掉中等民户万家之产，实在是百姓沉重的负担。依我愚见，即使国家无大的战争，天灾疾疫也是百姓无力抗拒的。天下善人少而不善者多，如果国家的刑罚施于外，佛家的思想治于内，两者相辅相成，无疑对国家大有裨益。"这哪里有诽谤朝政的意思呢？陈举之所以弹劾黄庭坚，个中原因是他想在黄庭坚书写的碑文后添加自己的名字，以抬高身价，作为炫耀的资本，不料被黄庭坚婉拒。陈举于是恼羞成怒，便从碑文中摘录数句，交给执政赵挺之，而赵挺之与黄庭坚有隙，便趁机落井下石，马上交给徽宗，致使黄庭坚贬窜宜州，后来便死在那里。一抔黄土葬孤魂，黄庭坚再也没有回到他的故乡洪州分宁（今江西修水）。

其他人也有和黄庭坚类似的遭遇。崇宁二年（1103）四月，徽宗下诏毁掉吕公著、司马光、吕大防、范纯仁、刘挚、王岩叟等人在景灵西宫的画像。又在蔡京怂恿下，焚毁苏轼的《东坡集》及其印版，在这之前徽宗已经下令，全国各处凡苏轼撰写的碑碣榜额一律毁掉。不久，又把苏洵、苏轼、苏辙父子及苏门四学士黄庭坚、张耒、晁补之、秦观及马涓等人的文集，范祖禹的《唐鉴》、范镇的《东斋纪事》、刘攽的《中山诗话》、僧文莹的《湘山野录》等书的印版悉数焚毁，不准刊刻流布。

最有意思的是《资治通鉴》一书的命运。司马光既然被列入了元祐党人，他主持撰写的《资治通鉴》自然也在销毁之列，但太学博士陈莹中却设计保全了这部皇皇巨著。原来，蔡京委托其弟蔡卞及其党羽薛昂、林自负责销毁《资治通鉴》一书印版，陈莹中得知消息后，特意在出试题时援引了神宗为该书写的序文，以示皇帝关注过此书。林自是两眼漆黑，不通文墨之人，不曾读过《资治通鉴》，不知道神宗确实为该书写过序文，忙问莹中："这序文真是神宗写的吗？"莹中说："谁敢说这是假的呢？"林自又寻找借口说："那不过是神宗少年时的文章，能算数吗？"莹中不屑地说："你这是什么话，圣人之学得于天性，有始有终，哪里有少年、成年的区别呢？"林自知道事情重大，连忙报告给了蔡卞。蔡卞秘密下令学官把印版放在高阁安全之处，不敢再议论毁版的事了，《资治通鉴》才躲过了一场浩劫。

在宋代词人中，苏东坡名满天下，无人能与其比肩。他的诗词或雄浑豪放、汪洋恣肆，或清新流丽、意味隽永，无论是莘莘士子还是寻常百姓，都爱不释手。崇宁、大观年间，朝廷禁止东坡文章，凡是禁得彻底者有赏，赏钱最多时增至八十万。

奇怪的是，查禁却促使苏东坡的文章流传得更广，人们私下里往往以收藏苏东坡文章的多少竞夸。士大夫间若是有人不会背诵苏东坡的诗词，便自觉气索，别人也认为他是酒囊饭袋，不懂风韵而不与交往。到了宣和年间，禁令还未解除，莘莘士子恐怕提及东坡之名触犯权贵，私下里都称东坡为毗陵（今江苏常州）先生。因苏东坡死于毗陵，故如此称呼。可见天理不泯，公道自在人心。

《梁溪漫志》一书记载，宣和年间有一士人偷偷携带东坡文集出城，被守城官员查获。那位官员翻检文集，发现书的最后一页有一首收藏者撰写的诗：

> 文星落处天地泣，此老已亡吾道穷。
> 才力谩超生仲达，功名犹忌死姚崇。
> 人间便觉无清气，海内何曾识古风？
> 平日万篇谁爱惜？六丁收拾上瑶宫。

这首诗大意是说，苏东坡死后，文星陨落，但他的才气如同死诸葛吓走活仲达（司马懿），唐朝名相姚崇死后其政敌仍存顾忌一样，影响深远。哲人其萎，他留下的万卷诗篇谁来爱惜？既然不准人们收藏，只有让火神（六丁）带上瑶宫（玉饰的宫殿），永远珍藏起来。守城官员既佩服此人的胆量，又恐怕收缴之后会连累自己，稍一思忖，便放那人出城去了。此事后来传为美谈。

不仅是苏东坡的文章籍籍人口，四处传诵，他的遗墨也被人视若拱璧，着意收藏，有人为此竟发了一笔意外之财。苏东坡曾在徐州（今属江苏）建筑一楼，名叫黄楼，由其弟苏辙作赋，苏东坡书丹，刊刻于石，一时骚人墨客来此参观的络绎不绝。元祐党人事发后，朝廷下令销毁东坡诗文，徐州的地方官既想保存这块石碑，又不敢违拗朝廷严命，便将石碑推倒于城濠内，改黄楼名为观风楼。宣和末年，禁网稍松，一时之间，官宦人家争以收藏东坡诗文相标榜，凡是东坡墨宝出售，马上便被抢购一空。当年的徐州太守早已调任他处，有个叫苗仲先的人适于此时来做太守，灵机一动，命人从城濠内抬出石碑，让家人日夜摹印，拓得数千份。一日，他忽然命令僚属说，朝廷有严令禁止苏氏文字流传，此石奈何独存？立即命人击碎。人们听说石碑已毁，拓片的卖价骤增，仲先把拓片携至京师售卖，着实发了一笔横财。

还有一件事更加离奇。东坡南贬归来，路过常州报恩寺，适逢僧房落成，以木板作墙壁，东坡突然诗情泉涌，题诗板上，墨飞笔舞，甚是壮观。后来党祸事起，天子下诏各地搜索东坡遗墨，报恩寺僧人想了个两全之法。先以厚纸糊墙，然后在上面涂漆，把东坡遗墨盖住，外面不露一点痕迹。岁月不居，时光如流，转眼到了南宋绍兴年间，高宗赵构喜欢苏东坡、黄庭坚诗词，派人四处搜求两人遗墨。其时报恩寺已物是人非，一老头陀知情，告知郡守。郡守欣喜若狂，派人小心翼翼除去漆纸，字迹光泽依旧，便临摹、拓印数张献给高宗，高宗大喜，让祠曹给老头陀发牒为僧。南宋时期苏东坡的文章尤受士人推崇，被视为范文，蜀地尤甚。谚语有言："苏文熟，吃羊肉；苏文生，吃菜根。"于此可见苏轼文章在人们心目中的地位。

敬重东坡道德、文章者不仅仅是莘莘士子。政和年间徽宗下诏修建宝箓宫，斋醮仪式颇为虔诚，徽宗多次前往巡视。一次，一名道士伏地诵读拜谢天庭的表章，拜跪良久才起身。徽宗感到诧异，问他为何跪这么久，道士说："臣刚才去了天帝那里，适逢奎宿星奏事，良久方毕，这才轮到臣送达表章。"徽宗问奎宿星是何人，所奏何事。道士说："奎宿星所奏何事，臣无从得知，但臣知道奎宿星就是故端明殿学士苏东坡。"徽宗听后，为之动容，对苏东坡的态度慢慢有了变化。

徽宗赐号"金门羽客"的道士林灵素，因其方术备受徽宗宠信。一日，他侍宴太清楼下，见"党人碑"，纳头便拜。徽宗甚为诧异，问他何以如此，他答道："碑上姓名皆是天上星宿，臣怎敢不拜？"随即又吟诗说：

> 苏黄不作文章客，童蔡翻为社稷臣。
> 三十年来无定论，不知奸党是何人。

苏东坡、黄庭坚不能称为文章司命，童贯、蔡京倒成了社稷之臣，三十年来邪说流传，真不知到底谁是奸党。林灵素与苏、黄素无瓜葛，忽然替他们说话，不由得徽宗不信。后来因星变毁碑，林灵素的话的确起了很大作用。

徽宗朝"六贼"之一的宦官梁师成，自称是东坡小妾之子。当时他圣眷正隆，而东坡早已获罪死去，师成却要冒充其子，说明东坡的文章影响深远，他想攀附骥尾，以此抬高自己的身价。

就连强盗也敬重东坡的人品，对他恭敬有加。虔州（今江西赣州）人谢达，史称大盗，在绍兴年间起兵攻陷惠州（今广东惠州东），大肆焚烧官舍，唯独留下了东坡曾经在这里居住过的白鹤故居，并醵资修葺了东坡经常憩息的六如亭，烹羊祭奠而去。

还有一个叫黎盛的海盗，攻下潮州（今属广东）后，将城池洗劫一空。唯独到了开元寺，他问身边的人："这里是苏内翰读书处吗？"得到肯定的答复后，他连忙麾兵退出，并派人妥为保护。看来盗亦有道，苏东坡的文章是全国百姓共有的财富，因此理应受到各阶层的敬重，这是人心所向。

和苏东坡命运相同的还有理学家程颐。就在徽宗下诏焚毁三苏文集的同时，厄运也降临到了程颐身上。有些无耻小人说程颐在元祐年间担任经筵官时，专门向天子进迂阔而经不起推敲的言论，意在轻视天子，又在太学妄自议论朝廷法度，故意提出自己的见解，妄图改变祖宗成宪。范致虚点名攻击他邪说诐行，迷惑视听。还有人攻击他以著书为名，进入山中，不知他著的书是何等文字，如果是野史、小说之类，妄议朝政，蛊惑人心，后世不可不察。这些话本是捕风捉影，毫无根据，但昏庸至极的徽宗不问根由，便轻率地下诏追毁程颐出身文字，令有关部门审查其所著书，看有没有诋毁朝廷的言论。

程颐骤然受此打击，只得离开朝廷，迁居龙门之南，连学生都遣散了。但是那些愿意跟随程颐受学的人仍然络绎不绝地登门求教，程颐怕连累无辜，只得委婉地劝说他们，只要按照我所说的道理去立身行事，不必亲到我门下受业，学生这才含泪而去。

程颐在哲宗元祐年间受司马光、吕公著推荐，担任崇政殿说书，为天子讲说经史；绍圣年间以党人罪免去官职，放归田里，后来迫害升级，被编管涪州（今重庆涪陵区）。司马光既被列为奸党，程颐又受到司马光推荐，自然是在劫难逃。尽管他已受到编管的处理，而喜欢播弄是非的蔡京门徒还嫌打击太轻，又上书说："程颐本是因奸党推荐而得官，虽然曾免官去职，但不久又复官。他复官之后，不思痛改前非，为朝廷效力，反而著书诽谤朝政，像这样的人必须严加惩处，以儆效尤。"这真是欲加之罪，何患无辞！程颐的著述篇章俱在，白纸黑字，可以查阅，书中何尝有半句对朝廷不敬的话！珍珠不会因蒙上污垢而失去光泽，程颐也不会因朝廷迫害而失去百姓的信任。

苏轼、程颐等人的诗词、文章，越是禁止，越是家弦户诵，灯续薪传，百姓、士人私相传习，从未间断。从某种意义上说，蔡京之流的禁锢政策反而使苏轼等人的威望达到了前所未有的高度！

追复平反

也许是徽宗、蔡京一伙迫害元祐党人的做法太离谱，因此在全国范围内引起了轩然大波，致使人神共愤，万民嗟怨，蔡京等人不能不做些收敛。崇宁四年（1105）五月，徽宗下诏"除党人父兄子弟之禁"。坚冰乍融，柳暗花明，事情总算是有了转机。八月间又规定，凡因上书而受到编管的人士由亲戚担保，放归田里，与家人团聚。"门外天涯迁客路，桥边风雪蹇驴情。"当年元祐党人落魄离京，无限凄凉，如今可与家人共享天伦之乐了。但又规定，若犯流罪以上，或擅出州界，或不思悔改，谤讪朝政者，不在此列，若有发现，保任者同罪。这就是说，只要蔡京一伙看谁不顺眼，随时都可找个理由重新进行迫害。这虽是有限地放宽禁网，但毕竟严冬中有了一丝春天的气息！

这年九月间，因九鼎铸成，徽宗御大庆殿受贺，诏用新乐并大赦天下，元祐党人的处境稍稍有了改善。徽宗兴高采烈，忽生恻隐之心，亲自起草了一道诏书，表白自己不念旧恶，体恤臣民。诏书中说："元祐奸党诋毁先帝，罪在不赦，理应窜逐远方，但如今五谷丰登，祥瑞迭至，一夫失所，朕心不安，为表示朝廷宽厚之意，贬谪之人，可以内徙，但不得至四辅（东辅襄邑，即今河南睢县；西辅郑州；北辅澶州，即今河南濮阳；南辅颍昌府，即今河南许昌）及京畿之地。"尽管有种种限制，但从交通不便、气候恶劣的边陲移往内地，生活上毕竟方便了很多。邹浩从昭州（今广西平乐）移往汉阳军（今湖北武汉市汉阳），陈次升由循州（今广东龙川）移往鄂州（今湖北武汉市武昌），黄庭坚由宜州移往永州，韩忠彦由济州（今山东巨野南）移往相州（今河南安阳）等。

也是事有凑巧，崇宁五年（1106）正月，天上出现了彗星，这是不祥之兆，上天示警，将有灾难降临，天子照例要下反躬自省的诏书。徽宗也仿效前代帝王下了一道诏书，要求中外臣僚直言朝政阙失，即使言论不妥，也不治罪。中书侍郎刘逵首先提出应砸碎元祐党人碑，宽上书邪籍之禁。当时对元祐党人的迫害虽然稍有松动，但提出如此直率大胆的倡议，还是要冒斧钺之诛风险的，刘逵甚至做好了被杀头的准备。谁知峰回路转，柳暗花明，徽宗一反常态，竟然采纳了他的建议，连夜派遣宦官到端礼门拆毁元祐党人碑，恢复元祐党人的仕籍，外地的"奸党"石刻也一律除毁，不许言官再弹劾此事，除党人一切之禁，表现出了少有的雍容大度。徽宗又表示，元祐党人中凡是应该叙用之人，依照大赦条例叙用；已经贬谪的官员，未量移（由远移近叫量移）者量移；凡徒罪（服劳役）者减刑。同时命三省共同商议，叙复元祐党籍中曾任宰臣、执政官的刘挚等十一人，待制以上官苏轼等十九人，文臣及其他官员任伯雨等五十五人，选人刘谅卿等六十七人，这些人健在的均在不同程度上安排了官职。

虽然这些人的官职是闲散性的，如朝散大夫、中大夫、宣议郎、宣德郎等，都是不任实职的寄禄官，甚至有些人是在旧职上降两级叙复的，有一部分人仍然不得进京师，明显带有歧视的意味，但是比起贬窜边陲来说，境遇到底是有了改善，从某种意义上来说，也算是皇恩浩荡了。

到底是什么原因使得徽宗、蔡京等人对元祐党人的态度有了如此巨大的转变，实在是一个有待细细考证的问题。有关此事的记载不一，使人无所适从。吕本中的《杂记》一书说，蔡京执政已久，有人曾就元祐党人问题询问蔡京，当时正有一批元祐党人编置远恶州郡，蔡京说，这些人本无大罪，只是办事不合先帝（指神宗）法度而已。而陈邦瞻的《宋史纪事本末》则说，宦官奉徽宗之命拆毁朝堂上党人碑的第二天，蔡京严厉地说，石碑可毁，恶名则永远不可灭去。这两种说法大相径庭。事实上，元祐党人之冤狱，完全是蔡京怂恿徽宗制造的，他捏造了那么多罪名，怎会说出元祐党人本无大罪的话？究其原因，蔡京执政既久，独断专行，不恤人言，惹恼了朝中其他大臣，甚至其弟蔡卞也与他反目成仇。蔡卞与中书侍郎赵挺之、刘逵等弹劾蔡京轻启边衅，大兴土木，设置应奉司、苏杭造作局等，尤其是花石纲一役，天怒人怨，徽宗对此也早有所闻，嫌蔡京刚愎自用，便逐渐疏远了他。

就在刘逵上疏请示拆毁党人碑之后一个月，蔡京便被罢免了宰相职务，去任那没有任何权力、只领俸禄的太一宫使去了。高宗后来说，崇宁、大观以来，祖宗法度之所以遭到破坏，是因为宰相持禄固宠，一切都看天子的脸色行事，至于政事是否合适就不去管了。这一评价并不十分贴切，蔡京干坏事不尽是为了迎合徽宗，排挤忠良乃是奸臣的本性使然，当然，取悦天子也是一个重要因素。

就元祐党人一案而言，徽宗的态度可用"反复无常"四字来概括。崇宁五年（1106），他下诏拆毁元祐党人碑，刚过了两年，也就是大观二年（1108）三月，徽宗又下诏说："元祐党人心怀奸邪，诋毁朝廷，罪在不赦，朕不敢贷其罪。但有几种情况可以酌情放宽：一是情节轻微，而执法过重者；二是自己并无过失，只是因别人获罪者；三是本意并非诽谤朝政，但言语近似者；四是出言不慎，语涉讥讪者；五是因职事偶涉更改者。凡属以上几种情况，可不按元祐党人定罪，视其情节轻者甄叙差遣。"按照徽宗的旨意，有司首批审定了孙固等四十五人，孙固、安焘、贾易等三人因问题严重，需要重新审理才能定夺，其余四十二人出籍（不再入元祐党人籍）。第二批审定叶祖洽等六人出籍。六月份又审定韩维等九十五人出籍。接着，又根据元祐党人不论存亡及在籍，可特与授官的赦书，三省勘会到前任宰臣、执政官，现存者有韩忠彦、苏辙、安焘三人，已亡故者有文彦博、吕公著、吕大防、刘挚、曾布、章惇、梁焘、王岩叟、李清臣、范纯礼、黄履等十一人。徽宗下诏，凡现存者安排一个官职，已经亡故者恢复原来官职。于是韩忠彦、苏辙、安焘分别被安排为朝散大夫、中奉大夫提举鸿庆宫、中大夫。这些职务只是领取俸禄，没有实际差遣的闲散官职。事实证明，徽宗自己制造的冤狱，让他自己去彻底平反，简直比登天还难。

元祐党人案一波三折，前前后后折腾了七年之久，徽宗从未就此事承认过错误，那些推波助澜、播弄是非之徒如蔡京等，也未受到过实际触动。一直到钦宗即位，才追封范仲淹、司马光、张商英等人的官职，宣布"除元祐党籍学术之禁""除元符上书邪等之禁"，元祐党人的著作可以公开发行，因向朝廷上书而被定为邪等之人的禁令也已取消，他们和正常的官员已无区别，做官也不再受歧视。但是，对于那些已登鬼箓及星散四方、存亡未卜的元祐党人如何抚恤，则无一言提及，给他们留下的是无尽的哀伤和痛苦。后来蔡京南贬，死于潭州（今湖南长沙），徽、钦二帝沦为金人的阶下囚，江山易祚，社稷倾覆，元祐党人一案便无人过问了。

绍兴五年（1135），高宗赵构在国事初定之后，忽生恻隐之心，过问元祐党人案，"命川、陕访求元祐党人子孙"，九月份又"诏元符上书邪等范柔中等二十七人各官一子"，算是

彻底平反了冤狱，这桩公案才算告一段落。有趣的是，徽宗在
金国度过了长达八年的凄风苦雨生活后，也在这年四月崩逝于
五国城，恩恩怨怨，是是非非，只有让徽宗与元祐党人到冥府
之中去对质了。

万民嗟怨花石纲

花石纲之役

徽宗是一位风流蕴藉的天子，即位前便与其他藩王不同，喜欢读书绘画、古器山石，工于笔札。他登位之后，朝政余暇，仍然乐此不疲，摩挲周鼎商彝、秦砖汉瓦，以表示自己是儒雅天子。建中靖国元年（1101），朝廷要修建景灵西宫，派人到苏州、湖州采集奇石，不久便从江南运来了太湖石四千六百枚。这些千姿百态、玲珑剔透的石头，立即引起了这位风流天子的浓厚兴趣，他摩挲把玩，爱不释手。但他初即帝位，还小心谨慎，不敢过分玩物丧志。

半年之后，向太后还政，徽宗成为名副其实的天子，便不再禁锢自己。崇宁元年（1102）三月，徽宗派宦官童贯在苏、杭二州设置机构，造作各种器物，诸如乐器、角、犀、玉、金、银、竹、藤、装画、糊抹、雕刻、织绣等，无不曲尽其巧，精美绝伦。每天役使的工匠有数千人，而制作所需的材物，全部由百姓负担，致使黎庶叫苦不迭。东京的宫殿经过五代、北宋几代帝王的修建，已经是金碧辉煌，美轮美奂了，徽宗还想锦上添花，把宫殿装饰得更加富丽堂皇，至于民生多艰，他根本不予考虑。

蔡京被贬谪出居杭州时结识了一个名叫朱勔的无赖。此人系平江（在今江苏苏州）人，两人一拍即合，关系非同寻常。朱勔之父朱冲，狡狯而有术数，但家庭贫窭，衣食不给，只得给人当佣工。又因性格桀骜不驯，屡屡顶撞雇主，常遭鞭笞，一怒之下逃往他郡谋生。不料得遇异人，授他配药之方，遂设肆卖药，不久便富甲一方。朱冲有敏锐的政治头脑，多方结交权贵，寻找政治靠山。蔡京贬谪途中路过苏州，打算建一座僧寺阁，为自己荐福，但工程浩大，耗资甚巨，单凭自己力不从心，不禁扼腕叹息。众僧建议说，如果一定要结此善缘，非郡人朱冲不可。蔡京建寺心切，马上通过郡守找到了朱冲。虽然是萍水相逢，朱冲却满口答应，并表示不需他人帮忙，自己就可经办此事。数日后，他请蔡京到建寺之地丈量土地，蔡京一到，便看见合抱之木数千棵已积聚庭下，内心暗暗惊叹朱冲的办事能力。其实，朱冲算准了蔡京必能东山再起，建寺是必要的政治投资，他日必能受惠无穷。一年之后，蔡京奉召还朝，便把朱冲、朱勔父子一道带回京师，安置在童贯军中。在蔡京的着意栽培下，朱冲父子沐猴而冠，摇身一变，竟成了朝廷命官。

短暂的贬谪生涯，使蔡京深刻地悟出了为官之道，要想承欢固宠，就必须博得天子的欢心。一次，徽宗拿出一摞玉盏、玉卮给大臣们看，并说："朕打算大宴时用这些器皿，又怕大臣议论说太豪华，不符合节俭之道，因此很犹豫。"蔡京听了，觉得不能放弃这个逢迎巴结天子的机会，马上以如簧之舌回奏说："微臣昔年出使辽国，见到一个玉盘盏，是五代时晋朝石敬瑭所用之物，玲珑剔透，异常精美。辽主指给我看，说南朝还没有如此贵重之物。辽朝天子平时都如此奢华，陛下不过是大宴时才用这些东西，于情于理，都不为过，还顾虑什么呢？"徽宗摇摇头说："勤俭乃祖宗家法，神宗皇帝曾建造一座小台，宽才数尺，耗资有限，尽管如此，上疏谏止者甚众，朕至今记忆犹新。这批器皿历史已经很久了，如果使用，朕怕言官们再来饶舌，此事不可不慎。"蔡京狡辩说："只要做事合乎情理，人言不足恤。陛下贵为天子，当享太平之养，区区玉器，何足道哉！"接着又引经据典，胡诌《易经》上有丰、亨、豫、大之说，意思是说君王应在太平盛世时纵情享乐，不必拘泥于世俗之见。《周礼》上也说"唯王不会"，意即自古以来君王的花费都不受限制，陛下何苦搏节费用，自寻苦恼！蔡京随心所欲地解释《易经》和《周礼》，符合徽宗的想法，徽宗自然对他格外垂青。

　　善于揣测天子心意的蔡京，时刻留心注意徽宗的癖好。他知道徽宗垂意于花石，便暗中嘱咐朱冲父子寻取浙江珍异花木进贡。开始时只进贡小黄杨三株，用黄帕覆盖着送入京师，徽宗鉴赏把玩，欣喜不已。起初徽宗还比较谨慎，怕因此而玩物丧志，每年只进贡一两次，每次进贡也不过五六株。时间一长，徽宗沉湎其间，不能自拔，欲壑难填。蔡京趁机推波助澜，怂恿天子于崇宁四年（1105）设立专门搜集贡品的机构，以朱勔领苏、杭应奉局及花石纲于苏州。所谓花石纲，就是运送花石的船队，一队叫作一纲。一朝权在手，便把令来行。朱勔既管理了应奉局，便搜括船只，把从东南巧取豪夺来的奇花异石源源不断地运往汴京。舳舻相衔，络绎不绝，耗资巨大，朝廷不出分文，东南之民从此陷入了苦海之中。

父子相随，亦步亦趋。蔡京的长子蔡攸见父亲飞黄腾达，自己也不甘落后，时时窥测方向，寻找进身之阶。元符年间，蔡攸在京师掌管制作官员服饰的裁造院，徽宗那时还是藩王，退朝时，适逢蔡攸去裁造院公干，每次在途中遇见，蔡攸必下马拱手肃立道边，以示恭敬。

徽宗询问左右，才知他是蔡京之子，对其逐渐产生了好感，等到即位之后，便立刻擢升其官职。蔡攸也派人采进花石，但因不懂行，所进花石难列上品，未能引起徽宗的注意。政和年间，徽宗一次召见蔡京父子，戏谑地对蔡攸说："花石已经不少，能不能进点土宜（土特产）？"蔡攸自然不敢怠慢，在花木中挑选了一棵橄榄树上贡，此树果然非同凡响，被品评为珍品，蔡攸的身份也因此而飙升。使臣王永从、士人俞辋等也进贡品，他们都是蔡攸的部下，每次从东南载运花石抵京师，动辄数十舟，这些都是搜括的民脂民膏。一个叫盛章的人做苏州知州，调任开封尹时，进贡的也是花石。他们的纲船虽然豪华，但和朱勔的纲船相比，便显得小巫见大巫了。政和四年（1114）以后，东南各地的郡守、两广的市舶司也有贡品至京，但都是在蔡攸的授意下进行的。

利之所在，趋之若鹜。久而久之，那些寡廉鲜耻之徒，看见进贡花石的人一个个都加官进爵，备受恩宠，便不等天子下旨，自动进贡花石，后来发展到江南几乎所有的官员都乐此不疲，天下为之骚动。官员们多是将花石送给宦官，然后由他们转入宫廷。宦官们为了邀取恩宠，自己也想方设法进献花石，偌大一个东京，简直成了花石世界。

运往东京的花石，起初品种不多，后来变得无所不包。大体上石头来自太湖、灵璧、慈溪、武康；花竹、杂木、海错来自两浙；异花、荔枝、龙眼、橄榄来自福建；椰实来自海南；木竹、文竹来自湖湘；诸果来自江南；海错、文石来自登（今山东蓬莱）、莱（今山东莱州）、淄（今山东淄博）、沂（今山东临沂）等州；异花、奇果来自两广、四川：真可谓应有尽有。这些贡品均是越海渡江运至京师，有些运输不便，竟至拆毁桥梁、凿穿城郭。有些异味珍宝，如不及时运往京师，可能霉烂变质，地方官不得不用健步捷足运至，即使关山万里，用三四天时间便可送至宫廷，色、香、味保持不变。政和年间，福建进贡一种连株的桂圆树，移栽宫廷，第二年便结了果实，味道鲜美，与当地所产无异。徽宗品尝后赞不绝口，有诗称赞说："玉液乍凝仙掌露，绛苞初结水晶丸。"这和唐玄宗用快马为杨贵妃运送岭南荔枝毫无二致！

说到花石纲，便不能不提朱勔。此人攀附权奸蔡京，又善于玩弄权术，因而得以纡朱拖紫，青云直上，享尽人间荣华富贵。为了接近徽宗，他先贿赂宫中管理人员，出手阔绰，一掷千金，把金珠宝器分送后宫及宫人，这些人得到了好处，都在徽宗面前替他说好话。徽宗足不出宫廷，耳朵里听到的都是对朱勔的赞扬声，遂对其深信不疑。朱勔站稳脚跟后，便肆无忌惮地贪污侵吞国库钱财，有时甚至到了不择手段的地步。他借口需要购买花石之物进贡朝廷，大批索要国库钱财，其中大部分都入了私囊，而有司知道他圣眷优渥，不敢对他审计。他的胆子也越来越大，仅花石一项，就弄到几千万贯钱。他颐指气使，视地方官吏如同奴仆，东南数路之民悉被其骚扰。凡所供之物，悉数从民间夺取，从不付分文。凡士庶之家，有一石一木可供玩赏，朱勔便领着如狼似虎的彪形大汉直入其家，用黄布封裹，说是御用之物，派人看管，其家人如果稍有异议，便被指斥为对朝廷大不敬。等到运送花石时，必定撤屋拆墙而出，致使许多人倾家荡产。村中百姓如果有一户花草稍异，众人便共指为不祥之物，立即铲除干净，唯恐因此带来祸殃。

只要是朱勔看中的奇石珍木，即使生长在深山幽谷，或江湖不测之渊，也不惜一切代价，千方百计弄到手，而搬运的费用，又要转嫁到老百姓身上。运送花石时往往截劫运粮的纲船或其他商船，恃势横暴，连州县官都惧怕三分，对他们唯唯诺诺，老百姓就更是敢怒而不敢言了。有些花石大得无法通过漕运，只得取道于海，每遇惊涛骇浪，则人船皆没，枉死无算。

华亭（今上海市松江区）悟空禅师塔前有一株唐朝桧树，长得枝繁叶茂，绿荫婆娑，被朱冲、朱勔父子看中，决定运往京师。但这棵树枝叶纷披，无法通过桥梁，朱勔忽然心血来潮，决定造大船出海，经楚州（今江苏淮安）入汴。船行海上，突遇狂风巨浪，无法正常行驶，桧树倾斜，与风帆纠缠在了一起，导致覆船，船上的人与桧树一起葬身大海。

政和年间，灵璧贡一巨石，高、阔均两丈有余，朱勔造了大船，费尽九牛二虎之力，才运至京师。但城门狭窄，不能通过，只得拆毁城门，巨石才得以进入城中，引得上千人观看，但无法抬动。一些马屁精上奏说，此石乃是神物，圣上应给予特殊封赠，于是徽宗便御笔书写"卿云万态奇峰"六字，并以金带一条悬挂其上。

朱勔又从太湖鼋山采得一石，长四丈有余，宽两丈，晶莹剔透，孔窍多达千数，浑然天成。郡宅后还有一株桧树，枝柯扶疏，浓荫匝地，相传为唐代白居易任刺史时所栽，故名白公桧。朱勔连石带树一并移往宫廷，但石大树高，普通船只无法装载，朱勔特地另造两艘大船输运。运至京师后，朱勔大肆张扬其事，并绘图上奏徽宗，徽宗赐石头名为"神运昭功敷庆万年之峰"。太湖石孔窍甚多，恐有损伤，运输时先用胶泥填窍，使其呈圆形，外用麻绳捆牢，在太阳下曝晒，泥巴与石头浑然一体，便变得极为坚实，然后再用特制木车运入舟中。抵京师后，先用水浸，去掉泥土，露出石头本色，丝毫无损坏。

宣和五年（1123），朱勔又从太湖采得一石，造巨舰运往京师。徽宗龙颜大悦，赏赐役夫每人金碗一只，朱勔的奴仆竟然也袍笏登场，有四人封官，朱勔本人被封为威远军节度使，石头被封为盘固侯。

徽宗最初喜爱灵璧石，但此石粗大难以搬运，且只有一面光滑，便改取于衢州常山县（今属浙江）南私村，那里的石头峰岩青润，可置于几案把玩，号称巧石。徽宗便用其中的大块石头叠为山岭，在上面修建亭殿，作为游览憩息之所。

有个叫赵颁之的人，自京师携眷赴任凤翔通判，其妾因怀孕，雇了一顶小轿。轿夫不慎为石所绊，滑倒在地，孕妇惊悸坠地，幸有婢女跟随，百般体贴照顾，方才无事。轿夫恳求不要追究此事，孕妇答以此石光滑圆润，可作捣衣砧之用，如能运此石以行，当不再追究此事，轿夫欣然应允。赵颁之还京始见此石，爱其玲珑圆润，置于书室。玉工见之，把玩不忍释手。此石宽一尺，长一尺半，厚寸余。玉工说可以析为两扇屏风，如能以其一见赠，方可动手。赵颁之立即应允。玉工乃从中间一分为二，只见玉质莹洁，绝无瑕翳，而绘以云林泉石，飞鸦翘鹭，渔翁披蓑弄舟，景象天成，惟妙惟肖。玉工所得一半又分为二，先拿外边一半交给宦官，宦官当即献给徽宗，徽宗大喜，赏赐玉工甚厚。玉工又言赵颁之还有收藏，徽宗当即下诏索取，赵颁之只得献上。两屏相对，陈列于便殿几上，熠熠生辉，光华夺目。数月之后，玉工又拿出他珍藏的另一半让宦官看，并说殿上的两个屏风固然很美，但比不上他收藏的这一半。它面背如一，浑然天成，无刀削斧凿痕迹，此石应是天上有，人间哪能几处寻。宦官当即上奏徽宗，玉工将奇石献上，受到千金的赏赐，赵颁之也因此升为提举常平官。

苏州一带的奇花异木，已被朱勔一伙搜罗殆尽，他们仍不罢休，派人至墟墓间、深山老林中搜寻。这里的花木只要茂盛翁郁，即使是合抱之木，也要移往京师。但因路途遥远，树木沿途被风吹日晒，移栽未久，便枯槁而死。时人有诗讥讽说："森森月里栽丹桂，历历天边种白榆。虽未乘槎上霄汉，会须沉网取珊瑚。"如果可能，徽宗、朱勔等人就要栽桂月宫，种榆天边了，可谓讽刺得入木三分！

宣和年间，一个叫焦德的优伶因出言诙谐，颇受徽宗宠遇。焦德对花石纲不满，常常以比喻进行讽谏。一日，宫廷设宴娱乐，徽宗指着梅花、松树、桧树等询问："这是些什么花竹草木？"焦德回答说："都是芭蕉。"徽宗责怪道："分明是梅花、松树、桧树，为何说都是芭蕉？"焦德分辩说："禁苑花竹，皆取之于天下四方，路途遥远，陛下眼巴巴地盼着花木到了上林苑，都已变得枯焦了，这不是'芭蕉'吗？"徽宗听了，知道他意在讽喻，并不怪罪，只是纵情大笑。后来金兵入侵东京，拆毁艮岳，百姓拆取艮岳上的花木当柴烧，可惜这些名贵花木付之一炬。

徽宗不仅喜爱花木，对古器皿也情有独钟。朝中士大夫知道徽宗这一嗜好，凡家中藏有古器皿者都悉数献出，不敢隐藏。那些善于钻营巴结的好事之徒，为取悦徽宗，不惜重金搜求古器皿，然后献给宫廷。搜求者既多，古器皿的价格便一路攀升，一件普通器皿便价值数千缗。徽宗既然喜爱古器皿，便引得许多人竞相搜剔山泽，挖掘坟墓，无所不至，于是，那些被尘封了上千年的古器皿，陆续被人们挖掘出土，重见天日。

仁宗时大臣刘敞在长安居官，将所见古簋、敦、镜等编成《先秦古器记》一书；神宗元丰年间，号称龙眠居士的画家李公麟，又把平生所得、所见的古器皿绘成图，旁边加以文字说明，然后集成一帙，取名为《考古图》。这两本书徽宗都曾寓目，于是仿效刘敞、李公麟的做法，把搜集来的器皿编成《宣和殿博古图》。徽宗以帝王之尊征集器皿，自然比刘敞、李公麟容易，且多是珍品。此书一出，在全国范围内掀起了一次掘墓高潮，天下冢墓被采掘殆尽。政和年间掌管制造供应帝王所用器皿的机构尚方所贮的古器多达六千余件，宣和间骤增至万余件，多数是从民间劫掠来的。宣和殿后又有保和殿，殿之左右有稽古、博古、尚古诸阁，贮藏古玉印玺、鼎彝礼器、名画图书等。这些价值连城的稀世珍品，在北宋灭亡后，都被金人辇运到了北方。

蔡京、朱勔之流不但借运送花石大发横财，而且趁机陷害无辜，卑劣之极。越州（今浙江绍兴）有一殷实人家，家中藏有奇石数块，被朱勔得知，数次派人登门索要，都被婉言谢绝。朱勔恼羞成怒，派兵卒捣毁这家的房屋，强行搬走了石头。惠山有柏树数株，蓊郁苍翠，枝柯扶疏，栽种于一家大姓祖坟之侧。朱勔不与主人商量，便派人挖树，那些树盘根错节，占地甚广，士兵肆意刨土，竟至于毁坏了棺椁。此类事不胜枚举，东南百姓只要一提起朱勔，莫不咬牙切齿，恨不得寝其皮食其肉。

东南诸郡河流纵横，水运发达，船只多用来运输粮食，以保证京师日常供应，但这些船只多被朱勔拘刷去运送花石，严重影响了粮食运输。原来北宋时从东南六路运粮至京师，自江浙发运至江淮，江淮发运司在真（今江苏仪征）、扬（今江苏扬州）、楚（今江苏淮安）、泗（今江苏泗洪东南）诸州设有转般仓，在这里聚贮军储，又在楚、泗两州设置船纲，从这里把粮食转运至京师，由江淮发运使负责运送。纲运士兵各据自己地段，彼此互不干预。自花石纲之役兴，蔡京将新拨船只悉数调走，只用旧船运粮，且不经转般仓，从江浙直运京师。应募运粮之人皆是游手无赖，他们上下其手，盗运粮食，虽有人发现，但畏蔡京之势，无人敢言。

有压迫就有反抗，蓄之既久，其发必速。政和六年（1116）卢阳县（今湖南芷江）发现一株巨木，地方官员视若珍宝，赶紧调集丁夫，由水路运往京师，献给朝廷。当时正值隆冬，天气冱寒，树木又大又重，在装船时碰破了一点皮，监运的官员滥施淫威，竟然捶楚丁夫。丁夫人等胆小怕事，只得凑钱贿赂官员，希望能破财消灾，但官员拒而不允。丁夫们忍无可忍，奋起抗击，把前来镇压的知州张建侯、知县王宪打死。蔡京得知消息，怕大规模镇压会激成民变，便上疏说："陛下不喜欢声色犬马，只爱山林竹石，这些东西乃常人所弃之物，陛下取之无妨。只是有司执行不当，因而骚扰百姓之事时有发生，请陛下下诏抑制，免得激成祸患。"徽宗也不想扩大事态，便下诏成立提举人船所，命宦官邓文诰掌管此事。为息事宁人，又下诏给各地官吏，以后不许妄进花石，也不得夺粮纲船运输花石，更不得因花石而掘人坟墓，毁人室庐，同时禁止加黄封帕蒙人园圃花石。规定除了朱勔、蔡攸、王永从、俞㭤、陆渐、应安道等六人外，其余人等不得插手运送花石，违者治罪。此诏一下，运送花石之风有所收敛，百姓无不拍手称快。

但是好景不长，大约过了两年光景，运送花石的纲船便又恢复如初了。朝廷又增设了几处提举人船所，专门进贡花石。纲运所过之处，往往劫掠百姓，州县官员大多噤若寒蝉，不敢过问。也有个别有正义感的官员挺身而出，直言谏诤。淮南转运使张根上疏痛陈花石纲之弊，竟受到处分。由于徽宗君臣奢靡无度，大肆挥霍，造成国库空虚，帑藏告罄，徽宗无奈，下诏让大臣上补救之策。刚刚受过处分的张根不顾个人安危，再次上疏，请求撙节费用，罢停不急之务。权奸们因此疏不利于己，合伙攻击张根，徽宗还算大度，没有加罪。适逢御前人船所拘刷直达京师的纲船去运花石，张根请求将船只追还，蔡京、朱勔等更为不满，偏偏提议让他去督运花石，这无疑是故意给他难堪。生性耿直的张根满腔义愤，第三次上疏说："东南花石纲已二十年于兹，本路运送一棵竹子，就得花费五十缗，他路犹不止此。现在所运花石没有安置在国家苑囿之中，而是进入了大臣之家，这一切花费都由百姓负担，何时是个尽头？请陛下诏示停运花石日期，天下苍生不胜期盼之至！"蔡京、朱勔等交相上章弹劾张根，徽宗也怪张根多事，说他"轻躁妄言"，命他去监信州（今江西上饶）酒税去了。从此，大臣三缄其口，谁也不敢再逆龙鳞，谏止花石纲了。

修建延福宫、艮岳

"兴，百姓苦；亡，百姓苦。"除花石纲以外，蔡京等人还诱导徽宗大兴土木。每在朝堂上议及前代营造之事，必哂笑其简陋，不足效法，如果再有营造，必定比前代华丽。崇宁元年（1102）蔡京入相，次年即修大内，建景灵宫、元符殿。他向徽宗进言，如今国库所积钱币已达五千万缗，尽可营建宫殿及其他事宜，不须撙节俭省。徽宗被他这一番话所蛊惑，决定大兴土木。崇宁三年（1104）徽宗采用方士魏汉津之说铸造九鼎。九鼎乃古代象征国家政权的传国之宝，相传大禹曾铸九鼎，代表天下九州，其后，成汤迁九鼎于商邑，周武王又迁之于洛邑。战国时，秦、楚两国都曾到周朝求九鼎，唐代武则天也曾铸造九鼎，宋徽宗附庸风雅，也不惜斥巨资铸造九鼎。第二年三月，九鼎告成，徽宗下诏在太一宫之南建造九座宫殿置放。各殿周围都垒有城垣，上设短墙以便于巡视，这种短墙称作睥睨。短墙涂上各种颜色，九座宫殿之外再筑一道城垣与外界隔开，这座宫殿被命名为九成宫。

九成宫美轮美奂，异常华丽，但比起新建的延福宫，无疑是小巫见大巫，逊色多了。延福宫早已有之，乃祖宗宴会之所，地址在大内北拱辰门外，规模不大。政和四年（1114），蔡京决定修葺宫室以讨徽宗欢心，八月召集宦官童贯、杨戬、贾详、何䜣、蓝从熙五人，商议仍用延福宫之名另盖新宫。于是童贯等五人分任工役，争相以侈丽高广相夸耀，并且各自设计方案，不相沿袭。不久，新宫建成，富丽堂皇，号称延福五位。新宫殿规模庞大，气势恢宏，东西长短与大内相当，南北稍短，东至景龙门，西抵天波门，其间殿阁亭台相映成趣，乍入其中，有置身于琼楼玉宇之感。延福宫内有穆清、成平、会宁、睿谟、凝和、昆玉、群玉七殿；东边有蕙馥、报琼、蟠桃、春锦、叠琼、芬芳、丽玉、寒香、拂云等十五阁；西边有繁英、雪香、披芳等十五阁。东西遥相对望，气势非凡。又垒石成山，建明春阁，高十一丈，宴春阁，广十二丈。凿圆池为海，横四百尺，纵二百六十七尺。延福宫落成，徽宗大悦，亲自撰文以纪其事，他不无自豪地夸耀说，延福宫中"疏泉为湖，湖中作堤以接亭，堤中作梁以通湖，梁之上又为茅亭、鹤庄、鹿寨、孔翠诸栅，蹄尾动数千，佳花名木，类聚区别，幽胜宛若生成，西抵丽泽，不类尘境"，绝非一般宫苑所能比拟。

延福宫内虽有旖旎风光，但缺少乡村景色，美中不足。蔡京又仿效江浙风景，在宫内修建村居野店、酒肆，酒肆上挂青帘，高挑酒幌，俨然一派田园风光。每年冬至后，延福宫周围，华灯璀璨，自东华门以北，通宵不禁，街道上熙熙攘攘，行人络绎不绝。又徙市民在街道旁临时居住，纵博群饮，猜拳行令之声不绝，好不热闹！这种场面一直延续到上元节（正月十五日），时人称之为先赏。

延福宫修成后不久，蔡京等又跨旧城修建了大片房屋，号称延福第六位。又把旧城濠外之地疏浚为河，取名景龙江，碧波荡漾，可泛小舟。一叶扁舟，橹声欸乃，别有一番情趣。芙蓉城、蓬壶阁、撷芳园、曲江池等处风景区各建有复道，直通宫禁，宫掖中人可随时出宫游玩而不惊动市民。沿景龙江两岸种植名目繁多的奇花珍木，每逢夏秋之际，姹紫嫣红，争妍斗艳，落英缤纷，流水潺湲，置身其中，恍若仙境。

艮岳是继延福宫之后修建的又一大型工程，位于京城东北隅景龙门内。原来徽宗登基之初，膝下皇子不多，徽宗为此郁郁不乐。道士刘混康建言，京城东北角风水颇佳，可惜地势低洼，如能把地势增高，便会瓜瓞绵绵，有多男之祥。这本是一派胡言，徽宗竟笃信不疑，命人将其地增高数仞，成为土岗。不久，后宫竟连续生子。此事本纯属巧合，徽宗却认为刘混康占卜有术，由此崇信道教，大兴土木。政和七年（1117），徽宗忽然心血来潮，命户部侍郎孟揆于上清宝箓宫东边筑山，仿照杭州凤凰山的样式修建，命名为万岁山。万岁山周围广袤十余里，主峰高九十步，如果没有其他景色相配，万岁山仍然显得荒凉冷落。于是徽宗再命宦官梁师成主其事，按图度地，庀徒施工，建造其他景观。至宣和四年（1122）宣告竣工，历时六年之久。宣和六年（1124）有金芝产于艮岳之万寿峰，又改名寿岳，一名寿山。艮岳的正门叫华阳门，因此艮岳又称华阳宫。

　　艮岳虽是人工堆砌而成的假山，但林泉幽美，气象万千。山之最高处建有一亭，取名介亭，此亭将山分为东西二岭。岭东建有萼绿华堂、书馆、八仙馆、紫石岩、栖真磴、揽秀轩、龙吟堂。山南则寿山嵯峨，双峰并峙，下有雁池、嶰睢亭。西有药寮、西庄、巢云亭、白龙沜、濯龙峡、蟠秀、练光、跨云三亭、罗汉岩。再向西有万松岭，岭畔有楼，名为倚翠。岭上岭下设有关隘，关下有平地，凿为方沼，沼中又有两块陆地，东边建芦渚、浮阳二亭，西边建梅渚、雪浪二亭。由磴道拾级而上至介亭，亭左有极目、萧森二亭，亭右亦有麓云、半山二亭。介亭北端下面是景龙江，引江水流注山间，飞珠溅玉，煞是好看。从介亭西行不远，有一小轩，命名为漱玉轩。过了漱玉轩，前边道路皆用碎石铺砌而成，路旁建有炼丹亭、凝真观、圈山亭，古朴优雅，令人有飘然出世之念。从圈山亭俯视江际，高阳酒肆、清虚阁映入眼帘，只见雕阑曲槛，雾阁云窗，好一派富贵景象。景龙江北岸有胜筠庵、蹑云台、萧闲

馆、飞岑亭，一字排开，其支流蜿蜒而去，又组成一座山庄，
别有洞天。此外，在山之南还有一座横亘二里的芙蓉城，建
筑亦穷极巧妙。而景龙江外所建房舍，尤为精美。总之，艮
岳"山林岩壑，日益高深，亭台楼观，不可胜纪。四方花竹奇
石，悉萃于斯，珍禽异兽，无不毕有"。

　　艮岳摆满了从太湖、灵璧运来的石头，数量之多，式样之
奇，令人赞叹不绝。这些石头雄拔峭峙，巧夺天工，有的如两
羊相抵，有的如怒马嘶鸣，牙角口鼻，首尾爪距，千姿百态，
殚奇尽怪。石旁植有蟠木瘿藤，参差种以黄杨、冬青等树，树
冠亭亭如盖，石树相间，错落有致。随着山势的斡旋盘曲，又
凿石开路，遇险则设磴道，飞空则架栈阁。凿池为溪涧，叠山
为堤岸，所有石头都未经雕琢，任其自然。除主峰外，其他小
山系用挖河余土堆积而成，因其峰棱如削，飘然有云鹤之姿，
命名为飞来峰。有一块直径百尺之地，高于城墙，状如长鲸，
植梅万株，名曰梅岭。种植丹杏最多的土岗取名杏岫。增土垒
石，中间留隙穴栽种黄杨的山坡叫黄杨巘。积石其间成为险要
去处，上植丁香，称为丁香嶂。又有红石积而成山，其下种植
椒兰，命名为椒岩。在山之尾部增土为坡，种植柏树万株，枝
干柔密，搓之不断，树叶结成幢盖、鸾鹤、蛟龙之状，命名为
龙柏坡。沿艮岳往西，栽竹成林，命名为斑竹麓。又用清一色
的紫石堆积成山，山北放置一蓄水柜，山顶凿挖深池，每当车
驾临幸，命水工开闸放水，形成一道人工瀑布，宛如银河降自
九天，命名为紫石壁，又名瀑布屏。艮岳山脚下凿石为梯，名
曰朝天磴。水中的陆地栽上海棠，称之为海棠洲。艮岳之西建

有园圃，名为药寮。艮岳中的楼台亭榭甚多，濒水之地栽种绛桃、海棠、垂杨，其旁又有野店、农圃，令人心旷神怡。

艮岳正门朝西，里边道路宽于驰道，路两旁怪石嶙峋，有百余块之多，其中最大的一块石头可供百人合抱，高六仞，赐爵盘固侯。此石居道路中央，建有小亭庇护，高五十尺，徽宗为之御制碑文，镌刻于三丈高的石碑上。其余众石也姿态各异，或如群臣入侍帷幄，正容凛然，不可侵犯；或战战兢兢，似惧天子之威；或奋然而起，或翼然超群，或森然危峙，或伛偻趋进，林林总总，不一而足。徽宗兴之所至，一一赐号，由碑工刻于石之南面。其他轩、榭、庭、径各有巨石，棋列星布，均有赐名。站在艮岳之巅极目远眺，无边美景直奔眼底，岩峡洞穴，亭台楼观，乔木茂草，或高或下，或远或近，一出一入，一荣一凋，都在视线之内。徘徊仰顾四面周匝，如在重山叠壑、深谷幽岩之底，几乎忘了京城是空旷坦荡之地。真可谓天造地设，神谋鬼化之工。

尽管艮岳的修建已耗尽民脂民膏，国库空虚，而宦官们犹认为禁苑中的珍禽不能驯服以迎接圣驾是一大缺憾。有薛翁其人者，平日以调驯飞禽为业，自荐能担当此任。宦官们大喜，立即上奏徽宗，徽宗批准命他试验。薛翁用大盆盛肉糜饭食，仿禽叫招引其类，其口技非凡，众鸟闻声便呼朋引类，联翩而至，饱食而去。如此这般，月余之后，禽鸟不待呼叫，便自动从各处飞来，久而久之，便不畏人，站立于薛翁鞭扇之间，挥之亦不去，引来许多人参观，成为一道风景线，薛翁命名此处为来仪所。偶有一天，徽宗来艮岳游玩，很远便听到了清脆的清道声，走近看时，只见珍禽聚集，有数万只，清一色的灰白毛羽，煞是整齐好看。薛翁匍匐道旁，以牙牌上奏说："万岁山珍禽迎驾。"徽宗大喜，马上封薛翁官职，又赏赐金银无数。还有人献策，让有关部门多造油绢囊，用水洒湿，每日早晨张挂于危峦绝巘之上，云气便尽入其中，黏附在绢囊上。每逢徽宗临幸，便打开油绢囊，须臾之间，云雾便滃然充塞于危峦绝巘之间，有司命名为贡云。意思是说，这些云雾是专门向天子进贡的。徽宗君臣醉生梦死，无以复加，置天下百姓生死于不顾，距离国破家亡、社稷倾覆已经不远了。

方腊、宋江起义

徽宗、蔡京等人轻歌曼舞，宴安逸豫之时，老百姓却食不果腹，家徒四壁，两者形成鲜明对比。尤其是受花石纲之扰最严重的东南地区，百姓倾家荡产，十室九空，饿殍遍野，辗转沟壑，为了生存，只得铤而走险，揭竿起义。宣和二年（1120）十月，睦州青溪（今浙江淳安）人方腊登高一呼，万众响应，很快便汇成一股声势浩大的起义洪流。

位于浙江西部的青溪，原是山明水秀之乡，境内的梓桐、帮源诸洞人烟辐辏，物产丰饶，有漆、楮、杉材之富，富商巨贾来此收购生漆、木材者络绎于途。方腊家向称小康，经营漆园，造作局多次巧取豪夺，方腊敢怒而不敢言，而朱勔花石纲之扰，几近劫掠，方腊忍无可忍，便以诛杀朱勔为名，椎牛酾酒，准备起事。故老相传，睦州有天子气，唐朝永徽年间，睦州女子陈硕真率众起义，自称文佳皇帝。虽然起义并未成功，但陈硕真以一柔弱女子揭竿而起，其大智大勇，足以名垂青史。方腊在向众人陈述了陈硕真的事迹后，声泪俱下，慷慨陈词说："如今赋役繁重，官吏盘剥，我们耕种农桑已不能糊口，赖以谋生者，不过是漆楮竹木而已，而这些出产又被官府勒索一空，无锱铢之遗。上天降生百姓，朝廷派来官吏管理，本意是使百姓安居乐业，衣食无忧，但官吏们暴虐如此，天意人心能不愠怒！贵族统治者在声色狗马、大兴土木、建祷祠、养军队、征花石等消费外，每年送给西北二虏（指辽与西夏）银绢以百万计，这些都是我们东南百姓的膏血呀！二虏得到银绢，非但不感恩戴德，反而更加轻视中国，岁岁侵扰不已。朝廷奉二虏为神明，丝毫不敢得罪，当宰相的懦弱无能，以为只有如此才是安边的良策。可怜我们百姓终岁辛劳，到头来仍是啼饥号寒，想吃一顿饱饭而不可得，诸位难道还能忍受下去，任人宰割吗？"众人齐声说："我们听你的吩咐！"方腊接着说："三十年来，元老旧臣贬死殆尽，当权者皆是龌龊奸邪之辈，只知道以声色狗马蛊惑天子，朝廷政事，一概置之脑后，不闻不问。上行下效，地方监司牧守贪鄙成风，东南百姓苦于剥削已经很久了，尤其近些年的花石纲之役，更是不能忍受。诸君若能仗义而起，四方百姓必然闻风响应，旬日之间，万众可集。地方官员听说我们起事，必然会商量对策，不会马上申奏给朝廷。我们略施小计，延滞一两个月，江南各郡便可一鼓而下。即便朝廷得到报告，也不会马上发兵围剿，肯定会召集大臣讨论，而真正调集兵马非半年不可，到那时我们基本上控制了东南地区的局势。何况西北二虏，朝廷每年都要送去岁币数百万，而国家上千万的军国经费，也多半出自东南，我等既据有江表之地，朝廷从这里拿不到赋税，必然转而去压榨中原，中原百姓不堪压迫，必然发生变乱，二虏得知消息，也会乘虚而入，朝廷腹背受敌，虽有像伊尹、吕尚这样的人为之出谋划策，恐怕也难以挽狂澜于既倒。我们只需划江而守，轻徭薄赋，以宽民力，百姓自然会拥护我们，如此数年，天下四方谁还不敛衽来朝？我敢断定，只需十年时间，我们便能统一天下。"

方腊对局势的分析高瞻远瞩，有理有据，众人钦服，聚众揭竿而起。方腊部署群众千人，以诛朱勔为名，号召杀尽贪官污吏，两浙百姓争相投附，数日之间，队伍便发展至十万人。方腊自称圣公，改元永乐，设置各级将领，以巾饰作为区别，自红巾而上凡六等。宣和二年（1120）十一月二十九日，宋朝将领蔡遵与方腊战于息坑，蔡遵战死，方腊乘胜占领青溪县，接着又攻陷睦州（今浙江建德）、歙州（今安徽歙县），北上占领桐庐（今属浙江）、富阳（今属浙江）、杭州，起义军连战皆捷，其势如暴风骤雨，不可阻挡，四方大震。当时徽宗方与女真相约攻打契丹，夺取燕、云之地，士兵、粮秣皆已调运停当，得到方腊起兵、四方震动的消息，立即罢北伐之议，派宦官童贯为江淮荆浙宣抚使，统率士兵十五万，移师南下。童贯辞朝之日，徽宗以东南之事相托，并允许他，如有紧急事务需要处置，又来不及上奏，可以天子的名义发布文告，称之为"御笔"。这是恩准童贯便宜行事，表明徽宗对此事相当重视，太平时日，大臣是得不到这种权力的。

童贯出师时踌躇满志，表示一定要荡平方腊，同时他也知道，东南之民之所以铤而走险，是不堪花石之扰。为麻痹起义军，他命僚属董耘以天子名义作罪己诏。大意是说："朝廷起初收买花竹、窠石、造作供奉等事，都是委托州县监司置办，御前事先已支付钱物，让有关方面按私价购买，朝廷曾三令五申，不得以任何名义敲诈勒索。原以为奉行之人会遵守约束，体恤百姓疾苦，不敢胡作非为。但近来贪官污吏趁机上下其手，骚扰百姓，朕亦时有所闻。为根治此等弊政，从即日起，所有收买花石、造作供奉之物及有关机构，一切废罢。限十日内将此事处理完毕，官吏、钱物、工匠一律拨归原处，已收之物封存备用，并一一上报。如果以后还有人以供奉为名，大肆骚扰盘剥百姓，一律以违背御笔论罪。"此诏一出，苏、杭造作局及御前纲运并木石等物一律停止，朱勔父子、弟侄等也丢了官职。如果徽宗能做到令行禁止，从此不再运送花石纲，并整顿吏治，民力不至于大困，宋朝的江山也不至于很快倾覆。但是徽宗君臣见识短浅，并非真的要洗心革面，改弦更张，童贯这一番表演，不过是麻痹起义军，收买人心的缓兵之计。

一波未平，一波又起。方腊起义正如火如荼，令宋朝统治者焦头烂额之际，宋江也在河北起事，一南一北，桴鼓相应。徽宗不想在两个战场同时作战，下诏招降宋江，宋江拒而不纳，率众转战于京东等地，人称"京东贼"。宣和二年（1120）冬，徽宗命曾孝蕴为青州知州，率兵镇压宋江，但因方腊屡战屡胜，声势浩大，曾孝蕴未及赴任，便转调他处。由于朝廷把注意力全都集中在方腊身上，宋江得以纵横驰骋，趁机发展，率领三十六首领横行河朔，官军莫敢撄其锋。这三十六人中有智多星吴加亮（《水浒》中为吴用）、玉麒麟李进义（《水浒》中为卢俊义）、青面兽杨志、混江龙李海（《水浒》中为李俊）、九纹龙史进、入云龙公孙胜、浪里白跳张顺、霹雳火秦明、大刀关必胜（《水浒》中为关胜）、豹子头林冲、黑旋风李逵、小旋风柴进、金枪手徐宁、扑天雕李应、赤发鬼刘唐、一撞直董平、插翅虎雷横、美髯公朱仝、神行太保戴宗、小李广花荣、没羽箭张清、浪子燕青、花和尚鲁智深、行者武松、铁鞭呼延绰（《水浒》中为呼延灼）、急先锋索超、拼命三郎石秀等。

知亳州侯蒙上书徽宗，指出朝廷如同时攻打方腊、宋江，必定会分散军力，不易成功，如赦免宋江之罪，命他讨方腊，让起义军自相残杀，官府可坐收渔人之利。徽宗览奏，当即采纳，命他为东平（今山东郓州）知州。但侯蒙还未赴任，便撒手而去，招降计划未及施行。宣和三年（1121）二月，宋江等人转战至海州（今江苏连云港海州区），夺得巨舟十余艘，截获大量财物，声势大震。宋朝统治者起初以为宋江只是疥癣之疾，未引起足够重视，今见宋江势大，便派重兵镇压。新任海州知州张叔夜工于心计，他派人连夜侦察宋江的行踪，摸清了宋江的行军规律，便募集敢死之士千人，埋伏在宋江经常出没之地，伺机攻打义军。宋江疏于防范，对官兵的行动浑然不觉。一次宋江所部舍舟登岸时，官军趁机将船只烧得一干二净。宋江部下见船只被烧，进退失据，登时乱了阵脚，官军乘胜邀击，俘获了宋江的副将。张叔夜随即在此时招降，宋江势穷力蹙，不敢再负隅顽抗，只得率残部投降。宋朝招降了宋江后，便派他去攻打方腊。

宋朝大军与宋江义军合在一起，除了知枢密院事童贯、常德军节度使谭稹所率领的禁兵外，还有京畿、关右、河东的蕃汉军队，江浙还有自己的地方兵，他们的兵力已远远超过了方腊。经过一番激战，方腊相继丢失了杭州、睦州，方腊、宰相方肥、方腊妻邵氏、方腊子亳二太子等五十二人均被宋军俘虏，零星余部逃往衢州（今属浙江）、婺州（今浙江金华）。这场轰轰烈烈的农民起义宣告失败。

重起花石纲

战争的硝烟还未散尽，徽宗君臣便故态复萌，又想起花石纲。童贯让部下董耘写的那篇"御笔"，虽非徽宗亲自书写，但是经他授权并默认的。现在方腊授首，东南平定，时过境迁，徽宗再翻阅那篇"御笔"，句句都像揭自己之短，内心颇为不悦，整日郁郁寡欢。善于察言观色的王黼趁机进谗说："方腊起兵，是因为茶盐法太苛刻，断了他的财路，与花石纲无关，而童贯却听信奸人之言，让陛下代为受过。"徽宗立即下令恢复应奉局，以王黼、梁师成主持其事，朱勔也跟着恢复了官职。童贯对徽宗叹息说："东南百姓的饭锅子还未稳当，朝廷还要作此等事吗？"徽宗愠怒，刚刚因平方腊之功升任太师的童贯旋即致仕，替童贯起草"御笔"的董耘，竟因此获罪。

徽宗食言自肥，变本加厉地运送花石纲，引起了正直士人的不满。太学生邓肃进诗讽谏，其中有"但愿君王安万姓，圃中何日不东风"之句，被逐出太学。词人邢俊臣生性滑稽，经常出入宫禁，善作《临江仙》词，末尾两句必引用唐诗，以资调笑。徽宗设置花石纲，其中巨大的石头称为神运石，用数十只大船连在一起，运往京师，安放在万岁山上。徽宗命邢俊臣写一首《临江仙》词助兴，以"高"字为韵。他稍加思索，一挥而就，末句说："巍巍万丈与天高，物轻人意重，千里送鹅毛。"不久，江南又运来一株南朝时陈朝的桧树，徽宗又要他作《临江仙》词，以"陈"字为韵。桧树高五六丈，粗九尺余，树荫覆盖数百步。邢俊臣的词最末两句说："远来犹自忆梁陈，江南无好物，聊赠一枝春。"这两首《临江仙》词都含有讥讽之意，徽宗看了，虽有些不高兴，但没有怪罪。

所谓一蟹不如一蟹，王黼比朱勔更为贪婪狠毒。他主持应奉局，除花石外，还搜求其他贡品，命令全国各地州郡，凡当地出产的美味可口之物，一律都要进贡给朝廷。于是异国之珍、绝域之宝，源源不断地运至京师，王黼与梁师成朋比为奸，公然中饱私囊，珍宝多数运往两人家中，入国家园林的不过十之一二。王黼的住处台榭峥嵘，金碧辉煌，庭院中聚花石为山，当中有街道四条，房屋整齐，雕梁画栋。他的另一处赐第，装点得更是与众不同。垒奇石为山，高十余丈，房屋内陈设讲究，雍容华贵。所居府第之西，另有一处景观，号称西村，村中小路皆用巧石铺成，诘屈往返，徜徉其间，如入迷宫之中。小路两旁数百步间，以竹篱茅舍为村落之状，乍入其中，市廛阛阓之中突然出现小桥流水，落英缤纷，令人神清气爽，尘念顿消。

除了在京师经营豪宅外，王黼还同宦官李彦在汝州（今属河南）设应奉局，搜求北方竹木花石。李彦也是龌龊之徒，有权在手，便狐假虎威，盘剥百姓。即使运几棵普通竹子，也要动用大车六辆，牛驴数十头；运一株龙鳞薛荔，费用竟超过百万缗。由于频繁运送花石，汝州及附近州县的农夫尽被征调，长年累月疲于奔命，致使田园荒芜，禾稼不收，家徒四壁，或饿死于沟壑，或自缢于辕轭之间。颍昌（今河南许昌）兵马钤辖范寮看不惯李彦的骄横跋扈，不肯为其搜罗竹石，被人诬告刊刻苏轼文字，除名勒停。到北宋即将灭亡的宣和六年（1124），蔡京之子蔡攸还创办宣和库式贡司，肆无忌惮地掠夺百姓财产，贵如金玉，贱如蔬茹，无不笼取，简直成了一伙明火执仗、打家劫舍的土匪。

只因徽宗喜爱花石，引得举国上下东施效颦。京城不少道观也用珍木异石，修建得富丽堂皇。上清宝箓宫极土木之盛，为诸宫之冠。那些名公巨卿、戚畹贵族自然也不甘落后，争相修葺府邸，穷土木，饰台榭，露台曲槛，华丽堪与宫廷媲美。特别是盛产花石的东南地区，人人砌假山，修园圃，以此附庸风雅，炫耀富贵。如浙江有一个叫卫子叔的人，他家花园中有一座假山，占地二十亩，上面设置四十余座亭阁，引得万人歆羡。而侍郎俞子清家的山石更令人拍案叫绝，他家的假山有大小山峰百余座，高者二三丈，低者仅数尺，错落有致。假山周围，栽满犀株玉树，枝柯扶疏，排列有序，俨然如群玉在花苑中熠熠生辉，与众不同，堪称一绝。

　　盛筵难再，好景不长。靖康元年（1126）金兵攻入开封，钦宗下诏拆毁艮岳当作炮石，百姓争持锤斧敲毁。又让百姓砍伐艮岳树木，拆掉房屋当柴烧。山禽水鸟悉数投入汴河，驯养的鹿杀死充作军食，残存的图书碑碣皆丢弃沟渠中，任凭风雨剥蚀。昔日繁华喧嚣的艮岳在几天之间被夷为平地，持续了一个半世纪的北宋江山，也到了寿终正寝的时候。

教主道君皇帝

渊源有自

徽宗即位之前，从未喜欢过道教，即位后何以沉溺于道教而不能自拔？这里边有两个原因：

一是受先人的影响。宋代崇奉道教，始于太宗赵光义，而盛于真宗时期。太宗继兄长之位，因为不光明正大，有"烛影斧声"之说，千夫所指。太宗倍感舆论的压力，为平息社会舆论，便编造出一个莫须有的道教神灵"翊圣"降显的神话，证明自己入继大统是皇权神授，并非从兄长手中篡夺而来。尽管没有多少人相信，他自己却宣扬得沸沸扬扬。他封此神为"翊圣将军"，在终南山修建上清太平宫，命道士张守真主持其事，凡遇到军国大事，都要派人前往祭祷。其实，这只是掩人耳目，他自己也未必相信。真宗即位之后，虽然也相信道教，但并未沉溺其中。"澶渊之盟"后，宋辽双方化干戈为玉帛，从此不再兵戎相见，真宗与大臣王旦商量，想利用道教神灵来"镇服四海，夸示夷狄"，于是便有天书、封禅之事出现。其实真宗未必相信道教有如此巨大的魅力，而是出于政治上的需要，是有意让辽国君臣知道，大宋朝有神灵庇护，不要再牧马南寇，侵扰宋室江山。

于是真宗煞有介事地导演了一场政治秀。他对辅臣说："去年十一月的一天，朕刚刚就寝，忽然室中甚为明亮，看见一神人头戴星冠，身穿绛衣，告诉朕说，来月三日，应在正殿建黄箓道场，届时将降《大中祥符》三篇。"命大臣准备。到了那一天，果见左承天门屋南角有两丈长的黄帛悬挂在鸱尾上，帛中有书卷之类的东西，外边缠了三道青丝绳线，封口处有字迹隐约可见，这就是神人所降之书。帛上书有文字："赵受命，兴于宋，付于恒（按：宋真宗名赵恒）。居其器，守于正，世七百，九九定。"天帝把天下交付给宋朝皇帝赵恒，要传七百世，九则表示多数，意味着宋朝国祚长久，绵延不绝。从此真宗修建道观，优待道士。经过真宗的提倡，道教在诸教中获得了特殊的地位。至徽宗时，道教已很盛行，受此影响，徽宗尊奉道教是很自然的事。

二是出于政治形势的需要。徽宗崇奉道教，大体上分为两个时期：即位之初只是一般性地崇奉道教，到了政和、宣和年间，才近乎疯狂地扶植、推崇道教。究其原因，徽宗即位之初，政治还算清明，社会秩序基本稳定，他算是守成之君，用不着拿宗教来麻醉百姓。后来耽于逸乐，沉湎酒色，重用奸佞，朘削百姓，致使廊庙蠹朽，民不聊生，方腊、宋江揭竿而起。而北方的金、辽、西夏等强敌环伺，虎视眈眈，徽宗君臣竟是一筹莫展。为了安内攘外，徽宗导演了一出出尊崇道教和神化自己的闹剧，举国上下迅速掀起一股"道教热"。

崇道政治秀

大观元年（1107）徽宗御笔亲批道士的地位在僧人之上，道姑的地位在尼姑之上。而在此之前，僧道地位平等，不分轩轾，徽宗硬是扬此抑彼，把道教抬到了佛教之上。第二年二月，徽宗下诏颁布《金箓灵宝道场仪范》于天下，以便道士学习。

为弘扬道教，徽宗决定亦步亦趋，效法真宗。政和初年，徽宗偶染微恙，御医治疗百日，已逐渐痊愈。忽一日夜晚，徽宗蒙眬中被人召见，一似在藩邸时朝见哲宗时的情景。到达目的地，乃是一座道观，有两名道士充作傧相，把徽宗搀扶到一个圆坛上，向其宣谕说："汝以宿命，当兴吾教。"徽宗诺诺连声，再拜而退。一觉醒来，乃是南柯一梦，但梦中情景，却历历在目，徽宗马上擘笺调墨，把经过记了下来。尽管徽宗煞有介事，说得活灵活现，但毕竟是一个梦，没有多少人相信，影响自然有限。

徽宗心知肚明，要大力推崇道教，仅仅编造一个梦，当然不够圆满，还须借题发挥，把故事继续编下去。政和三年（1113）十一月，徽宗前往圜丘祭天，大臣蔡攸随行，有道士百余人执仪仗为前导。车辆刚出南薰门，徽宗忽然手指东方，询问蔡攸，玉津园之东好像有楼台叠复，那是什么所在？蔡攸心领神会，立即附和说："臣已看得清楚，在那云雾缥缈之间，楼台殿阁若隐若现，约有数重之多，复阁回廊，粲然可观。但仔细审视，这爿建筑离地数十丈，皆无根基，若非神宅仙窟，岂能傲立苍穹？"徽宗又问："见人物否？"蔡攸连忙奏道："既有殿台楼阁，当然有人在活动。臣看见好像有一批道流童子，皆手持幡幢节盖，在云雾中出入往返，眉目清晰可辨。"君臣一唱一和，此事迅速传遍了整个东京城，妇孺皆知。徽宗下诏在天神显灵之地修建道观，命名为"迎真"，并作《天真降灵示现记》以记其事，同时命蔡京将此事宣付史馆，载入史册，昭示后人。

盖了道观，载入国史，徽宗意犹未尽。政和四年（1114）又以天神降临，旌旗招展，辇辂不绝，冠服仪卫，涌现云雾之间，天下万姓皆见威仪为由，御笔钦定每年的十一月五日为天佑节，以纪念天帝降临京师上空，庇佑天下苍生。政和六年（1116）徽宗又心血来潮，跑到玉清和阳宫，上玉帝尊号为太上开天执符御历含真体道昊天玉皇上帝，同时下诏在全国各地洞天福地修建宫观，塑造画像，让全国百姓顶礼膜拜。徽宗知道，若以天子名义命令天下人信奉道教，可能响应者寥寥，若掀起一场造神运动，百姓就会翕然相从。

道教比起佛教来，本已享受了许多特殊照顾，而徽宗仍嫌不够，他以天子之尊再颁政令，向道教倾斜，有些规定甚至荒唐可笑。比如佛教徒做水陆道场及祈禳道场，不得与道教神位相抵触，如有抵触，僧尼以违制论处，主办人如知情不举，一同治罪。他还命令天下官员百姓呈献道教仙经，各地监司、郡守各司其职，广泛搜求，然后将搜集来的道经刊刻印行，颁发全国。

道教经典格外受到重视。蔡攸上奏说："庄子、列子、亢桑子、文子等人都曾著书以传后世，至唐代尊以上诸人之书为经，藏之名山，传诸后世。传至我大宋朝，始准许《庄子》《列子》出入国子学，但《亢桑子》《文子》虽早已成书，但从未颁行，乞从秘书省取出，精加校雠，付之梨枣，与《庄子》《列子》并行。"《亢桑子》《文子》也是道家著作，但分量比不上《庄子》《列子》，唐代还受到重视，宋代则遭到冷落，莘莘学子似乎已把这两部书遗忘了。如今一经蔡攸提出，徽宗立刻批准照办。老子所著《道德经》虽然只有五千余字，但一向被视为道教无上经典，只是世间仍以《老子》称之，与其他诸子并列，徽宗认为不妥，大笔一挥，改成《太上混元上德皇帝道德真经》。这样一来，就没有任何著作能与《道德经》匹敌抗衡。徽宗又下诏改变《史记》一书中的列传次序，原书中第一篇列传是《伯夷叔齐列传》，第二篇是《管晏列传》，第三篇才是老子与韩非的合传。徽宗首先将老子的传记与韩非分开，单独成篇，并列在《史记》众列传之首。命人仿效唐朝制度，把《道德经》分章句书写刻于石上，立于京师神霄玉清万寿宫内。以蔡京、郑居中、余深、童贯兼充神霄玉清万寿宫使，邓洵武、薛昂、白时中、王黼、蔡攸等充任副使。这样一来，朝廷衮衮大员都变成了宫观官员，每逢上朝，宫殿上一片羽服黄冠，煞像道场。南宋初年诗人刘子翚写诗讽刺说：

神霄宫殿五云间，羽服黄冠缀晓班。
诏诰群臣亲受箓，步虚声里认龙颜。

所谓"步虚"，就是诵经声。在朝堂之上诵经，这种君不君、臣不臣的局面，在历史上还不多见！

根据蔡京的建议，收集古今道教大事编纂为纪、志两部分，修成后赐名《道史》。徽宗将这一任务交给了提举道录院，并指示《道史》不必仿效《史记》设表，本纪从天地始分时开始，以三清为首，三皇以下帝王得道者以时间先后为序，列于纪中。志分为十二篇，列传分为十类，从西汉至五代称为道史，本朝则称为道典。大臣邓洵仁又奏请选择道藏经数十部，镂版刻印，颁发给州郡道录院。太学、辟雍（学校）各设通《内经》《庄子》者两人为博士，各州添置道教博士，由州官兼任。

朝廷各级官员均有品级，道士也应有相应级别，于是徽宗又规定设置道阶，凡二十六等，品级和朝廷命官中大夫至将仕郎大体相当。为提高道士文化素质，命诸路监司在本路选宫观道士十人，送往京师左右街道录院，学习道教有关礼仪。学成之后，仍回原道观供职，而佛教徒则没有这样的待遇。

全国各地都建有天宁万寿观，其地位已经升至各教司之首，徽宗仍嫌名称不够气派，改名为神霄玉清万寿宫，在殿上设置长生大帝君神位，供四时祭祀。天下的僧徒如愿改换门庭，皈依道教，予以鼓励，凡愿披戴为道士者，立即赐予度牒、紫衣，任何人不能刁难。徽宗对道士的优渥达到了异乎寻常的程度，甚至把显示皇家雍容华贵、从不轻易授人的玉方符、金方符也破例赐予道士。这两种符正面画有符箓，背面镌铸御笔文字："赐某人奉以行教，有违天律，罪不汝贷。"道士们拥有这种符牌，就如同持有尚方宝剑，所到之处，如皇帝亲临一样，为所欲为。总之，一为道官，恩赏待遇便与士大夫无异，如出入外地州县，则绯袍象简，冠带鱼袋，意气洋洋，傲然自得。

道教经典既然刊刻印行，还得规定一套办法，使道教之书与黄帝、尧、舜、周公、孔子之教并行，于是又御笔批示，天下在校学生，上课时要添大小一经，随各人选择。大经是《黄帝内经》《道德经》，小经是《庄子》《列子》，再加上儒家之书，合为一经，在课堂上传授。学生参加科举考试时，官品中增置士名，分元士、高士、大士、上士、良士、方士、居士、逸士、隐士、志士十种。这十种士是专为道教徒所设，级别相当于政府官员的正五品、从五品到正九品、从九品。州县学校中生员如学道学，改称道徒，考试合格，称为升贡，可以到京师辟雍就读。成绩优异者，按照贡士法，等到三年后开科选，准许穿襕韠应试，亦即穿戴与普通士子相同，但考试题目不同。如果考中，分配的也是道职，可充任神霄玉清万寿宫、天庆观正副观知。考中志士以上的学生可在礼部备案，将来如有道职差遣，与吏部差遣一般士人同等待遇。这一措施一出台，就学者纷纷响应，如陈州州学内舍生宋瑀就向有司提出，愿转为道学内舍生，徽宗竟为他一人下诏，批准为志士，将来可以赴殿试。宋瑀是已故翰林学士宋祁之孙，曾两度参加贡举，学识渊博，对道学有精深研究，曾撰写有关道论文章十余篇，另撰有《神霄玉清万寿宫雅》一篇，因此徽宗特批他可以参加殿试。

自兴道教以来，异人不断出现，但尚有许多隐匿民间，徽宗下令各级地方官员访求山林高蹈之士，一旦发现，可以依照"八行"法，以礼延聘入校。凡士人具有孝、悌、睦、姻、任、恤、忠、和八种品德的称为"八行"，由保伍申名报县，县令审察后入县学考验，如获通过，再申报到州，经审察合格后可贡入太学就读。一般生员如此，道学生也仿此办理。如本人具备八行条件，但不愿学道学者，监司、郡守应礼贤下士，亲临敦劝，并提供车、船方便，差人送到阙下。如不愿赴阙，天子可下玺书招聘。总之，用尽一切手段，也要把莘莘士子中的佼佼者吸引到道士行列里来。一些高尚之士多隐晦高蹈，匿身于卒伍、工隶、仆厮之类，一经发现，便拔擢置于道观之中。甚至身犯律条，隐姓埋名，逃离世俗之人，只要皈依道门，不管有多少孽债，都可一笔勾销，无忧无虑地做道士了。

道士发迹

道教既受徽宗尊宠，道士自然身价倍增，有些甚至成为炙手可热的人物。徽宗最早宠幸的道士是茅山第二十五代宗师刘混康。刘混康曾建言徽宗修建艮岳，主后宫多生皇子，果真应验，徽宗从此对其宠信有加，多次把他召入京师，赐以印、剑、田产。崇宁二年（1103）下诏准许他修建道观，可以直奏灾福。刘混康原号洞元通妙大师，徽宗改为葆真观妙先生，后再改为葆真观妙冲和先生，先后给他敕书、赠诗七十余次，并向他索要灵丹、仙饵、伤风符、镇心压惊符等。一天夜晚，刘混康拜罢给天帝的奏章，久久凝立无语。徽宗问："这次拜章为何用这么长时间？"混康答："正值天门放春榜，我多看了一会，故而时间长了。"混康所说的春榜，即人世间的殿试，天帝发了榜，然后在人世间应验。徽宗问他前几名是谁，混康故弄玄虚，说什么天机不可泄露，只能写在纸上密封保存，以备他日验证。第二年殿试毕，开启刘混康所书纸条，上面只写了"二草二木"四字，这一年殿试的前两名是蔡薿、柯棐，刚好应验"二草二木"四字，徽宗惊奇不已，对他的法术深信不疑。刘混康既得宠，他的徒弟便倚仗权势，气焰熏灼，为非作歹，夺民苇场、强买庐舍的事时有发生。百姓告入官府，官吏们知道刘混康手眼通天，明知百姓冤枉，也不敢秉公处理。

　　舒州（今安徽潜山）道士张怀素，自号落魄野人。神宗元丰末年客居陈留（今河南开封陈留镇），常插花满头，佯狂县中，自称戴花和尚。喜欢言人休咎，有时应验，群小从之如市。知县毕仲游怒其妖言惑众，拘入狱中，查看其度牒，乃五代李后主所发。李氏覆亡已一百余年，不可能颁发度牒，当即没收，杖背一百，责令还俗，驱逐出境。从此以后，怀素蓄长发，游于公卿之门，起初以测算风水为生，后来又以淫巧之术交结士大夫。崇宁元年（1102）怀素来到京师，自诩道术能通鬼神，飞禽走兽均听其呼遣。甚至说孔子诛少正卯时，他曾进谏说时间太早，应向后推迟；又说楚汉相持于成皋，他曾登高观战，不知离当今有多少年。荒唐怪诞，不一而足。大观年间，张怀素推算金陵（今江苏南京）有王者之气，自己可以当之，便派其门徒游说有名望的士大夫。有一个叫范信中的成都人，因杀人逃匿，为人充当园丁，在亭壁上写了一首诗发泄郁闷，主人称奇，赠之以金。后来范信中又到一富家教其子读书，因醉殴其子，离开此家去一处州衙当书吏，太守翟公父子见他学问有点根底，荐他到州学帮忙。不久，他把州学闹腾得鸡犬不宁，只得又来投奔翟公父子，翟公留宿，他偷盗金银器皿逃走，到广西见黄庭坚，相从甚久。庭坚死，他又辗转投到了张怀素门下。其时张怀素已密谋与吴储、吴侔造反，吴储、吴侔认为范信中不可靠，应当杀掉，范信中得知消息，马上赴京师告密。朝廷派人在真州（今江苏仪征）城西仪真观逮捕了张怀素，并搜出室中美妇十余人，张怀素被立即诛杀。缙绅大夫与张怀素多有交往，蔡京、蔡卞兄弟，吕惠卿等大臣均与之关系密切。此案株连甚广，蔡京指使中丞余深、知开封府林摅将自己与怀素往还信札悉数烧毁，才未受波及。不久，余深、林摅皆升迁了官职。

徽宗朝权势煊赫的道士，要数王老志、王仔昔、林灵素三人。王老志是濮州（今山东鄄城县西南临濮镇）人，以孝闻于乡里，幼时曾为伯母吮疽。进入仕途后，当了一名运转小吏，办事公平，不受贿赂。后来他在市廛偶遇一个乞丐，此人虽然蓬头垢面，却是有奇异技能之人。他自称钟离先生（即钟离权，传说中的八仙之一），授给王老志一粒丹药，老志服后，便忽忽如狂，能预知未来之事，遂抛弃妻子，结草庐于田野之间，为人谈休咎，一时身价百倍。濮州有一士人，饶有舌辩，打算与老志辩论一场，挫挫他的锐气，便前来造访。老志住处围有高墙，大门未开，只开一侧门，如狗窦大小，士人只得匍匐而入。两人正谈间，忽地下有水涌出，顷刻间水已盈尺，中有鳞甲如斗样大小，士人战战兢兢，面如土色。老志对士人说："你赶快走吧，再晚就招致祸殃了。"士人连忙从侧门钻出，策马狂奔。行未五里，电闪雷鸣，大雨倾盆，冰雹骤降，士人所骑之马蜷曲不行，只得寻一土室躲避。此时他才悟出这一切都是王老志的法术，差一点丢了性命，连忙朝着王老志所居庵庐百拜乞求饶恕，王老志才未再加害于他。此时的王老志已是法术无边，俄顷之间能降祸福于人的神仙了。

王老志不但能呼风唤雨，还能未卜先知。大臣韩粹彦一日偶然与老志相遇，寒暄之后，老志赠以"凭取一真语，天官自相寻"十字。月余，粹彦被擢升为礼部侍郎，礼部官员称天官。翰林学士强渊明公干至濮州，见到王老志，老志写了"四皓明达"四字给他，并说："渊明他日必贵，我与你当在京师相见。"强渊明茫然不解。政和年间刘贵妃薨逝，追谥为明达皇后，制书由强渊明起草，方悟出"四皓"乃是赐号。太仆卿王亶将王老志推荐给徽宗，召至京师，馆于蔡京府第。徽宗派人询问刘贵妃事，老志答以明达皇后非人间凡人，乃上真紫虚元君，虽然已经魂归道山，但能够通过老志与徽宗沟通。此类事史载很多，颇为迂怪。

一次，乔贵妃派人询问老志说："刘贵妃生前与我私交甚笃，如今阴阳阻隔，不知她还思念我吗？"老志当下无言，次日即呈给徽宗密书一封，拆开看时，乃是前岁中秋节乔、刘二妃侍奉徽宗时的燕好之语，乔贵妃回忆前尘往事，不由得大恸。徽宗下诏封老志为洞微先生。

朝中士大夫知老志神通广大，多求他书字以测祸福，老志来者不拒，但书写的词句使人茫然不解，后来大多能够应验，因而门庭若市。找王老志的大臣越来越多，使宰相蔡京惴惴不安，他认为生杀予夺是天子的权柄，缙绅士大夫不应从方士处验证祸福。老志也畏惧将来因此罹祸，上奏禁止士大夫书字。

老志不慕富贵，生活俭朴，每日只餐一顿，且只有汤饼四两，冬夏衣服各一套，如此而已。尽管如此，他的老师还责备他穿罗绮衣服，处富贵之中不知满足。他共有衣服六七套，后来都封还给蔡京。老志请求辞朝归隐，徽宗不允，及至病重，方准其离朝。及出朝坐车，又健步如飞，没有丝毫病态，归濮州后死去。下葬时隐约有笙箫齐鸣，云鹤翔集，徽宗下诏赐金助葬。

继王老志之后来京师的，是号称小王先生的道士王仔昔。他是豫章洪都（今江西南昌）人，幼时学儒，后来从道，隐居嵩山。自称遇到许逊真君，授以《大洞隐书》，能知人祸福。徽宗知他有神通，命他继承王老志之事，寓居蔡京赐第，诏封通妙先生。

有一年久旱不雨，徽宗焦灼不安，派宦官持一幅白纸，让仔昔书写，以求降雨，仔昔受而未书。隔了一天，宦官再持纸至，仔昔画了一道小符，在左上角书写："焚符，然后用汤水洗涤。"宦官甚为惧怕，不肯接受，大声说："朝廷让你祷雨，你却让焚符后洗脸，岂不是南辕北辙，谬以千里吗？"仔昔大怒说："你只管拿去。"宦官不得已，只好呈给徽宗。徽宗读之，颇为骇异。原来有一妃子患眼疾，眼睛红肿，徽宗为之默祷良久，采用仔昔之法，一洗而愈。从此仔昔恩宠骤加，戚畹贵族争相与其来往。

中丞王安中上疏说："王公大臣不宜与道士往来，今后如再延招山林道术之士，保荐者应承担责任。"宰相蔡京也看不惯王仔昔的行径，上奏说："臣备位辅臣，调和鼎鼐，而家中却养有方士，且其行为荒诞迂怪，恐怕不合时宜。"徽宗也认为仔昔住在蔡京家中不妥，命其迁居上清宝箓宫。

仔昔建议，九鼎乃是神器，不可藏于外边，徽宗于是下诏在大内建阁以贮九鼎。仔昔生性倨傲，徽宗常以客礼相待，因此仔昔竟视宫中宦官犹如奴仆，呼来喝去，又打算让道士都拜他为师，遭到众人忌恨。不久，新道士林灵素得宠，仔昔越发为人厌弃，一个叫孙密觉的道士告发他种种奸宄不法之事，仔昔被下开封狱杀之。

一个叫冯浩的宦官陷害仔昔最卖力，仔昔未得罪时，曾书写"上蔡遇冤人"五字授其门徒。四年后，冯浩获罪被贬出朝，行至上蔡县（今属河南），徽宗命人把他杀死，"上蔡遇冤人"的谶语算是应验了。

最为跋扈的道士是林灵素，其权力之大，为恶之多，道士中无出其右者。灵素初名灵噩，字通叟，温州（今属浙江）人。家世寒微，少年时皈依佛门，因学习不认真，被老师答骂，遂弃佛学道。他云游至蜀地，从道人赵升学数载，赵升死后，灵素窃得其书，私藏于身，时时练习，从此善于妖术，往来于宿、亳、淮、泗间，乞食于僧寺，僧人多厌之。他在大红大紫之前，落魄江湖，放荡不羁，多次在酒店赊酒，且欠债不还。债主索债，灵素计窘，即举手打自己脸部，左颊旋即变成髑髅，而右颊却安然如故，债主惊恐不已，只得免其酒债。灵素在楚州云游时，曾与恶少无赖斗殴，双方对簿公堂，问案的通判见灵素应对如流，便免其罪安置府中，向他学习吐纳烧炼飞升之术。政和年间来到京师，寓居东太一宫。徽宗梦见东华帝君相召，同游神霄宫，醒来后甚觉诧异，命道录徐知常访问神霄宫之事。知常对此一窍不通，无从下手，而王老志已死，王仔昔被杀，正一筹莫展时，忽然有人相告说，京师新来一个叫林灵噩的温州道士，多次言及神霄宫，并曾在墙壁间题神霄宫诗，徐知常马上告知徽宗。徽宗召见，觉得似曾相识，但又记不起在哪里见过，便问："卿过去出仕过吗？见过朕躬吗？"灵素随口胡诌："臣往年去朝玉帝，曾问候过圣驾。"徽宗点点头说："朕如今尚有记忆。记得卿当时骑青牛，如今青牛何在？"灵素回答说："寄牧外国，不久便来。"徽宗听后惊奇不已。政和七年（1117），高丽国果进青牛，徽宗便赐给灵素为坐骑。一次，徽宗问灵素有何仙术，灵素吹嘘说："臣上窥天宫，中识人间，下知地府。"徽宗一时高兴，改其名为灵素，赐号金门羽客、通真达灵玄妙先生，赐以金牌，可以随时进入宫廷。又修建通真宫供其居住。当时宫禁屡有"妖怪"作祟，徽宗命灵素治之，他埋一九尺长的铁简于地，其怪遂绝。徽宗为他建宝箓宫太一西宫，又建仁济亭以施符水。开神霄宝箓坛，诏天下宫观改为神霄玉清万寿宫，无观者以寺充之。徽宗对林灵素真是宠幸到了无以复加的地步。

林灵素诪张为幻，信口开河，而徽宗竟笃信不疑。一次林灵素在便殿接受徽宗召见，说天有九霄，而以神霄为最高，天帝办公之地称府。天帝长子是神霄玉清王，主持南方大政，号称长生大帝君，此神不是别人，就是陛下。神霄玉清王之弟号为青华帝君，主持东方大政，自己就是他府中仙卿，名叫褚慧，降于凡间辅佐帝王。又说蔡京是左元仙伯，王黼为文华吏，郑居中、童贯等也一一名列仙籍。当时安妃善解人意，正受徽宗宠幸，林灵素称她是九华玉真安妃，绘其像于神霄帝君左侧。徽宗大喜，赏赐无数，升灵素家乡温州为应道军节度，加灵素号为元妙先生、冲和殿侍晨。自此林灵素出入前呼后拥，甚至敢与诸王争道。由于他权势煊赫，京城人都称之为"道家两府"。他的门徒锦衣玉食，将近两万人。许多官吏为求升迁，纷纷争先恐后走他的门路。时人写诗讽刺说：

当日先生在市廛，世人那识是真仙？
只因学得飞升后，鸡犬相随也上天。

一日，灵素忽然心血来潮，奏明徽宗，说要宴请朝中大臣。由于文武大臣人数甚多，徽宗让他先宴请馆阁之士，约十余人。觥筹交错，猜拳行令，不觉已至夜晚，灵素忽然提出可为诸人召致平日属意或灵犀相通的美妇人，即使相隔千里，也能马上罗致。众人皆以为是荒唐谬悠之词，醉中漫应之。灵素先移众人于一竹林中，林中幽篁蔽日，枝柯扶疏，中有一所高大建筑，屋前有小斋阁十余所，阁内洒扫整洁，衾褥皆备，灵素令众人各据一阁，以俟美人到来。可煞作怪，更深夜阑之后，每人平日所思慕的佳丽皆翩翩而至，启户而入，无一错者。少顷便闻阁中互道契阔及呢喃絮语，隐隐约约，不得而闻。

还有一次，徽宗在便殿接见林灵素，灵素忽然趋至阶下说，九华安妃将至，果然刘贵妃飘然而至，灵素深鞠一躬，拜于阶下。又说有神霄某夫人来，俄顷某妃又至，灵素扬言说，她在仙班与臣同列，不当拜，便长揖而去。林灵素此类趣闻轶事甚多，件件皆令人捧腹。

有一年京城酷暑，数月不雨，徽宗命灵素施法求雨。灵素故弄玄虚，掐指一算说：“上天无意布雨，四海百川水源均已封锢，无上帝命令，任何人不得取用，惟黄河水未禁，但浑浊不可用。”徽宗说：“人在酷暑之中，如同经受焚灼，但得甘霖倾洗，虽浑浊又有何妨。”灵素受命，便至上清宫仗剑作法。俄顷便迅雷奔霆，暴雨倾盆，逾两时才止，直下得沟满壕平，水积于地尺余，但皆黄浊不可饮用。凡此等史料记载，或道听途说，或夸饰有加，以讹传讹，不足为信。所谓能使人至自千里之外，所谓呼风唤雨云云，都不过是林灵素玩弄的骗术而已。

为了承欢固宠，林灵素大肆吹嘘他能讲经。其实他只是略识文墨，不学无术，自然讲不出个子丑寅卯来。政和七年（1117）正月的某一天，林灵素在上清宝箓宫讲经，道士不期而聚者数千人，徽宗也亲临现场观看。当时道士皆有俸入，每一道观赐田百顷，多者达千顷。此次为吸引人听经，朝廷花钱数万缗，设有大斋，凡与会听经者，除可饱餐斋饭外，还可得到三百文钱的施舍，贫苦之人争买青布幅巾赴会，士庶之家为一睹灵素风采，也争相前往。只见灵素坐在一显眼位置，东拉西扯，信口开河，所讲绝无半点新颖之处，时时夹杂以滑稽淫秽之语，引得满座哄堂大笑，全场无复上下君臣之礼。灵素又号召吏民到宫中领受神仙秘箓，朝中官员也争先恐后接受秘箓。徽宗派人宣谕道录院，说自己乃天帝元子，为神霄帝君，只因怜悯中华到处盛行金狄之教（指佛教），苍生无依无靠，遂恳求天帝，愿降生尘世，为天下百姓之主，引领天下人归于正道。此时的宋徽宗已被道教吸引得如痴如醉，竟授意道录院上表章，册封自己为教主道君皇帝。道录院自然不敢怠慢，于政和七年（1117）四月按照徽宗的旨意，册封他为教主道君皇帝，但只在道教章疏中使用，处理日常政务时不称道君皇帝。皇太子笃信佛教，曾策动佛教徒与林灵素斗法，只因灵素有徽宗支持，结果佛教徒败北。皇太子请求赦免僧人之罪，徽宗不听，下诏将僧人送入开封府刺面决配。

　　林灵素气焰熏灼，目中无人，四面树敌，因此遭到很多人嫉恨。政和末年，有一天林灵素开讲于上清宝箓宫，道俗赴会者数千人，皆毕恭毕敬，其中独有一道人昂然而立，怒目而视。灵素呵斥道："你有何能，敢如此倨傲无礼？"道人答道："贫道无所能。"灵素又问："既然无所能，为何在此？"道人反问说："先生既然无所不能，为何也在此？"徽宗在幕后窃听，随即将道人召来，询问他有何本事，道人拱手答道："臣有雕虫小技，能生养万物。"徽宗即命人于道院中寻找可以播种的东西，结果只找到一包茴香子交给道人，在两名卫卒监视下，种于艮岳之下，并派人监护道人宿于院中。到了三更时分，道人忽然不见，各处搜索，踪影皆无。次日查看所种茴香，已是郁郁葱葱，蔚然成林。徽宗这才知道天外有天，人外有人，林灵素并非万能的神仙。

种茴香的道人小试身手后，林灵素又碰到一件难堪的事。他常骑青牛出入宫禁，一日有客人来访，自称与灵素是温州同乡，有一小术，愿一试身手。不等灵素应允，便撮土放入炉中，又取水一杯喷于案上，用茶杯覆盖。试验还未取得结果，忽报徽宗驾到，灵素慌忙出迎，客人不辞而别。徽宗一进屋内，便觉得香气浓烈，非比寻常，便问是何香，灵素答以素焚之香。徽宗命他取香再焚，却无一点香味，一连换了几次，还是没有香味。徽宗非常诧异，再三诘问，灵素只得说出刚才有一客人过访及喷水覆杯之事。徽宗命人取杯来，牢不可举，灵素自往取杯，杯却更加牢固，徽宗亲自取杯，那杯很轻松地被拿了起来。杯下有一小片纸条，上面有诗云："捻土为香事有因，如今宜假不宜真。三朝宰相张天觉，四海闲人吕洞宾。"张天觉即张商英，历仕神宗、哲宗、徽宗三朝，他当宰相时曾更改蔡京弊政，获得忠直之名。后来因与方士郭天信往来，被贬谪衡州。他还攻击过哲宗元祐时的大臣司马光，却又被列入元祐党籍中，是是非非，真真假假，一时分辨不清，故此诗中有"如今宜假不宜真"之说。徽宗仔细品味这句偈语，悟出林灵素平日所为之事皆不真实，遂对他产生了怀疑。

徽宗平日宠幸灵素，常至其所居之处，一日又去，忽仰视见三清阁牌上有金书小字两行，隐隐约约，看不清楚。这两行字从未见过，因阁太高而牌又在飞檐之外，非人工所能为，甚觉惊讶，便命人搬梯观看，只见上面写的是："郑子卿居此两月，不得见上而去。"徽宗寻思："郑子卿是何人？有何事要见朕躬？为何又居住此处？"询问灵素，灵素只称此字是一道士所书，其他详情，一概不知。徽宗认为灵素所答乃欺罔之词，命人将牌取下置于宫禁，自此灵素宠衰。

还有一件事对徽宗触动很大。宣和初年京师发大水，灵素奉徽宗命与诸道士在城上行法止水，城上夫役数千，见了灵素，争相举梃欲击杀之，灵素亟走得免。徽宗这才知道，灵素怙恶不悛，积怨甚多。又听说灵素与宦官近幸树党纷争，心中甚为厌恶。

后来灵素与太子争道，太子入诉于徽宗，徽宗一怒之下，揭榜于神霄殿，列举灵素种种不法之事，下诏将其驱逐回乡。同时又差江端本为温州通判，调查林灵素在温州所为。江端本查得灵素居处逾制，便如实上奏，徽宗下诏灵素徙往楚州。灵素还未到贬所，就一命呜呼于途中了。

以上所说诸道士，皆劣迹斑斑之人，但也有人品甚佳者。道士李德柔能诗善画，尤其擅长人物画，惟妙惟肖，因此得以出入公卿之门。徽宗尊崇道教，京城道观装饰得如同宫殿，朝中官员也人人争兴土木，装饰台榭、露台曲槛，独德柔漠然视之，众道士都讥笑他不识时务。事为徽宗所知，以为他贫穷，便赏钱五百万缗，让他建造斋房。德柔不得已拜受，只建造了一轩，命名为"鼠壤"。徽宗大笑，为之御书金字榜。后来德柔因为讥诮神霄宫被逐出京师。

　　还有一个女道士虞仙姑，年过八旬，而容貌姣好如少女，善行大洞法。蔡京曾设宴招待虞仙姑，酒酣耳热之际，席间见一大猫，仙姑指着猫问蔡京说："太师认识此猫吗？它就是章惇。"章惇曾在哲宗朝任尚书左仆射（宰相），援引蔡京入朝，对蔡京有恩。虞仙姑含沙射影，指桑骂槐，意在讽刺蔡京和章惇是一路货色，蔡京自然也听出了弦外之音，甚为恼火。徽宗有一次召见虞仙姑，问她："天下纷争，干戈四起，何时可致太平？"仙姑回答说："要想天下太平，当用贤人。"徽宗又问："贤人指谁？"仙姑答："范纯粹。"徽宗把此话告诉蔡京，蔡京上奏说："范纯粹乃范仲淹之子，范纯仁之弟，虞仙姑说此话，显然是受了元祐大臣指使。"于是将她逐出朝廷。朝臣得知后，纷纷议论说，虞仙姑也加入元祐党籍了。看来李德柔、虞仙姑是比较正直的道流，比起林灵素等人要强多了。

　　刘元道，开封人，自幼慕老庄之学，遂出家为道士。他喜欢读书，自道藏之外，九经子史，历历成诵。他言语木讷，每接宾客，似不能言，但问之以事，则娓娓道来，无一遗漏。徽宗初年兴道教，诏天下访求道家遗书，送入书艺局，令道士校订，第一批道士中就有刘元道。此后元道升为签书道录院事、左右街道录，累迁至太虚大夫。靖康年间金兵犯阙，大肆搜括金帛，道流平日所蓄金帛，悉数被抢掠一空，甚至有囚于狱中以逼金钱者，只有元道平日不贪，金兵释而不问。

　　还有一个叫张虚白的道人，邓州南阳人。徽宗知其人，每次召见，必赐酒数杯，虚白虽醉，但不失君臣之礼，对天子越发谦恭。徽宗也很尊重他，让他掌管龙德太一宫，宫中增饰四堂：宏道、真学、会宾、隐真。徽宗又为他创建诸庵，如超然、致道、运机等，还有十余处小轩，室名均为徽宗御笔书写。这些建筑幽邃华丽，远在其他道观之上。虚白小名张胡，徽宗每以张胡呼之而不名。虚白博学多识，精通术数，尤善于以太一言休咎，但多是在酒后应验。他曾在醉酒后枕徽宗膝盖而卧，每逢此时便直言无忌，徽宗从不计较，只是说："张胡，你又醉了。"宣和年间金人俘获了辽朝天祚帝，派使臣相告，徽宗款待金使后，将此事告诉了虚白。虚白徐徐说道："天祚帝在海上筑宫室等待陛下，已经很久了。"天祚帝是亡国之俘，徽宗乃堂堂天子，如此比拟，可谓石破天惊，众大臣面面相觑，无不为他捏一把汗。徽宗却面无愠色，拍拍他的脊背说："张胡，你又醉酒说胡话了。"虚白官至太虚大夫，久被宠眷，却从不自我炫耀。一日，有六个健卒抬着三个红漆木盒找他，说是天子所赐，打开木盒看时，尽是纯金。虚白说："此乃朝廷之物，不是道流所能用的。"辞而不受。他多次出入宫禁，终日论道，却从不干政。靖康年间京城失守，徽宗被迫至金营议和，与虚白不期而遇，叹息说："你平日所言都应验了，朕未听从你的意见，如今追悔莫及。"虚白说："事已至此，无可奈何，愿陛下保重身体，以往之事已不可挽回了。"道士中像张虚白这样品质正直的人可谓凤毛麟角。

僧人抗争

徽宗尊崇道教，佛教自然受到冷落和打击。政和年间，徽宗下诏每州均设神霄宫，以道观改建，如道观规模太小，就将当地佛教寺院改为道观，揭立匾榜。把佛寺改成供奉道教神像的神霄宫，是对佛教徒的亵渎和侮辱，但天子滥施淫威，佛教徒敢怒而不敢言。宣和元年（1119）徽宗下诏僧人称德士，寺院改名为宫院或观，住持改名为知宫观事，每路抽出一名官员处理此事，郡守负责召集所在地佛教徒传达天子的决定，咸使周知。由于朝廷扬道抑佛，致使道观香火鼎盛，门庭若市，而寺院则门可罗雀，无人问津。地方官员为讨好徽宗，不惜横征暴敛，资助道观，许多蚩蚩小民之家因此破产。如福州郡守黄仲冕竟公然在所辖十二县内大肆敛钱，一部分贪污中饱，剩下的捐给道观。十二个县令中只有闽清县令黄子方不肯应命，只捐献了自己四个月薪俸，黄仲冕也无可奈何。

对佛教徒的刁难、迫害逐渐加码升级。佛寺既已改成道观，寺中所有的铜钹、铜像、铜塔等，限十日内送交有司销毁，不得藏匿不报。理由为铜钹是黄帝战蚩尤的兵器，实乃凶器，不宜在中国使用。士庶之家也照此办理，不得藏有铜器。僧人既改称德士，管理僧人的机构僧录司则改为德士司，左右街道录改为道德院，德士司为其下属机构，天下州府的僧正司一律改为德士司。德士的衣着也有了新规定，冠冕依照道士，但冠上不准装饰日月星辰之类的东西。德士既穿道服，自然也要戴冠巾，这样才能配套。麻烦的是，道士如此打扮，显得潇洒利落，而僧人没有头发，如要戴冠，便显得分外难看，无奈他们只好戴上假发髻以簪其冠。有官职的德士准许穿有黑色镶边的紫道服，执牙简，无官职的德士则不可。佛教徒所供奉的神像也要改换道装，佛家的称呼也要改变，如佛称金仙，罗汉称无漏，金刚称力士，僧伽称修善等。德士准许进入道学学习，德士宫观职务有空缺，须得经过合格考试方能除授。僧人改称德士后，女尼则改称女德，并依此更改了度牒。

　　朝廷扬道抑佛的结果，引起了佛教徒的不满和抗争。襄州（今湖北襄阳）一个叫杜德宝的僧人燃香毁体，表示抗议，但是这种抗议只能招致更大的迫害。有司将其拘捕，并上奏朝廷，请求加以严惩。当时担任大理寺正的王衣认为，按照法律条文规定，毁坏自己的身体，并未给他人造成损害，只能杖责，不可以拘捕，因此应当立即放人。但林灵素不依不饶，他找到徽宗，随便找了个理由，就把杜德宝流放了。而王衣就因为说了几句公道话，被褫夺职务，给了个有名无实的宫观官。另有一位德望素著的长老，则要求加入道教。他说："佛教系外来宗教，久习蛮夷之风，忘父母之肤发，实在不近人情。倘能回心向道，我当合掌以谢苍天。"话说得委婉曲折，实际上是愤世嫉俗之语，以此向朝廷抗议。还有一位道行甚高的长老，迫于严令，改戴道冠，别人戏谑地问他："戴冠儿稳当吗？"他回答："头上这一片田地闲着，不戴又如何？"虽是游戏之词，但道出了他对强令佛教徒改变服饰的不满。

　　一些性情激烈的佛教徒，甘冒斧钺之诛，找机会斥责徽宗。宣和六年（1124）上元节，车水马龙，来京师观灯者络绎不绝。按照旧例，天子也要登御楼观灯，开封府尹早已在西观下做了部署，以防不测。往年，徽宗率六宫坐于楼上，重幕密帘，百姓无人知晓。而这一年徽宗却是只身独自坐在西观上，宦官及左右皆未跟随，楼下则万头攒动。正观看之际，忽有一僧人从人群中跃出，身穿黑色布衣，用手指着帝幕对徽宗说："你是天子吗？你有何神力，乃敢破坏我教？我现在告诉你，报应不久就到。我并不害怕你，你能破坏掉诸佛菩萨吗？"那僧人侃侃而谈，声振屋瓦，帝幕内的徽宗与台下的观众都听得一清二楚，不禁震恐失措。开封府尹不敢怠慢，派人把僧人拘捕于西观之下。徽宗惊骇之余，命有司惩治，并亲临观看。那人毫无畏惧，大声说："如何惩处，悉听尊便，我难道会因为害怕你而逃走吗？今日詈骂你，是要让你看看，你是毁灭不了佛教的。"徽宗大怒，命人施以棰掠，顷刻成为肉酱。

宣和七年（1125）十二月，因金人南侵，宋室江山已处于风雨飘摇之中，徽宗为争取民心，宣布罢道官，接着又下诏，一切道教信仰事宜，一律按元丰年间惯例处置。至此，风靡一时的崇道活动便宣告结束。

浮华背后的危机

狂封滥赏

从俭约勤政到奢靡成风，徽宗在一年多时间内便完成了这一蜕变。他出手阔绰，常常是一掷千金，毫不吝惜，国家有限的帑藏，都在他漫不经心的赏赐中化为乌有了。他对宠幸的近臣，首先是赏赐府第，一座府第往往要花费数十万缗，如果要修缮得美轮美奂，非百万缗不可。徽宗当天子二十五年，赐大臣府第遍于京畿，且都建筑豪华。其次是赏赐田地，不管臣下有无功劳，只要他心情高兴，大笔一挥，大片良田沃野便成了某人的私人田产。这种赐田遍及海内。当然最常见的还是赏赐金帛财物。比如蔡京官至宰相，位极人臣，无官可迁，便赐以天子乘舆用的排方玉带。到了宣和年间，亲王、公主及其他近属亲畹入宫，也能得到金带。国家每年的茶税收入才一百多万缗，但赏赐李德柔建造斋房用的钱，一次便有五百万缗，另外赏赐道士林灵素的涂金银牌、金牌，价值亦不菲。宫廷收藏的藕丝灯价值连城，徽宗随手赐给宦官梁师成，毫不吝惜。宋朝庋藏瑰宝之处在宣和殿，珍宝种类甚多，是从太祖赵匡胤建国后陆续搜集的，徽宗以前的诸帝，对这些珍宝甚为重视，秘不示人，更不必说动辄赏赐臣下了。其中仅一颗北珠便值三百万缗，徽宗随手掬取，用以赏赐宠妃侍从，不计其数。太宗时命巧匠打造金带三十条，一条自用，另一条赏赐给大将曹彬，余下的二十八条贮于库中，珍贵无比，从真宗到哲宗，都未动用过。徽宗即位后，只要高兴，便命人取出金带赏赐臣下，童贯、蔡攸等人都得到了金带。

靖康年间，金人攻入京师，大量索要金银，只因国库已被徽宗挥霍一空，钦宗只得下诏说："不论有官无官诸色人等，曾经徽宗皇帝赏赐金带的，各自根据所赐条数自陈交纳官府，不得隐瞒。如有隐匿者，许人告发，将从严惩处。"从这条记载可以看出，徽宗赏赐金带之滥，不管官职大小，也不管是官是民，只要高兴，便随意赏赐，数量之多，以致没有底册可以稽查，只凭自己陈说纳官。

赏赐财物只是一个方面，更要命的是，徽宗赐官更滥。往往是良莠不分，泥沙俱下，随心所欲，以至于正直士人以做官为辱。倒是那些阉宦、道士及流氓无赖拖朱纡紫，成为朝中显贵。特别是宦官，在徽宗朝颇受青睐，不少人手握节钺，位高权重，气焰熏灼。宣和年间，宦官官至太保少保、节度使者比比皆是。在一段时期，大小百司、上下之权，几乎全归于阉寺，甚至连他们的奴仆也都趾高气扬，一个个袍笏登场，成了朝廷命官。

宦官如此，其他官职封赐皆朱紫纷乱，不胜其滥。崇宁至宣和年间，天下承平，吏员冗滥，鱼龙混杂，仅节度使便有八十余人。节度使虽是虚衔，但俸禄高于宰相，并给仪仗，称为旌节。宋初只用以封赏功高勋重者，人数甚少，一般人无缘得此荣誉，即使提出要求，天子也靳而不与，到徽宗时却泛滥成灾。其他如留后、观察与遥郡刺史多至数千员，学士、待制多达一百五十人。三省、枢密院吏员猥杂，有身为中大夫（寄禄官）而兼大夫俸者。从宣和元年（1119）七月至宣和二年（1120）三月，不到一年时间内，迁官论赏者便有五千余人，甚至有步入仕途才两年而升官十次者。更为可笑的是，政和、宣和年间，擢升侍从（宋代称殿阁学士、直学士、待制、翰林学士、给事中、六部尚书、六部侍郎等官为侍从）以上级别的官员，不看能力大小、政绩好坏，一律先让算卦的推算其五行休咎，然后任命，几近儿戏。无怪乎当时的官员要想升迁，都去巴结术士，只要他们口角春风，美言几句，升迁便不成问题了，谁还肯再下气力勤政爱民？徽宗有时兴之所至，竟对同一名官员一天下数次任命状，而且前后官职矛盾，令执行者无所适从，朝政混乱到了无以复加的程度。

徽宗挥霍帑藏，滥封官职，引起了正直朝臣的忧虑。前面提及的淮南转运使张根就大声疾呼："如今百废待举，应当撙节开支，当务之急是削减土木建筑之费。陛下赏赐大臣一座府第，动辄花费百万缗之多，而臣所管辖的二十个州，一年才上交国库三十万缗，还不够建造一座府第的费用。大臣们原已有府第，陛下还要锦上添花，而这些钱又出在本已贫穷的百姓身上，陛下于心何忍！即使像太祖朝的赵普、仁宗时的韩琦，他们皆有佐命定策之功，不闻有赐第之举，请陛下对此务必谨慎行事。其次如田园、邸店，虽没有赏赐府第花钱多，但积少成多，也应当逐渐减少。至于金帛玩好之类，也不可浪费。再比如赐带，虽然差的只值数百缗，但也凝聚着百姓的血汗，如今差役仆隶都可得到，招摇过市，混杂于公卿之间，人们无法区分贤愚，这是朝廷的耻辱。"徽宗虽知张根所进乃谠言忠论，但根本不予理睬。吏治窳败，奸佞满朝，正直之士或急流勇退，或栖身林泉与烟波钓徒为伍，而北宋帝国最终遭到覆亡的厄运。

京华烟云

　　徽宗即位之初，政局基本稳定。北方的辽朝自"澶渊之盟"后，与宋朝化干戈为玉帛，铸刀剑为犁锄，不再桴鼓相攻，双方和平共处；女真人刚刚兴起于白山黑水间，势力虽大，但暂时对北宋还未构成直接威胁；西夏、唃厮啰与北宋虽小有摩擦，但无碍大局。

　　徽宗时的大臣、蔡京之子蔡絛在其所著的《铁围山丛谈》中说："大观、政和年间，海宇宴清，四夷向慕中华风俗，纷纷向宋朝表示友好；天气也氤氲异常，风调雨顺，家给人足，朝野之间无事，天天讲究礼乐，庆祝祥瑞，可称太平盛世。"

　　《东京梦华录》的作者孟元老，在崇宁年间曾卜居京师，他在《东京梦华录》的序言中形容当时东京的繁华景象说："太平日久，人物繁阜，垂髫之童，但习鼓舞，班白之老，不识干戈，时节相次，各有观赏：灯宵月夕，雪际花时，乞巧登高，教池游苑。举目则青楼画阁，绣户珠帘，雕车竞驻于天街，宝马争驰于御路，金翠耀目，罗绮飘香。新声巧笑于柳陌花衢，按管调弦于茶坊酒肆。八荒争凑，万国咸通。集四海之珍奇，皆归市易；会寰区之异味，悉在庖厨。花光满路，何限春游；箫鼓喧空，几家夜宴。"真是一派太平景象！

四海升平，天下无事，徽宗少年登位，无治国经验，他身边又聚集了一群奸佞宵小，很快便从一个年轻有为的帝王沉沦为昏庸之君。蔡京之子蔡攸曾劝徽宗说："所谓人主，当以四海为家，太平为娱，人生岁月几何，岂可徒自劳苦！"只有奸臣才诱导天子骄奢淫逸，及时享乐，而徽宗听了蔡攸这番话，不仅没有责备，反而点头称是。

在一次内宴上，徽宗对梁师成说："先王为天下欢乐，也为天下担忧，如今西北少数民族臣服，天下无事，朕才有机会游乐啊！"梁师成马上奉承说："臣闻圣人先天下之忧而忧，后天下之乐而乐。"这本是仁宗时名臣范仲淹所说，勉励世人先为天下分忧，然后再同天下人共享安乐。梁师成套用这句话，意思是说，徽宗之前的帝王已为天下人分过忧，轮到徽宗皇帝，该与天下人共享安乐了。徽宗转问蔡京："师成刚才的话，你认为如何？"蔡京自然也随声附和。从此徽宗将国事置于脑后，肆意纵情享乐。

徽宗久居深宫，楼台掩映，亭榭峥嵘，屋内玉轴牙签，汉鼎秦彝，虽然富丽堂皇，但时间久了，也生厌烦之情，他很想体验一下小桥流水、茅屋草舍的南国风光，于是下诏苑囿皆仿效江浙风俗，建成白色房屋，上面不事彩绘，如村居野店一般，聚珍禽数千置于其中，供徽宗玩赏。每当夜深人静之时，禽鸣兽啼，声彻四野，使人恍若置身于山林陂泽之间，心旷神怡，荣辱皆忘。尽管宫苑内风光旖旎，徽宗仍不满足，每逢花朝月夜，良辰美景，便带上童贯、蔡京、高俅、杨戬一帮奸佞游逛皇城，寻欢作乐。甚至在宫掖内设立市肆，令宫女当垆卖酒。玩到高兴处，徽宗甚至装扮成叫花子，穿一身破烂衣服，挂一根木棍，手端一只破碗，行乞于宫苑市肆之中，全无君臣体统。又经常同群臣作长夜之饮，通宵达旦，寻欢作乐。徽宗还与蔡攸在宫禁中扮作俳优演戏，君臣二人争相粉墨登场。他们常演参军戏，戏中有参军、苍鹘两个角色，徽宗扮演参军，作滑稽表演。每逢出场，蔡攸便戏谑说："陛下好个神宗皇帝！"徽宗用杖轻轻击打他说："你也好个司马丞相！"堂堂天子扮演优伶，哪还有心思治理国家！

每年的十月十日是徽宗生日，号称天宁节，届时各地州郡照例都要为天子祝寿。诸州除发给公使钱、系省钱外，诸路监司允许支给诸司钱物，作为祝寿的款项。举办寿宴者借此机会大操大办，挥霍钱财，一桌普通筵席，便要花费数百千缗。各州郡互相攀比，祝寿规模越来越大，花钱也越来越多。京师乃人烟浩穰之地，祝寿规模更大，组织也更严密。九月间教坊便聚集诸伎乐开始练习，十月八日，枢密院率修武郎以上官员，十日，尚书省宰执率宣教郎以上官员，分别到相国寺参加祝圣斋筵，再赴尚书省都厅赐宴，一些级别太低的官员无缘参加这些宴会，只能在自己家里为天子祝寿。十月十二日，宰执、亲王、宗室、百官人等入宫为徽宗舞蹈祝寿。音乐未作之时，集英殿山楼上教坊乐人先仿效兽禽声鸣叫，忽如黄鹂鸣于翠柳，忽如雏燕呢喃于巢，忽如虎啸震烁山冈，忽如猿啼树梢之间，半空中音乐阵阵，铿锵和鸣，鸾凤翔集，内外肃然，莫不引领延颈，凝神静听。殿上廊下坐着各级官员数百人，徽宗御赐美酒九盏，群臣山呼万岁，然后开怀畅饮。酒器皆珍贵无比，坐在殿上的大臣，使用的酒杯系纯金制成，坐在廊下的官员，使用的酒杯则为纯银打造，奢华无比。

观灯是徽宗的又一项奢靡活动。上元节观灯原只有三日，太祖赵匡胤建立宋朝后，风调雨顺，五谷丰登，遂下诏增加两夜，于是各地仍为三夜，京师则独占五夜。每年从腊月初一开始，直至正月十五日，全国各地都要放灯作乐，谓之"预赏元宵"。各州的灯山叫山棚，大内门前的灯山叫鳌山。一进入腊月，开封府便在端门两旁结扎彩山，即使花费巨万也在所不惜。大观年间宋乔年任开封府尹时，在彩山中间竖一木牌，上写"大观与民同乐万寿"八字，从此成为常例。徽宗元夕观灯时往往大宴群臣，有一次观灯时忽报收复湟、鄯二州，徽宗兴高采烈，赋诗赏赐群臣，其中有"午夜笙歌连海峤，春风灯火过湟中"的诗句，喜悦之情，溢于言表。

到了宣和年间，元宵节的规模更为盛大。冬至一过，开封府便绞缚山棚，立木正对宣德楼，游人齐集于御街两廊之下。奇术异能，歌舞百戏，帐幕相接，乐声嘈杂十余里。其他如击丸蹴鞠、踏索上竿、猴呈百戏、鱼跳刀门及卖药、卖卦等奇巧百端，日新耳目。至正月七日，灯山结彩，金碧相射，锦绣交辉，广场上横列三门，中间的叫"都门道"，左右两边的叫"左右禁卫之门"，上有"宣和与民同乐"的大牌。彩山左右，用彩带编织成文殊、普贤两位菩萨，各跨青狮、白象，五指能够喷水，手掌可以上下摇动。又用辘轳把水绞到灯山最高处，用木柜贮藏，木柜下安装水管，只要打开机关，水便如瀑布倾洒而下。同时在左右山门上，以草把缚成戏龙之状，用青幕遮掩，草上装有灯烛数万盏，远远望去，蜿蜒如双龙飞走。自灯山至宣德门楼横大街，有百余丈长，用棘刺围绕，谓之"棘盆"，内设两长竿，高数十丈，用纸糊百戏人物，涂上各种颜色，悬于竿上，微风吹来，纸人转动，宛如空中飞仙。"棘盆"设有乐棚，差衙前乐人作乐杂戏。宣德楼上设御座，是徽宗看灯之处，用黄罗设一彩棚，由天子近侍御龙直执黄盖掌扇，列于帘外，两边朵楼上各挂灯球一枚，方圆丈余，内燃椽烛，帘内作乐，宫嫔嬉笑，声闻于外。楼下用名贵的檀木垒成露台一所，栏槛结彩，两边有禁卫并排而立，身着锦袍，幞头簪花，手执骨朵子（棍棒之类的兵器），面对乐棚。教坊钧容直（军乐）、露台弟子轮流上演杂剧。百姓在露台下观看，乐人不时引观众山呼万岁。

　　宣和六年（1124）正月十四日晚，徽宗驾幸宣德楼观灯，宣百姓至鳌山前观看，令人撒下金钱银钱，让百姓抢钱取乐。十五日晚，命看灯百姓，不问富贵贫贱，老少尊卑，都到端门下面，各赏赐御酒一杯，此酒杯乃是黄金制成。宣德楼前有两朵楼相对，左边是徽宗儿子郓王赵楷彩幕，右边是蔡京及执政、戚里彩幕。徽宗不时赐金制凤凰于幕次，有时用金子制成的形状如橘子的弹丸射向蔡京幕次，一次即达数百丸。徽宗每次观灯，从华灯初上，宝炬燃放时起便来到宣德楼，月色花光，灯烛摇曳，霏雾融融，交相辉映，盛况空前。直到三更时分，徽宗御体困倦，始起身返回宫掖。京师中的故族大姓、宗藩戚里也于此时宴赏往来，车马骈阗，人流不息，每至漏尽方才还家。妇女在赏灯时全戴新颖首饰，琳琅满目，使人目不暇接，如蛾、蝉、蜂、蝶、雪柳、玉梅、灯球等，名目繁多。即使贫穷人家，也倾巢而出，赏玩观灯。上元节观灯成了东京达官显贵、士庶百姓的狂欢活动。

北宋词人晁冲之有《传言玉女》《上林春慢》两首词描绘上元节灯火之盛。《传言玉女》云：

一夜东风，吹散柳梢残雪。御楼烟暖，正鳌山对结。箫鼓向晚，凤辇初归宫阙。千门灯火，九街风月。　绣阁人人，乍嬉游、困又歇。笑匀妆面，把朱帘半揭。娇波向人，手捻玉梅低说。相逢常是，上元时节。

《上林春慢》云：

帽落宫花，衣惹御香，凤辇晚来初过。鹤降诏飞，龙擎烛戏，端门万枝灯火。满城车马，对明月、有谁闲坐。任狂游，更许傍禁街，不扃金锁。　玉楼人、暗中掷果，珍帘下，笑着春衫袅娜。素蛾绕钗，轻蝉扑鬓，垂垂柳丝梅朵。夜阑饮散，但赢得、翠翘双髯。醉归来，又重向、晓窗梳裹。

还有一首词同样形容当时的盛况：

太平无事，四边宁静狼烟渺。国泰民安，谩说尧舜禹汤好。万民翘望彩都门，龙灯凤烛相照。只听得教坊杂剧，欢笑美人巧。　　宝箓宫前，咒水书符断妖。更梦近竹林深处，胜蓬岛。笙歌闹，奈吾皇、不待元宵，景色来到。只恐后月，阴晴未保。

宋代诗人刘昌诗，描绘上元节的词也别具一格，其中的两首是：

宣德楼前雪未融，贺正人见彩山红。九衢照影纷纷月，万井吹香细细风。　　复道远，暗相通，平阳主第五王宫。凤箫声里春寒浅，不到珠帘第二重。

忆得当年全盛时，人情物态自熙熙。家家帘幕人归晚，处处楼台月上迟。　　花市里，使人迷，州东无暇看州西。都人只到收灯夜，已向樽前约上池。

北宋各代帝王皆雅好上元节赏灯，但奢侈无逾徽宗者！

徽宗宫中设施的豪华，也令人叹为观止。宣和年间，苏轼之子苏叔党被召入宫中作画，他入宫后，不敢仰视，从未见过如此广深高大之屋。时值六月，溽暑难耐，挥汗如雨，但宫中积冰如山，如烟雾状喷洒而出，寒意彻骨。宫中所用蜡烛，亦是人间绝品。政和、宣和年间，宫中过去用的是河阳花蜡烛，虽然明亮，但无氤氲香味，遂改用龙涎沉脑屑灌在烛内，点燃两行，陈列数百支，不但光辉明亮，而且香味扑鼻。后来高宗定都临安后，也效仿徽宗，但在气势上到底比不上其父，他对母亲韦太后说："我如何比得爹爹富贵！"

徽宗还妄想长生不老，寿齐天地，便效法秦始皇命徐福寻觅长生不老之药的故事，于政和年间觅得一异人，炼制长生不老丹药。丹药炼成以后，不敢骤然服用，便找来一个官职卑微的人试服。那人不敢不从，谁知刚刚下咽，便觉胸间烦躁异常，片刻，有烟从口出，急扶之归家，已一命呜呼。

还有一个叫李博的人，宣和年间任大府卿。有一次上殿奏事，徽宗问他："知卿年事已高，但面色光润，不显衰老，满朝大臣称卿有内丹之术，是否如此，可据实奏来。"李博奏道："陛下圣德深远，睿知日新，臣虽不学，敢以诚对。臣养生的秘诀，一言以蔽之，就是一个字：咽。俗谚云：一咽二咽，云蒸雨至；三咽四咽，内景充实；七咽九咽，心火下降，肾水上升。水火既济则内丹成，可以已疾，可以保生，可以延年，可以超升。"他把自己的理论删繁撮要，写成两篇，上篇名为《进火候》，下篇名曰《进水候》，其要义在于教人如何坐在床上盘足合目，澄心静虑，咽下唾沫，然后下床，行动自如。李博对徽宗说，锻炼既久，便觉脐下如火，饮食添进，四肢轻快。再过一段时间，便能发白再黑，齿落重生，精神抖擞，如同回归到婴儿时期，寒暑不能侵，神鬼不能害，可以活到一千两百岁，寿比彭祖，可以成为真人。算来此人还比较实在，没有让徽宗挥霍钱财，只是让他修炼吞咽唾沫之术。也许这是他向徽宗进谏的一种方式，因言语委婉，方式得当，得到徽宗的嘉许。

徽宗如此奢华，正常的国库收入自然不能满足他的需要，于是他便设立许多盘剥老百姓的机构，如应奉司、御前生活所、营缮所、苏杭造作局、御前人船所、行幸局等。这些机构建制庞大，人员众多，而贪官污吏又上下其手，朋比为奸，脧削无度，导致开支急剧增加。左藏库主管各地财赋收入，然后给全国的官吏、军兵发放俸禄，长期以来稳定在每月支出三十六万缗的水平上。到了徽宗时，每月支出高达一百二十万缗，比过去翻了好几倍。曾在户部任职，后来调任吏部尚书的虞策上疏徽宗，请求撙节费用。他说："臣在户部时，见中都（古代对都城的通称，这里指开封）经费每年为六百万缗，与天下上供之数约略相当。"全国每年上供的钱财，仅够京城一地开销。国家财政管理混乱，国库收入本来分为御前钱物、朝廷钱物、户部钱物几种，这些钱物如今大部分都变成了禁中私财。

入不敷出，财政捉襟见肘，统治者便千方百计从老百姓身上搜括，除了禁榷铁货、铸当十钱、榷酤增价之外，又别出心裁，在京城附近州县增设镇栅收税，这无异于明火执仗打劫。其他无名之税，更是多如牛毛，致使天下凋敝，万民嗟怨。

宣和末年尚书左丞宇文粹中上奏说，由于赋税岁入有限，而支出浩大，使得民不安居，四处迁徙，"陕西上等人家多弃产而迁居京师，河南富人则多弃产而徙居川蜀。河北衣被天下，素以富饶著称，如今蚕织皆废；山东频遭大水，而耕稼失时。其他各路只顾榨取，不加抚恤，谷麦尚未登场，已在筹划卖粮还债，即使本年赋税已经缴纳，还有他年的赋税未清"。

"任是深山更深处，也应无计避征徭。"这不啻一幅血泪斑斑的灾民流离图！徽宗君臣就是这样把自己的快乐建立在百姓的痛苦之上。

举国争进祥瑞

徽宗喜欢臣下颂扬他圣明，既是圣明之君，便应有祥瑞降世。有人揣摩透了徽宗的这一心思，便说蟾蜍（癫蛤蟆）如能活够万年，背上就会生长芝草。芝草乃祥瑞之物，只要此物出世，便象征着天下太平，长治久安。这本是无稽之谈，徽宗却深信不疑。

上有所好，下必甚焉。天下争进芝草，政和年间全国各地每年都进两三万株。蕲（今湖北蕲春）、黄（今湖北黄冈）二州之间有一段约二十五里长的地方，漫山遍野都长满了芝草；密州（今山东诸城）山间弥漫四野皆是芝草，有一株硕大无朋，长有几十个叶片，而且叶片五彩缤纷，各种颜色都有。密州郡守李文仲采集许多，用纲船运至京师，徽宗龙颜大悦，擢升他为本路转运使。转运使是一路之长官，掌管一路财赋，监察各州官吏，遇有官吏违法或有关民生疾苦情况，有权直接上报朝廷，比当州官威风多了。李文仲不靠政绩，只靠歪门邪道便升了官，让许多人羡慕不已。

不光芝草是祥瑞，凡是稀有之物，皆可称为祥瑞。如海

（今江苏连云港西南海州区）、汝（今河南汝州）所辖各县，山石变为玛瑙，动辄产千百万块。伊阳太和山（即今武当山）崩裂，乱石堆中有水晶石几万斤，当地官员以木匣盛之，运往京师。长沙、益阳山溪之间流出生金数百斤。其他草木鸟兽之珍更多，竟至数不胜数。

大观年间，京东路一百姓家饲养的母牛，产下一只幼崽，模样奇怪，村人惊骇不已，以为是妖怪，乱棒击杀之，埋葬于田野间。好事之徒上报地方长官，官员派人调查，谁知竟是一只麒麟，连忙上报朝廷。朝廷当即画了麒麟的像，颁于诸路张贴，令百姓识其形状，如果再有牛生麒麟的事，当重金收购。过了两年，汝州一农民家母牛生了一只麒麟，其实不过是模样特别的小牛犊而已，好事者为企求奖赏，便以麒麟上报。各级官员虽然心知肚明，但没有人说破，这只牛犊便被当作麒麟供养了起来。

既然人们都想通过进祥瑞升官发财，品质恶劣者便不择手段，陷害他人以求一逞。宣和年间有个叫郑良的人，本是一茶商，交结宦官进入仕途，官至广南转运使。他所管辖之地有一巨富之家，藏有一玛瑙盆，每当盛水时，便有两条鱼跳跃于水中。郑良得知其事，打算出重金收购，那人执意不卖。后来玛瑙盆被一个叫曾讷的人购去，郑良派人找到曾讷，曾讷谎称已献给宫廷。郑良恼羞成怒，上书诬奏曾讷私藏宝货，且其穿衣、乘轿都依照天子，罪莫大焉。徽宗览奏，不假思索，便命郑良追查此事。郑良马上派兵包围曾讷府第，拘捕了他的妻子老小，然后翻箱倒柜搜索玛瑙盆，均不见踪影。曾讷之弟曾谊正醉卧家中，并不知郑良奉旨搜查其兄宅院之事，以为是打家劫舍之徒，便仗剑而出，双方遂起争执。郑良以曾谊拒命杀人上奏，徽宗下诏赐死曾谊，曾讷发配沙门岛。靖康年间，曾讷遇到大赦，才得以回到家乡，后来到了京师，才知钦宗已经即位，便击鼓讼冤。钦宗即位后，作恶多端的蔡京之子蔡攸被贬谪岭南，钦宗又派监察御史陈述在路途中杀死蔡攸。陈述度岭而蔡攸伏诛，钦宗又命陈述取代郑良任广南转运使，并追究郑良滥杀无辜之罪。陈述入境，郑良前往迎接，陈述当即擒获郑良并用酷刑审讯，郑良承认了自己的罪恶，被押往英州（今广东英德）听候朝廷发落。朝廷之命未下，而郑良已毙命狱中，棺材暂时安放在一所僧寺中。后来陈述贪污受贿，被人告发，朝廷审查属实，除名编管英州。陈述至英州，寓居僧寺中，漫步廊间，看见了郑良的棺材，惊悸而卒。为了一个玛瑙盆，害得多少人丢掉了性命！

还有因祥瑞觊觎富贵而弄巧成拙者。一个叫李谌的人知河南府时，有人投徽宗所好，献上脊背生长芝草的蟾蜍，李谌不敢怠慢，赶紧派人送给朝廷。徽宗大喜，诏告天下，以此与万民同乐。满朝文武官员拜表称贺说，九天之上降下恩泽，天下生灵皆蒙受其惠，因此才有脊背上生出芝草的蟾蜍出世。蟾蜍、芝草本系两物，均是祥瑞，或能消除兵灾，或能延年益寿，如今二者合为一体，在各种祥瑞中尤为珍贵。徽宗命以金盆贮水，将蟾蜍放入其中，置于殿角，供他不时赏玩。谁知这只"蟾蜍"是用破絮缝制，上面涂漆的赝品，浸渍数日，黑漆脱落，破絮绽开，这只蟾蜍便不成形状了。徽宗不禁勃然大怒，以欺君罔上之罪贬李谌为单州团练副使。团练副使是无实际职掌的散官，宋朝常以此安置贬谪官员。李谌本想借祥瑞以图升迁，谁知竟落了个贬官的下场，令人啼笑皆非！

校书郎王宷，官职低微，薪俸甚少，生活困窘，当他看到不少人因进祥瑞而升官发财，不禁怦然心动。他冥思苦想，终于想出了一条迅速升迁的"捷径"，于是上奏徽宗，谎称天神曾降临其家，这是天降祥瑞。徽宗听说天神降临，便打算到王宷家一睹天神风采。臣下劝阻说："王宷所奏，未知真假，陛下不可贸然前往，应派人观察虚实，探得确实消息后再去不迟。"徽宗便派宦官至其家，但并未发现天神来过的迹象。徽宗大怒，以欺罔罪将王宷赐死。王宷本来以为，天神来去无踪，即使谎报，也露不出什么破绽，不料弄巧成拙，升官梦破灭不说，还搭上了自己一条性命。

王宷之死纯属咎由自取，可为觊觎富贵者之诫。但是万一侥幸得逞，便有享不尽的荣华富贵，这种诱惑使一部分官员欲罢不能，甘冒斧钺之诛，也要步王宷之后尘。提举湖南茶盐事范之才奏称蕲州罗田县（今湖北罗田县东）山溪中有巨鼎，这可是古代祥瑞，朝廷应该派人挖出，庶几宝物不埋没于盛世。徽宗当藩王时便喜好鼎彝，每有所得，便摩挲良久，不肯释手，这次听说发现了古鼎，不禁欣喜若狂，下诏先妥为保护，马上派人去山溪中取鼎。其实这件事本属子虚乌有，徽宗派去的人挖遍了罗田县的山溪，也没有找到巨鼎的影子。徽宗知道受骗，当即便将范之才除名，编管庐州（今安徽合肥），让他领受那凄风苦雨的日子去了。

　　还有一个以青蛇冒充神龙的官员，名叫陈举，官居淮南转运副使。他上奏说："臣巡按至泗州临淮县（今江苏泗洪县东南）东门外，忽然看见一条小蛇，长八寸许，在臣船上。过了片刻，以烛照之，已身长四尺有余，臣这才知是龙神，忙用金纸迎之，贮入箱中，送往庙内。知县黄某差人报告说，箱内金纸已被人揭起，小蛇也不见踪影，只留下开通元宝钱一文，小青虫一条。次日早上，差人送往臣船上。臣思考良久，方悟出其中真谛：神龙现形示人，必通过其种类进行。臣管理漕运，就等于主管财赋。神龙不示以别物，而示以钱财者，是表示钱如泉水之流，行于天下而无穷。不显示别的钱，而显示开通元宝，乃预示有开必有通而无壅滞之患。显示青虫一条，这种虫甚小，脊背与头皆呈青色，腹与足皆呈金色。青代表东方，表示生机勃勃；金代表西方，表示丰收在望。臣还以为神龙看见了陛下修复神宗皇帝的漕运与盐法，使内外财赋丰羡流通，不淹滞一方，没有壅塞之弊，公私通行，无穷无尽，因此才有神龙显灵的祥瑞。臣不敢隐瞒，谨将神龙显形的经过报告给陛下，同时将开通元宝钱一文、小青虫一条，装入涂金银盒内，派专人诣阙进呈。"这实在是一场表演拙劣的闹剧，陈举穷极无聊，信口开河，一派胡言，使人无法相信。小青虫怎么会变成神龙？开通元宝钱显然是有人做了手脚，事先放入箱子里去的，陈举硬把这些东西说成是祥瑞，并和当时的政治形势联系在一起，无疑是在败坏朝廷的声誉。徽宗对陈举的举动大怒不已，下旨罚他铜二十斤，将其所进的开通钱并青虫涂金银盒封好，携往东水门外投入河中，以警诫荒诞怪异之人。陈举这时才如梦初醒，后悔不该贪图富贵了。

新乐九鼎，八宝玄圭

公元十二世纪，大宋王朝已呈现出江河日下的趋势，民不聊生，危机四伏，但徽宗仍认为自己是非凡之君，与其他天子迥然不同。为表示自己不同凡响，他在崇宁三年（1104）采纳西蜀方士魏汉津的建议，创制新乐。翌年八月新乐告成，在崇政殿接受验收。有旨先奏旧乐三阕，乐曲还未奏完，徽宗便表现出不悦之色，说旧乐如哭泣之声，以后不准再奏。改奏新乐，铿锵和鸣，音韵悠扬，徽宗龙颜大悦，众大臣无不欣喜称颂。这年九月一日，因九鼎铸成，徽宗御大庆殿受贺，从这日起始用新乐。太尉率百僚捧觞为徽宗称寿，这时有数只仙鹤从东北方向飞来，在大庆殿上空飞过，徘徊鸣唳，然后齐集于树上。徽宗认为瑞鹤舞于庭是吉祥之兆，下诏罢旧乐，赐新乐名为《大晟》乐。他不无得意地对群臣说："昔年尧有《大章》乐，舜有《大韶》乐，三代之王皆有乐章，只是名称不同而已。今朕追随千载以前的帝王而成一代之制，应赐名为《大晟》乐。"欢忭之情，真是溢于言表！

铸鼎之事，始于夏禹，相传禹铸九鼎以象征天下九州。崇宁三年（1104）方士魏汉津建议，仿大禹所为，铸造九鼎。徽宗认为自己功绩可与大禹媲美，欣然同意，鸠工庀材，铸造九鼎，制作方法是把九州水土纳入鼎中。次年三月，九鼎铸成，在中太一宫之南建殿，命名为九成宫。按九鼎方向排列，位于中央的叫帝鼎，北方曰宝鼎，东北曰牡鼎，东方曰苍鼎，东南曰冈鼎，南方曰彤鼎，西南曰阜鼎，西方曰晶鼎，西北曰魁鼎。九鼎安放之日，以蔡京为定鼎礼仪使，徽宗也驾幸九成宫，逐一焚香膜拜。行至北方宝鼎时，徽宗刚刚焚香再拜，鼎中的水忽然泄漏，流得满地都是。宝鼎非常厚重，水又久在其中，根本不会泄漏，不迟不早，偏偏在徽宗焚香行礼时漏水，似乎是个凶兆，徽宗悒郁不乐，其他大臣也惶恐不安。大臣刘炳进奏说："鼎中的水土皆取自九州之地，唯独宝鼎取土于雄州（今河北雄县），不是正北方位，莫不是这个原因吗？"于是焚香行礼的仪式草草结束。政和六年（1116）又采用方士王仔昔的建议，在天章阁之西再建一阁，将九成宫中的九鼎移于此处，改帝鼎为隆鼎，其余鼎也都改了名。政和七年（1117）又铸神霄九鼎，第二年铸成后，安放在上清宝箓宫神霄殿，于是九鼎就变为十八鼎了。徽宗以为两次铸鼎，宋朝的江山就会固若金汤，他怎么也想不到会落个国破家亡、葬身异乡的悲惨结局！

《大晟》乐赐名之日，适值古州（今贵州榕江）少数民族纳土归附，古州在古代属牂牁、夜郎之地。一些官员借机吹捧徽宗，牂牁、夜郎连接南诏，最为荒远，乃蛮夷瘴疠之乡，一向不服王化，朝廷既未发布讨伐文告，也未派兵征讨，古州蛮夷即举国内附，非陛下恩德远被，怎会有这种好事！徽宗自比尧、舜，大臣们吹捧他恩德远被，又有瑞鹤来仪，徽宗简直是飘飘欲仙，诸多不快都已抛到九霄云外。

新创《大晟》乐，两铸九鼎，似乎仍然不足以显示皇家气象，徽宗又在玺印上做起了文章。原来宋朝初年创业艰难，天子为显示俭朴，宝玺多以石头制成。元丰年间，神宗命人依照古制，制作天子所用六玺，但因玉石质地不良，玉工技术又欠佳，六玺制作缓慢，一直没有竣工，直到大观年间，才由技艺更为高明的玉工雕琢完成，历时数十年之久。除此六宝外，还有仁宗皇祐年间镌刻的镇国宝，上有"镇国之宝"四字；哲宗绍圣年间镌刻的受命宝，上有"受命于天，既寿永昌"八字。这两玺制造粗糙，不可以传示将来，贻训后世。徽宗时有献古印者，方不及寸，上有"承天福延万亿永无极"九字，质地明显比仁宗、哲宗时的宝玺优良许多。另有献宝玉者，色泽温润，声色清越，的确不同凡响。徽宗大为高兴，命技术高超的玉工以"受命于天，既寿永昌"八字镌刻为受命宝，以"承天福延万亿永无极"九字镌刻镇国宝，各五寸有余。此二宝合以前的六宝共有八宝。几年之后又从于阗国（今新疆和田一带）得到一块大玉，制成一宝，上面镌文："范围天地，幽赞神明，保合太和，万寿无疆。"命名为定命宝。徽宗夸耀说："朕承继祖宗基业，万邦协和，典章文物，未有如今日之盛者。受命于天的符玺，自应有大宋朝的特色，但今日还因循秦朝之旧；所用六玺，已历百年之久，至今仍不完备。上天眷顾我朝，田间觅得良玉，在遥远的异域获得了宝玉，在稠人广众之中找到了镌刻技艺高明的玉工。现在朕有八宝，迥然非前代可比，这是上天的安排，不是人力所能做到的。"八宝用途不同，镇国、受命二宝只在封禅时使用，皇帝之宝用于答邻国国书，皇帝行宝用于降御札，皇帝信宝用于赐邻国国书及物品，天子之宝用以答夷蛮之国国书，天子行宝用于封册，天子信宝用于调发军队，其他事情一律用常用之宝。过了不久，又增加了定命宝，合称九宝，以定命宝为首。徽宗以为有了这九宝，他的江山就能亿万斯年地传下去，真是痴人说梦！

夏朝的开国君主大禹因治水而名扬天下，传说帝尧为褒扬他的功绩，曾赐给他玄圭。玄圭是一种黑色玉器，古代帝王举行大典时才使用，足见其珍贵。徽宗异想天开，欲与大禹比肩，政和二年（1112）向太师蔡京、左仆射何执中等人展示自己珍藏的玄圭。该圭长一尺二寸，上尖下方，上有云雨纹，外黑内红，两旁列山峰十二座，以象征尧时天下有十二州，经方家鉴定，据说就是大禹所执之圭。蔡京借机大肆恭维说："据臣所知，玄圭乃是至宝，历世不传，只有在天下太平、万邦协和时才传于世。如今陛下行尧舜之道，选贤任能，万民乐业，海晏河清，精诚所至，感动了天帝，因此上天才授以至宝，应命有司选择吉日接受大宝，以慰神民之心。"尧授禹玄圭之事本属传闻，而禹距徽宗时已有数千年之久，即使真有尧赐予的玄圭，沧海桑田，朝代更迭，也应流失不传，怎么偏偏会让徽宗得到？徽宗偏要自欺欺人，假戏真演，宣布在这年冬至接受玄圭，并郑重其事地命宰臣、亲王奏告天地宗庙，让诸神灵在冥冥之中保佑宋朝国祚长久。童贯等人因参加了这一典礼而受到旌赏，其他人也各有赏赉。徽宗不停地制造新闻，无非是想说明他是不同凡响的明主罢了。

一代名妓李师师

　　徽宗怠于政事，沉湎酒色，竟至发展到眠花宿柳、微服狎娼。徽宗寻花问柳始于政和年间，当时他正值而立之年，风华正茂，虽然后宫佳丽三千，粉黛如云，仍阻挡不住他去民间寻求风华绝代女子的渴望。一次，徽宗正与大臣宴饮，忽然一阵嘹亮的歌声飘入耳际，徽宗喟然长叹说："朕为天下之主，深居九重，反不如小民快活。朕欲观赏市廛风景，却没有机会，殊使人怏怏。"宦官杨戬上奏说："陛下出行若摆动銮舆，必然招致史官的注意，有记言论者，有记行动者，同时又得肃清市井，防止闲杂人员滋事，如此一来，陛下行动倒不自由了。为今之计，陛下不如乔装改扮，装扮成秀才儒生，臣等装成仆从，由后载门进入市廛，可以恣意观赏市井风景。"徽宗当即采纳这条建议，卸了龙袍，穿了一领紫道服，系一条红丝吕公绦，头戴唐巾，足蹬一双马靴，与高俅、杨戬等一班奸臣一起，离开宫掖，穿街跨巷，来到市廛，尽情领略汴京风光。《宋史·曹辅传》记载说，自政和年间，徽宗多次微服私行，有时乘小轿，有时干脆步行出宫，左右有几名宠幸的大臣跟随。徽宗并为此专门设置了行幸局，如果徽宗当日出行，行幸局便说天子有排当（宫中布置饮宴）；如果次日还未回朝，行幸局便传旨说天子有疮痍，不能坐朝。开始时东京的百姓有所察觉，后来蔡京谢表中有"轻车小辇，七夕临幸"的话，通过邸报传递到四方。

　　微服狎娼，称病不朝，自然引起朝臣的不满，但多数人明哲保身，不敢逆龙鳞，缄默不言。徽宗见无人谏诤，便乐此不疲，微行不辍，若非邸报透漏出这一消息，老百姓还真的以为徽宗是个宵衣旰食、勤政爱民的天子呢！

当时汴京繁华富庶，歌妓如云，又在客观上给徽宗提供了方便。京师宣德楼前有一条曲院街，街北是茶店和羊肉铺，向西去房屋一字排开，皆为妓女所住的馆舍，京师人称之为"院街"；朱雀门外除东大街、状元楼外，其余的街道布满妓馆；御街之东朱雀门外，西通新门瓦子以南杀猪巷，也都是妓馆；从潘楼往东有一条街，名叫朱家桥瓦子，走下一座桥，桥下有南斜街、北斜街，两街内都有妓馆。京师通衢大道乃至偏僻小巷均有酒楼，为吸引顾客，酒店门口都扎有彩楼欢门，进入店内，主廊便有百余步之长，南北天井两廊都建有小阁楼。每到夜晚便灯烛荧煌，上下辉映，浓妆妓女数百，集于主廊上，等候客人呼唤。她们一个个袅袅婷婷，跌宕风流，望之宛若神女临凡。更有一些下等妓女，不待客人呼唤，便自动前来侑酒，筵前唱歌，只要顾客给些小钱物，便满意而去。最常见的是那些挥金如土的达官显贵召妓女歌唱，因此，凡是酒店都有厅院，厅院中廊庑掩映，两边排列小阁子，吊窗花竹，各垂帘幕，妓女在屋内与客人调笑。其他如寺东门大街南即录事巷妓馆，大街北边有一条街叫小甜水巷，巷内妓馆也不少。上清宫背后有一景德寺，寺前有一条街叫桃花洞，街上皆是妓馆。汴京当时是添十数万人不加多，减之亦不觉少的人烟浩穰之地，"燕馆歌楼，举之万数"，妓女也必有几万名之多。她们当中大多数是歌妓，卖唱而不卖身，但卖唱兼操皮肉生涯者，亦不在少数。徽宗若只为听歌，宫掖中铜板铁琶，急管繁弦，比市廛中呕哑嘲哳者动听百倍，他尽可纵情享受，不必夜出不归。显然，他微服出游的目的是嫖娼。后宫佳丽虽多，但野花闲草，别有风情，于是徽宗便在宦官佞臣们撺掇下，作狭邪之游了。

徽宗自幼生于宫中，长于妇人之手，足不出宫闱，很少有徜徉市廛的机会，一旦信步长街，觉得别是一番境界。只见歌台舞榭，酒市花楼，极为繁华，不知不觉，已是落日熔金、暮云合璧时分。徽宗君臣来至一坊，名为金线巷，街道两旁，尽是妓馆，只听见帘子底下笑语喧呼，箫韶盈耳，妓女们打扮妖娆，一个个粉颈酥胸，桃腮杏脸，徽宗甚觉新奇。又前行五七步，来至一座宅院，粉墙鸳瓦，朱户兽环，飞帘映衬绿郁郁的高槐，绣户正对青森森的瘦竹，别有一番情致。徽宗正欲询问是谁家宅院，蓦地看见翠帘高卷，绣幕低垂，帘子下立着一位妙龄女郎，只见她发挽乌云，钗簪金凤，眼横秋水，眉拂春山，腰如弱柳，肤若凝脂，恰似嫦娥离月殿，恍如洛女下瑶阶，徽宗看罢多时，不禁心旌摇荡，神魂飞越。这个女子不是别人，正是京师大名鼎鼎的行首李师师。

李师师何许人也？原来她是汴京东二厢永庆坊染局匠王寅之女，师师呱呱坠地时，其母难产而死，王寅无奈，只得以豆浆代乳，师师才得以成活，在襁褓中从未啼哭。宋代汴京风俗，凡男女降生，父母钟爱至极，必定舍身于佛寺中，以清除罪愆。王寅虽是贫窭之家，却爱女心切，将女儿送入宝光寺中。一位老僧看着这个小女孩说："这是什么地方，你怎么来到了这里？"从不啼哭的女孩此时忽然大声啼哭，老僧用手摩挲其顶，女孩啼哭声遂戛然而止。王寅心中大喜，对老僧说："这女孩真是佛门弟子呀！"京师风俗，凡为佛弟子者，俗呼为"师"，因此王寅之女被称为"师师"，其真实姓名反而被人遗忘。天有不测风云，人有旦夕祸福，师师4岁时，王寅因犯罪系于狱中，不久便撒手尘寰，师师顿时成了飘零无依的釜底游魂。正在这时，一个姓李的歌妓收养了她，于是师师改姓李，人们也都以李师师称呼她了。在李某的抚养下，师师由一个不谙世事的孩子成长为大姑娘，不但风情万种，艳冶无匹，而且曼吟低咏，歌喉婉转，余音绕梁，在教坊中独领风骚，驰誉京师。《东京梦华录》载，崇宁、大观以来，在京师的瓦肆伎艺人中，以歌唱而名播四方者有李师师、徐婆惜、封宜奴、孙三四等，而为首的便是李师师。此时的师师豆蔻年华，艳名四播，因而车马骈溢，门馆如市。

墨客骚人倾慕师师色艺双绝，纷纷撰文歌其流年行踪。词人秦观（1049—1100）曾为她写过一首《一丛花》词：

年时今夜见师师，双颊酒红滋。疏帘半卷微灯外，露华上、烟袅凉飔。簪髻乱抛，偎人不起，弹泪唱新词。　　佳期谁料久参差，愁绪暗萦丝。想应妙舞清歌罢，又还对、秋色嗟咨。惟有画楼，当时明月，两处照相思。

这首词的写作时间不详，从词的内容看，秦观是在一个华灯初上的夜晚来听师师唱歌的，当时师师似乎心绪不佳，演唱时衣冠不整，簪髻乱抛，眼含泪水。秦观推测，师师是因为佳期受阻而心绪不宁，因此才"弹泪唱新词""愁绪暗萦丝"，遥望一轮明月，思念他乡的情人。这分明是一个怀春的少女！

北宋末年的诗人晁冲之曾于政和年间来到京师，当时京城最有名的歌妓是李师师、崔念月两人。晁冲之与朋友宴饮，还重金邀师师出席侑酒，师师那声透碧霄、音贯九重的歌喉，弹袖曳裾、行云流水的舞蹈，给他留下了深刻的印象。十余年之后，晁冲之再来京师，李师师、崔念月依旧风采不减当年，而李师师更是尽人皆知。他有诗云：

少年使酒走京华，纵步曾游小小家。
看舞霓裳羽衣曲，听歌玉树后庭花。
门侵杨柳垂珠箔，窗对樱桃卷碧纱。
坐客半惊随逝水，主人星散落天涯。

又云：

春风踏月过章华，青鸟双邀阿母家。
系马柳低当户叶，迎人桃出隔墙花。
鬓深钗暖云侵脸，臂薄衫寒玉映纱。
莫作一生惆怅事，邻州不在海西涯。

第一首诗写晁冲之少年游京华时，曾去过师师（即诗中的小小）家，她家的环境宜人，门前杨柳婆娑，窗前樱桃掩映，看她舞蹈，听她唱歌，实在是人生一大快事。但十年之后再来京师，旧地重游，山河依旧，风景不殊，而当年来听歌的人已四散天涯，不易寻觅了。第二首诗写师师人面桃花，相映成趣，环珮叮当，臂穿轻纱，香风拂拂，彩袂翩翩，天姿国色，宛若神女。

李师师名噪一时，徽宗平时早有耳闻，自然也想猎艳。刚好他宠幸的贴身宦官中，有一个叫张迪的人，未当太监时，是汴京城中的狎客，天天游走于花街柳巷之间，因此与抚养师师的李姥颇为熟悉，也与李师师有一面之缘，当下便认出帘下佳人就是大名鼎鼎的李师师，连忙告诉了徽宗。第二天，徽宗命张迪手持宫掖所藏珍贵的紫茸两匹、霞毹两端、瑟瑟珠两颗、白金二十镒（二十四两为一镒），献给李姥，谎称东京大商人赵乙，久仰李师师之名，愿过庐一顾。李姥虽然倚仗李师师的歌喉挣了一些家私，但从未见过如此贵重的礼物，自然欣然应允。

好不容易等到了夜晚，徽宗微服夹杂于四十余人的宦官队伍中，出东华门，迤逦来至李姥所居之地。徽宗止住众人，独与张迪步入李姥家中。宾主分庭落座，寒暄备至。李姥为表示殷勤，不时供以瓜果，其中有香雪藕、水晶苹果，而鲜枣大如鸡卵。徽宗与李姥边吃边谈，而师师并未出现。李姥看出徽宗有些焦躁不安，与张迪耳语了几句，张迪抽身而退，她这才领着徽宗至一小屋中，但见棐几（榧木做的小桌）临窗，桌上放着数帙书籍，窗外新竹婆娑，参差弄影。徽宗兀坐屋内，意态安闲，只是未见师师出来侍候，不知何故。正胡思乱想间，李姥又把徽宗领至后堂，原来是一间颇为精致的餐厅，鹿炙、鸡酢、鱼脍、羊臁等菜肴已经摆上，主食是香喷喷的稻米饭。徽宗已有饥意，便独自品尝这桌美味佳肴，李姥侍立一旁。饭后，师师仍未露面。徽宗正疑惑间，李姥又请徽宗沐浴，徽宗辞以没有心情，李姥附在徽宗耳边说："我女儿性喜洁净，请不要忤她之意。"徽宗不得已，随李姥至一小楼下的浴室中，沐浴完毕，又被李姥领至刚才就餐的后堂中，桌上已摆满果品茶酥，杯盘新洁，李姥又连声劝酒。为消磨时光，徽宗徐徐饮酒，而师师终未现身，徽宗心中未免不快。

过了许久，李姥才执蜡烛引徽宗至一房中，搴帘而入，只见一灯荧然，并未见师师身影。徽宗不禁狐疑，今夜是否还能见到师师。他徘徊在几榻之间，又过了许久，才见李姥拥一少女姗姗而来。只见她秀眉夺山黛，媚眼流河波，丰姿妙曼，顾影无俦，说不尽的袅娜，道不完的娉婷。只是她淡妆而不施脂粉，一身日常穿着，并无新艳衣服。当时她新浴方罢，娇艳如出水芙蓉，见了徽宗，流露出不屑的神态，倨傲而不为礼。李姥小声对徽宗说："此儿性格倔强，客人勿怪。"徽宗于灯下仔细打量师师，只觉得幽姿逸韵，光彩照人，问她年纪几何，师师拒而不答，徽宗再问，师师即迁坐于他处，颇有鄙夷不屑之意。李姥又附在徽宗耳边说："女儿喜欢清静，唐突客人之处，幸勿在意。"说罢便放下帷幔，退出门外。徽宗虽贵为天子，此时也不敢相强，虽距师师近在咫尺，却有邈若山河之感。师师见母亲离去，才解开玄绢褐袄，换一身轻便装束，卷起右手衣袖，取下壁上所悬之琴，端坐几前弹奏一曲《平沙落雁》。只见她轻拢慢捻，转轴拨弦，只觉得音韵悠扬，沁人心脾。师师弹了三首曲子，已隐约听得有鸡啼之声，徽宗怕回宫晚了引起群臣怀疑，忙潜身退出，在内侍簇拥下回宫。

师师并不知道她接待的就是当今天子，李姥怪她冷落客人，师师认为赵乙不过一名富商而已，不值得巴结。而京城人言籍籍，传说来李师师家的所谓富商就是当今皇帝，李姥恐慌不已，怕有斧钺之诛。李师师从容说道："天子既肯光顾，必不肯要我性命，不须杞忧。"事实证明了师师的揣猜，徽宗亮明身份后，派张迪赐给师师一架蛇跗琴。所谓蛇跗琴，指琴盒上漆有黑纹，如蛇腹下的横鳞，这些横鳞称之为跗。此琴价值连城，乃大内所藏珍品，轻易不肯示人。徽宗为博佳人青睐，不惜一掷千金，置帑藏于不顾。

不久，徽宗再次微服临幸李师师家，师师淡妆素裹，匍匐门阶迎驾。徽宗登堂入室，见以前所经之处，均以蟠龙锦绣覆之，小轩和后堂皆已修缮得画栋朱栏，无复当初那种平淡悠远的韵味了。徽宗命人宣李姥，她先是匿避，后来看见天子，竟是战战兢兢，伏地不能起，再无当初调寒送暖之态，徽宗连忙好言抚慰。其时师师新建一楼，刚刚落成，师师请求徽宗御书匾额，时值阳春三月，楼前杏花怒放，徽宗随手写了"醉杏楼"三字赐之。李姥又置酒为徽宗寿，徽宗命师师弹奏所赐蛇跗琴，师师弹了一曲《梅花三叠》，徽宗衔杯饮听，再三称善。

徽宗喜欢绘画，曾多次去过画院，拟出诗句让画工按诗意作画，但每年因此而得中进士者不过一两人。徽宗一次临幸李师师家，以"金勒马嘶芳草地，玉楼人醉杏花天"名画一幅赐之，又赏赐藕丝灯、暖雪灯等名贵灯笼十盏及名茶百斤、黄白金各千两。此时宫中已把徽宗与李师师的风流韵事传得沸沸扬扬，郑皇后进谏说："妓流乃下贱之人，天子不宜接纳，且暮夜微行，恐怕事生叵测，愿陛下自爱。"徽宗果然有几年未再去李师师家，一直到宣和年间，徽宗才又至李师师家，见醉杏楼上悬挂有他所赐的画，戏称师师为画中人，赏赐珠宝无算。为游幸方便，徽宗采纳张迪的建议，修建了一条地下道，从李师师家直通宫掖，从此徽宗幽会李师师就方便多了。一直到金兵围困汴京，徽宗禅位于钦宗，才断绝了与李师师的往来。

以上所述乃根据《琳琅秘室丛书》中无名氏写的一篇《李师师外传》，因为是小说家笔法，其中难免有荒诞不经之处，但徽宗与名妓李师师有一段感情纠葛，却是千真万确的事实。另据《宣和遗事》一书记载，师师与徽宗交往时，已是名花有主，罗敷有夫。她的丈夫也是朝廷命官，但官职低微，担任右厢都巡官，亦即维持京师某几条街道治安的小官，名字叫贾奕。他得知妻子与当今皇帝有染，敢怒而不敢言，撰《南乡子》词一首泄愤：

闲步小楼前，见个佳人貌类仙。暗想圣情浑似梦，追怀。执手兰房恣意怜。　　一夜说盟言，满掬沉檀喷瑞烟。报道早朝归去晚，回銮。留下鲛绡当宿钱。

"鲛绡"相传为鲛人所织之绡，意指手帕。此词讥讽堂堂天子，竟拿手帕当作嫖资，后来传入禁中，徽宗读了，心中十分不快，但自知理亏，不便追究，遂隐忍不发。

那贾奕既不敢逆龙鳞得罪天子，也不甘心当缩头乌龟，不禁愁肠百结，遂再写词一首：

愁愁复愁愁，意气难留。情脉思悠悠。江淹足恨，宋玉悲秋。西风穿破牖，明月照南楼。　　易得两眉旧恨，难忘满眼新愁。算来天下人烦恼，都来最在我心头。

徽宗读罢，再也按捺不住，诬贾奕流言谤君，要将他押入市曹斩首，并夷其三族。此事为担任谏官的张天觉得知，上殿陈奏说："陛下贵为天子，富有四海，承祖宗万世之基业，为华夏亿兆百姓所瞻仰，一举一动，一颦一笑，皆须稳重得体，奈何轻信奸臣之言，夜宿娼家，荒于酒色，使朝纲不理，国政不修，天文变于上，人心失于下，边疆不宁，盗贼蜂起，陛下不以此为忧，却与臣下争一妓女，他日史官记之，贻讥万古，请求陛下赦免贾奕之罪。"徽宗把贾奕写的两首词交给张天觉说："如果是你，能容忍这样的讥讽吗？"张天觉奏道："孟子有云，人必自侮，然后人侮之，陛下若是不出宫禁，谁敢作此诋毁之词！陛下不以万乘之尊自尊，在下小臣才敢如此无有忌惮。陛下为何不思己之过而怨天尤人！"徽宗到底做贼心虚，只得赦了贾奕之罪，贬为广南琼州司户参军，继而将李师师宣入朝中，赐以凤冠霞帔，并让她坐于御座之侧。徽宗问张天觉："朕今与夫人同坐于殿上，卿还有奏章吗？"天觉道："君不君，臣不臣，夫不夫，妇不妇，三纲五常扫地。孟子云，合则留，不合则去，臣谏不能从，无颜立于殿陛之间，愿乞骸骨归田里，以终天年。"徽宗大怒，御笔贬他为胜州太守，即日派人管押上任。张天觉心情郁闷，乃作《南乡子》词一首：

　　向晚出京关，细雨微风拂面寒。杨柳堤边青草岸，堪观。只在人心咫尺间。　　酒饮盏须干，莫道浮生似等闲。用则逆理天下事，何难？不用云中别有山。

　　吟罢，行数十里，忽值路边老牛卧地吃草，天觉长叹一声，又写一首《南乡子》词：

　　瓦钵与磁瓯，闲伴白云醉后休。得失事常贫也乐，无忧。运去英雄不自由。　　彭越与韩侯，盖世功名一土丘。名利有饵鱼吞饵，轮收。得脱那能更上钩。

　　自张天觉贬谪，朝廷纲纪无存，奸佞当道，徽宗悉由诸奸簸弄，册封李师师为李明妃，改金线巷为小御街，为徽宗与李师师穿针引线之人周秀，原是卖茶的小商贩，竟被任命为泗州茶提举。金兵攻入汴京，李明妃被徽宗废为庶人，后来流落湖湘，为商人所得。这一段记载跌宕起伏，扣人心弦，亦属小说家言，不足凭信。《宣和遗事》中的张天觉即《宋史》中任过宰相的张商英。蔡京为相时，张商英任尚书左丞，因政见不合，两人互相诋毁，后张商英为御史弹劾，罢知亳州，并被列入元祐党籍。大观年间拜尚书右仆射，即宰相。政和初年，因与方技往来，鞫于开封府，御史中丞张克公上疏抨击他，罢知河南府，再贬崇信军节度副使，出居衡州，他的贬谪和李师师毫无关系。可知《宣和遗事》关于张天觉的描写也是无稽之谈。但是书中写李师师的结局，并非捕风捉影，向壁虚构。

《贵耳集》一书中有徽宗与著名词人周邦彦发生纠葛的一段记载，颇可玩味：有次徽宗来到李师师家，师师的旧相好周邦彦已先期而至。徽宗走到门口，邦彦方才得知，此时已无法逃逸，只得藏匿床下。徽宗手中拿着几个橙子，高兴地对师师说，此橙是江南刚刚送来的，送给妃子尝新，两人对坐闲谈。他们两人的谈话，周邦彦听得一清二楚。待徽宗走后，周邦彦根据谈话内容，写成一首《少年游》词：

并刀如水，吴盐胜雪，纤手破新橙。锦幄初温，兽烟不断，相对坐调笙。　　低声问，向谁行宿？城上已三更。马滑霜浓，不如休去，直是少人行。

李师师将此词加谱演唱，在京城广为流传，也传到了徽宗耳朵里，便询问李师师，此词是何人所作？师师如实相告，系周邦彦所作。徽宗恼怒不已，坐朝时问蔡京："开封府有监税周邦彦其人，听说他税收未完成，京尹为何隐而不奏？"蔡京不解堂堂天子何以关心这一芥微小事，只得奏道："臣对此事丝毫不知，容退朝之后唤京尹询问，然后再回奏陛下。"京尹至，蔡京以圣意谕之，京尹说："监税官中只有周邦彦课额增羡，别人无法与他相比。"蔡京沉吟半晌说："上意如此，只得按旨行事，至于是非曲直，就顾不得许多了。"徽宗于是下旨，周邦彦因职事废弛，即日离京外任。

隔了两日，徽宗再次驾幸李师师家，却未见到师师，问其家人，才知她为周邦彦饯行去了。徽宗只好坐等，至一更时分，才见师师归来。只见她离索未解，泪光莹莹，花容憔悴，步履蹒跚。徽宗愠怒问道："卿到哪里去了，这么久才归来？"师师奏道："臣妾万死，得知周邦彦获罪，即日押出国门，他与妾是旧交，聊备一杯薄酒相送，实不知官家到来。"徽宗见她如实相告，并无欺诳，颜色稍霁，复问道："他临走时可写有词吗？"师师奏道："有《兰陵王》词，如今称作《柳荫直》者便是。"徽宗命其演唱，师师讨好说："容臣妾奉陛下一杯酒，歌此词为陛下祝寿。"一曲既终，徽宗转嗔为喜，复召邦彦为大晟乐正，后来官至大晟乐府待制。

这一段描写也很传神，但其中有些细节可能不太真实，遂引起了后世学者质疑。国学大师王国维就对这一记载提出疑问。他在《清真先生遗事》一文中说：政和元年（1111）周邦彦已五十有六，位至列卿，这种年龄，这种身份，应该不会再有狎妓嫖娼之事；所说监开封府税一事，也不应是周邦彦这样的大臣所应做的事；何况北宋也无大晟乐正与大晟待制这样的官职。足见《贵耳集》所记不实。香港大学的罗忼烈教授则认为，除了王国维所说的理由外，还有两处破绽：一是以年龄考之，李师师的年龄要比徽宗大二十岁，是妈妈一辈了，徽宗要嫖也不会看中她。二是《贵耳集》中所引周邦彦的两首词，写作时间相差四十年，《少年游》是周邦彦为太学生时作的，《兰陵王》则是他罢提举大晟府后，离京时作的。其实，王、罗二人所说均有疏漏之处。《贵耳集》的作者张端义祖籍郑州，北宋灭亡后举家迁于苏州，端平年间因上书获罪，被安置在韶州（今广东韶关），该书即其在韶州所作。全书共三卷，写成于南宋理宗淳祐年间，最后一卷完稿时间是淳祐八年（1248），距北宋灭亡已有一百二十一年，他追记徽宗时的事必有所本，不是凿空妄说。《四库全书总目提要》说张端义"本江湖诗派中人，而负气好议论，故引据非其所长，往往颠舛如此。然所载颇有轶闻，足资考证。"同时指出《贵耳集》书中的一些错误。正因为张端义江湖诗人气味甚浓，因此对有些事未认真考证，例如大晟府的长官是大司乐，副长官是典乐，《贵耳集》中却写成了大晟乐正、大晟乐府待制。至于罗忼烈先生说李师师比徽宗大二十岁，是妈妈一辈的人，根据也不足。笔者考证他们两人基本上是同龄人，详见拙作《李师师生年小考》，载《河南大学学报》1996年第一期。徽宗嫖宿李师师之事，乃北宋历史上的一桩铁案，大可不必为尊者讳，找理由为他开脱。

《宋史》中有案可稽，谏止徽宗微服狎娼的是秘书省正字曹辅，职掌在秘书省订正典籍讹误，官职小得不能再小。当别的大臣为保禄位而噤若寒蝉时，曹辅挺身而出，上奏说："陛下厌烦宫中生活，不时乘坐小轿，出入于廛陌之中，极游乐而后返。道途之言开始时还有所忌讳，今日乃谈以为常，某日某路至某地，某时归来。臣想不到陛下受宗庙社稷付托之重，玩安忽危，以至于此？自古以来君之与民，本应契合，合则为腹心，离则为楚越，是叛逆或是服从，均在须臾之间，甚为可畏。昔年仁宗皇帝爱民如子，唯恐百姓受到损伤，一旦宫闱警戒放松，卫士们便翻越禁城作乱，差点酿成大祸，幸亏上天庇佑，才得以化险为夷。俗语说：盗憎主人，其实主人何尝得罪强盗！如今裁革多余官吏，停罢不急之务，削减佛教弟子，诛杀不法官员，蚩蚩小民岂能引咎安分？万一当陛下轿夫松懈之时，有一不逞之徒，包藏祸心，如毒蜂蜇人，如困兽撕咬，虽有神灵呵护，损伤亦重矣。这还不值得警惕吗？臣愿陛下深居宫中，如必须出行，须经太史选择日期，有司清除街道，三卫百官，前后拱卫，方可无虞。如果陛下想减少烦琐程序，节约开支，以利国便民，可以在出行前临时降旨，除了必要的开销，其他皆能简省。这虽不是祖宗旧制，但比微服私行，岂不强过百倍！"这篇奏疏引古证今，酣畅淋漓，击中了徽宗的痛处。

徽宗览奏大怒，出示宰臣，下诏把曹辅带往都堂（即政事堂，宰相议事处）审问。太宰余深问曹辅："你是小官，怎敢议论朝廷大事？"曹辅回答说："大官不肯说，因此小官才说，官有大小之分，但爱护君王之心是一样的。"少宰王黼故意装作不知情的样子问左丞张邦昌、右丞李邦彦："你们听说过圣上有微服出行之事吗？"两人都摇摇头说不知此事。曹辅忿然作色说："此事街谈巷议，阎闾细民无不知晓，相公是当权之人，难道会不知道？如果真的不知道，还要你这宰相何

用？"王黼勃然大怒，命人强迫曹辅承认诬蔑天子之罪，曹辅
执笔写道："区区之心，一无所求，唯知爱护君王，如此而
已。"遂闭门不出，在家待罪。王黼上奏徽宗说："若不重责
曹辅，便不能止息诽谤天子的流言。"徽宗当即下诏将曹辅编
管郴州（今属湖南）。曹辅被编管郴州六年，王黼一直当权，
曹辅的案子便不可能松动，但曹辅怡然自得，毫不介意。靖康
年间，钦宗即位，王黼作为"六贼"之一受到惩处，曹辅才被
召回京师，任监察御史，并一直升到延康殿学士、签书枢密院
事。当然这已是后话了。

　　据有关史籍记载，徽宗与李师师来往，多在京师的樊楼。
樊楼也叫丰乐楼，楼上设有御座，徽宗与李师师经常宴饮于
此，士民皆不敢登楼。宣和年间此楼又加高至三层，旁边还有
四座楼，五楼相向，各有飞桥栏槛，明暗相通，珠帘绣额，每
至夜晚，灯烛辉煌。徽宗把樊楼修缮得如此华美，以致士民皆
不敢登楼，显然是把此楼当作藏娇之窟，"承欢侍宴无闲暇，
春从春游夜专夜""春宵苦短日高起，从此君王不早朝"了。

　　当时诗人刘子翚有诗记述当时的情景说：

梁园歌舞足风流，美酒如刀解断愁。
忆得少年多乐事，夜深灯火上樊楼。

　　刘子翚说得很含蓄，只说徽宗为欣赏歌舞而在夜深更阑之
时登上樊楼，不肯说出天子嫖娼这句话，但弦外之音是非常清
楚的。

　　乐极生悲，好景不长。金人攻入汴京后，大肆勒索金银，连李师师这样的妓女也未能幸免，她辛辛苦苦积攒起来的家产，都成了金人囊中之物。徽、钦二帝成为金人的阶下囚后，师师失去怙恃，飘零无依，只得随着逃难的人群来到江浙，居无定所，生活拮据。江浙的缙绅之家都知道师师大名，便邀她唱歌。为了生计，师师只得重操旧业，但无复当年那种风情万种的美貌了。刘子翚《汴京纪事》诗云：

　　　　辇毂繁华事可伤，师师垂老过湖湘。
　　　　缕衣檀板无颜色，一曲当时动帝王。

　　师师既非戚畹贵族，也非生于钟鸣鼎食之家，但食前方丈、席丰履厚则是可以肯定的。突然间变生肘腋，她在一夜之间从穿金戴银的歌女变成了落魄天涯的难民，这种打击是沉重的。一场浩劫使师师憔悴不堪，既没有了先前那种珠圆玉润的歌喉，也失去了当年那种丰姿婀娜的动人风采。

　　词人朱敦儒绍兴初年曾在江南听过李师师唱歌，他有一首《鹧鸪天》词写道：

　　唱得梨园绝代声，前朝惟数李夫人。自从惊破霓裳后，楚奏吴歌扇里新。　　秦嶂雁，越溪砧，西风北客两飘零。尊前忽听当时曲，侧帽停杯泪满巾。

　　这首词前半阕称赞李师师以唱歌名满天下，独步宋朝，但北宋覆亡后，李师师飘零无依，流落江南，不得不唱起了当地民歌。后半阕以秦地（泛指北方）山中的飞雁，越溪（泛指南方）的捣衣石来勾起人们的思乡之情。西风闻雁鸣，北客听砧声，使人有飘零异乡之感。尽管李师师仍用在汴京时的曲调唱歌，而听歌的人已无限感慨，珠泪满巾了。

一蟹不如一蟹

徽宗从建中靖国元年（1101）亲政，至宣和七年（1125）逊位，当了二十余年天子，身边聚集了一批奸佞邪恶之徒。如果天子是圣明君王，身边自然多是忠谠之士，而徽宗是纵情享乐的昏庸天子，身边就多是奸佞宵小。被称为"六贼"的蔡京、王黼、朱勔、童贯、李彦、梁师成是他最信任的大臣，其他如杨戬、高俅、蔡卞、李邦彦、张邦昌等寡廉鲜耻之徒，皆飞黄腾达，权势炙手可热，一蟹不如一蟹，致使好端端的宋室江山满目疮痍，民不聊生，直至灭亡在金人手里。

在这批祸国殃民的元恶巨憝中，罪大恶极者当首推蔡京。他在徽宗朝曾四次为相，执掌政柄长达十七年之久，可谓权倾朝野，位极人臣。长期独揽朝纲的生涯，养成了他刚愎自用、阴险狡诈、冷酷无情的性格。大臣陈瓘在一次朝会时见蔡京目不转睛，直视太阳，便对人说："据我观察，蔡京的精神如此，他日必然大富大贵。但他自恃与常人禀赋不同，敢与太阳相争，恐怕此人得志后必定结党营私，扰乱朝纲。"后来的事实证明，陈瓘不幸而言中。

蔡京是权力欲极强的佞臣，他从崇宁元年（1102）攘据相位，到宣和七年（1125）因徽宗禅位失去权柄，不管风云如何变幻，一直大权在握。他任左、右仆射（宰相）时，改左、右仆射为太宰、少宰，太宰兼门下侍郎，少宰兼中书侍郎，总揆百政。蔡京曾任过三公之一的太师，别人任三公时，都是没有实际职掌的荣誉衔，他任三公时却成了握有权柄的真宰相。他因年老在政和初年致仕，却恋栈不去，三日一至都堂治事，怕别人分去权柄。蔡京自知作恶多端，劣迹斑斑，害怕言官弹劾，便处心积虑地让徽宗出面承担干系。想办某件事，先以徽宗口气拟成诏书，送给徽宗过目，徽宗认可后，由御笔亲自誊抄一遍，颁发朝中，称为御笔手诏，大臣都要凛遵，不遵者以违制论处。不管事情巨细，蔡京皆以徽宗的名义颁行，甚至伪造徽宗笔迹，徽宗并不知情，有时模仿得很拙劣，明显不是徽宗手迹，朝中文武大臣也莫敢言。大臣明目张胆地伪造天子文书，竟然能够通行无阻，这在历史上尚不多见！

按照惯例，宋朝自赵匡胤建国以来，凡属军国大事，由三省（门下省、中书省、尚书省）、枢密院共同议定，再报请天子定夺，不可能一人独揽大权。任命官吏更为慎重，宰相先提出初步人选报请天子，才由中书省草拟命令，门下省审议把关。如有不当，中书省由舍人封缴，门下省则由给事驳正，等一切都做得尽善尽美后，尚书省才能奉行。尽管如此，仍恐舆论通不过，允许侍从议论，台谏劾奏。这一套程序虽然烦琐，但相对公平、公正，朝野也不会有太大异议。自从御笔兴起后，三省及台谏都被架空，无事可做，只是在蔡京颁行的文件上签字画押而已，衮衮大员竟成了摆设！那些戚畹贵族见蔡京伪造天子笔迹，竟然不受任何制约，也纷纷仿效，指使一个叫杨球的宦官模仿徽宗笔迹，号称"书杨"，以此干预朝政。

蔡京晚年年老体衰，眼睛昏眊不能上朝理事，朝中大事皆取决于他的小儿子蔡絛。凡蔡京决定的事，由蔡絛代为处理，并代表蔡京入奏。时间久了，徽宗也知蔡京是奸邪之辈，因此几次罢免他的官职，但每次罢免后不久，蔡京又都东山再起。蔡京有自己的耳目，每次得到将被免职的风声，便上殿哀求徽宗，伏在殿上叩头不起，无复廉耻，徽宗经不起他软磨硬泡，只得撤回成命。

一次，御史中丞王安中上疏弹劾蔡京，列出他许多罪状，徽宗看后，认为这些都是实情。王安中恐遭蔡京暗害，伏地叩头说："臣是一介书生，孤立无援，不自量力，弹劾当朝大臣。臣素知蔡京奸猾多智，将来必被他所害，窜逐远方，要见陛下也不可得了。"徽宗安慰他说："卿不必忧虑，朕罢免蔡京之职就是。"此事为蔡攸得知，到徽宗处泣诉，恳求保全父亲。徽宗为难地说："王安中有奏疏在此，而且所言是实，你让朕如何处理？"蔡攸恳求说："为臣倒有个两全之法，陛下如果想保全臣家，给王安中调换个官职，此事不就没人追究了吗？"徽宗竟点头同意。当王安中正起草第三道奏疏，准备再次弹劾蔡京时，半夜有人叩门说："你不用再写奏折了，我刚才见到御笔，你已改调为翰林学士承旨，明日就得去报到了。"王安中掷笔长叹说："我为国家弹劾权奸，不料又惹祸上身。"翰林学士承旨乃翰林学士院的长官，掌起草制、诰、诏、令，没有弹劾奸邪的职能。蔡京、蔡攸父子略施小计，釜底抽薪，便保住了蔡京的相位。

还有一次，同为"六贼"之一的王黼见蔡京屡被朝廷所逐却不肯放权，心中甚为嫉恨。一次，王黼说通了徽宗，派童贯和蔡攸一同去蔡京家，要蔡京自己写个辞呈，作为朝廷免其职务的依据。蔡京见是天子派来的使者，且儿子蔡攸也在其中，便置酒款待。饮酒时，蔡京表白说："我年纪衰老，应该交出权柄，之所以没马上请求致仕，是因为圣上皇恩浩荡，我还没有来得及报答的缘故，这一点是两公所知道的。"当时在场的官员甚多，听到蔡京称其子为公，莫不掩口窃笑。蔡京保官心切，慌忙中连对儿子的称呼都乱了。

蔡京为相多年，呼朋引类，党同伐异，视官职为粪土，拿天子的爵位随便送人，以此换取别人的依附。尤其在他晚年权势鼎盛之时，那些蝇营狗苟、利欲熏心、厚颜无耻之徒，麇集其门，送金钱、输美女者皆得美官肥差，朝廷的纲纪法度形同虚设。他封赏官职不外两种人，一是袍泽故旧而又是其党羽、同恶相济者；二是子弟、姻亲。凡是与他关系深厚之人，不但本人升官迁职，还可推恩及其子孙，再及其亲戚故旧，盘根错节，牢不可破。

二十多年来，蔡京的门生故吏遍布天下，朝内的侍从、执政等高官，朝外的帅臣监司等封疆大吏，尽出其门。他的儿子蔡攸、蔡儵、蔡絛及蔡攸之子蔡行，皆官至大学士，地位与执政（即参加政事）相埒，另一儿子蔡鞗娶徽宗之女茂德帝姬为妻，这样，蔡京与天子便成了儿女亲家。《续资治通鉴长编纪事本末》记载，徽宗车驾屡幸蔡京家，蔡京的子孙都受到了恩宠，八子、八孙、四个曾孙都在寄禄官上转升一官，这意味着即使在襁褓之中或稚气未脱的孩子都吃了国家俸禄。《文献通考》记载，蔡京拜相数年，儿子六人、孙子四人同时为执政、侍从，大宋王朝几乎成了蔡家天下！《靖康要录》说，蔡京历仕神宗、哲宗、徽宗三朝，父子祖宗为三公者一人，为执政者三人，担任朝中重要官员的约有十人，甚至仆从居高官，媵妾封夫人。可谓一人得道，鸡犬升天。

蔡京还想控制兵权，建澶、郑、曹、拱四州为"四辅"，以拱卫京师。每州屯兵两万人，用其姻亲宋乔年、胡临文为郡守，他们自然都听命于蔡京。蔡攸的妻兄韩梠无才无德，竟然当上了户部侍郎；蔡絛乘父亲蔡京有疾不能视事，结交奸邪，插手朝政，根据自己的好恶进退百官；蔡行仗父、祖之势，窃弄权柄，贿赂公行，荐引小人，盘踞要津。蔡絛每次入朝，侍从以下官员皆趋炎附势，身后跟着抱文牍的堂吏数十人。他作威作福，升黜任情，朝野之间无不对其侧目而视，畏惧万分。

由于朝中王公卿相大多出其门下，因此不管风云如何变幻，权力总在蔡京手中，形成一门生去世，另一门生补缺，一故吏被逐，另一故吏又来的局面。蔡京有个远房本家蔡倬，目不识丁，居乡为木匠，只因有蔡京这层关系，居然做了南剑州通判。此人品质恶劣，贪污受贿，横征暴敛，无所不为。类似事例甚多，有些姓蔡的人，和蔡京亲属关系已很疏远，既无真才实学，又从事下贱工作，只要蔡氏父子高兴，也给以官职俸禄，这些人中迁升为州县长官者不可胜数。还有更可笑的事，一次有两人来找蔡京要求堂除，所谓堂除是由政事堂直接奏注差遣的官员，比吏部任命的官员升迁迅速，很多人都想走这一做官捷径，因此人人趋之若鹜。但这次只有一项美差，两人均志在必得，且都是蔡京的亲信，蔡京无法定夺，便让两人背诵唐代诗人卢仝的《月蚀诗》以定去取。两人中的一位年长者应声朗诵，声音洪亮，吐字清晰，满座之人为之倾倒，蔡京大喜，便把美差给了此人。靠背诗决定命运，简直是把任命官吏当作儿戏！

政和年间，蔡京以太师的身份统管三省事务，可以在家处理政务。其弟蔡卞一次带着自己的朋友、将仕郎吴说去见蔡京，蔡京坐在便室中，屋中放着一张桌子，设有笔砚，还放着三寸宽的玉版纸数十张。蔡卞说常州教授某人长期未得到提拔，从登第做教官，如今已做到朝奉郎了，还没有换掉原来的职务。蔡京问："依你之见，该如何安排他？"蔡卞沉思片刻说："给他一个提学（掌一路州县学政）吧。"蔡京从桌上拿起一张玉版纸，写上该人姓名及提举学事等字，只剩分配到哪一路没有填写，复问蔡卞："要去哪一路当学政？"蔡卞说："此人家里很穷，须得去收入优厚的地方才可。"蔡京于是书写"河北西路"四字，交给老兵拿出。河北西路治所在真定府（今河北正定），土地肥沃，物产丰饶，到那里任职，自然是肥差。

刚处置安排好蔡卞推荐之人，又有一个士兵抱着一对紫匣子和一封信求见，原来是福建转运判官、直龙图阁郑可送来的信，还带来了新采摘的茶叶。蔡京明白郑可也是要求升迁的，就在他的信封上写"秘撰运副"四字，让士兵拿出去。这时蔡卞才向蔡京提及吴说："他是安中司谏之子，颇有自立能力，又是王逢原的外孙，和舒王夫人是亲眷，他母亲年迈需要侍奉，想找一个现在空缺的省局官职。"蔡京问："打听到哪里有空缺吗？"吴说回答说："打套局现在正有空缺。"蔡京马上写在一张纸上，交人拿出去。过了一会，蔡卞给吴说使个眼色，让他先退出去。吴说的本家姐姐嫁给门下侍郎薛昂为妻，吴说就住在他家。回家后，吴说将此事告诉给了薛昂，惊叹蔡京任命官吏竟然如此迅速。薛昂说，蔡京写的三个人已先后被封为不同的官职了。

　　蔡京有一次翻阅门下见客簿，上面记载有一朝士，每日都是第一个到，长年累月，皆是如此。蔡京觉得奇怪，把他叫来谈话，那人说话很有分寸，应对称心，每次举荐时蔡京都照顾他，后来当了大官。仅因善于谄媚大臣，便升为大官，真令人捧腹！

　　蔡京既然大权在握，又能玩弄徽宗于股掌之上，生活上必定奢侈腐化。他敢于役使朝廷的将作官去营建自己的府第，使用县里的人夫为自己漕运花石，他家的名园甲第，可与皇宫媲美。他一次就献给徽宗钱数十万缗，后来经人查证，原来是没有上缴国库、中饱私囊的榷货钱。他拥有土地五十余万亩，每逢生日，天下各州郡都有礼物献纳，号为"生辰纲"。《水浒传》中写晁盖、吴用智取生辰纲，并非捕风捉影，凿空妄说。他喜欢吃鹌鹑，一次便烹食数百只，还说没有下筷处。蔡京设置的讲议司有官吏数百人，一次他召集这些人开会，会后宴饮，蔡京命人作蟹黄馒头，一个馒头花钱一千三百余缗，数百人一人一个馒头，得花费多少钱！还有一次，蔡京在家招待客人，命人取江西官员所献豆豉，下人拿出十瓶让客人分食，吃完之后，众人才知道那是黄雀肫，亦即黄雀的胃，是味道最美的食品。蔡京问还剩多少？家人答称还有八十余瓶。他家腌制的黄雀鲊，即把黄雀腌制得像鱼一样，从地上堆积到梁间，盛满了三间房子。他家厨下用人甚多，分工亦细，竟有婢女专事切葱丝者。

蔡京罢政后，徽宗赐邻地以为西园，毁民房数百间。一次蔡京问伶人焦德，西园与东园相比，景致如何？焦德讽刺说："太师公相之家，自然非凡人可比，东园嘉木繁阴，望之如云，西园百姓流离，泪下如雨。可谓东园如云，西园如雨呀！"

蔡京年老畏寒，竟烧香取暖。一天，有几个客人问疾，见蔡京于后堂东阁中。蔡京命丫鬟焚香。过了一段时间，丫鬟禀报香已烧完，但见香烟缭绕，云雾蒙蒙。客人几乎看不清他人，但无烟火之烈，反觉衣冠芬馥，数日不绝。蔡京一生中搜刮了多少民脂民膏，恐怕谁都难以说清。

蔡京妻妾成群，即使到了暮年，仍娶有少艾女子，她们养尊处优，闲暇无事，便难免有红杏出墙之举。庞元英《谈薮》一书记载，京师一士人出游，薄暮时分走到一段短墙旁，当时他正醉酒，看到墙不高，便伸腿迈了进去。原来是一座大花园，花木繁茂，路径纵横，信步行来，不觉深入。天已昏暝，望见前边有红纱灯笼迎面而来，惊慌之间寻找归路，已迷不能识，急忙避入道左小亭下一土穴中，谁知已有人伏其中，见有人来，惊奔而去，士人无奈，只得躲避其中。俄顷灯烛渐近，乃妇人十余人，靓妆丽服，趋于亭上，看见了土穴中的士人，惊讶地说，不是那一个，其中一位熟视士人良久说："也得，也得。"遂牵其手而行。士人不敢问，被引入一洞房曲室，与这群女子嬲戏，至五更方散。士人疲惫不能行走，众妇女将他装入筐中，然后用绳子缒出墙外。士人后来仔细探访，才知那天自己误入蔡京家花园，那些女子都是蔡京的小妾！

政和年间蔡京以太师身份致仕，徽宗特准许他在京师居住，并依文彦博之例，择日在垂拱殿赐宴，允许他依旧服玉带、佩金鱼赐对，三日一至都堂议事。宣和末年蔡京第四次为相时，年已八十，徽宗准许他于私第治事，三五日一造朝，并下诏褒美他"忠贯金石，志安社稷"。大臣们弹劾蔡京，徽宗竟说他们是"群邪丑正，意在中伤，肆为无根之谈，冀陷不测之祸。比从阅实，灼见厚诬"。徽宗曾七次乘轻车小辇，临幸蔡京府第，仅宣和元年（1119）一年便去过四次。见面不用君臣之礼，而用家人之礼，蔡京的谢表中有"主妇上寿，请酬而肯从；稚子牵衣，挽留而不却"之语，说的都是事实。政和年间徽宗赐宴于太清楼，召蔡京、何执中、高俅、童贯等入席，蔡京作《太清楼侍宴记》以记其盛。一次，徽宗宴请蔡京于保和殿，殿西南庑有玉真轩，乃安妃妆阁，蔡京请见安妃。徽宗诗兴大发，以诗传旨说："雅燕酒酣添逸兴，玉真轩内看安妃。"命蔡京赓续。蔡京续诗云："保和新殿丽秋辉，诏许尘凡到绮闱。"既而但见画像挂于西垣，又写诗云：

玉真轩槛暖如春，只见丹青未有人。

月里嫦娥终有恨，鉴中姑射未应真。

鉴是镜子，姑射指美人，此处指安妃。徽宗命人把蔡京召至玉华阁说："朕看了卿写的诗，你我是姻亲，当然应该相见。"马上命安妃出见酌酒，又特地为蔡京奏乐。几天之后，徽宗由安妃陪同，去道德院观看金芝，从景龙江坐船经天波谿到蔡京府第鸣銮堂。蔡京设宴款待徽宗，徽宗频频举箸示意，欢笑如同家人，六次派人持玛瑙大杯赐酒，并亲手调茶，分赐左右。安妃对蔡京说："圣上每次得到四方美味及新奇之物，必定赏赐师相，没有顷刻忘记。我要告诉师相，不要忘了圣上的恩典。"蔡京奏开封府尹聂山挑拨离间他与徽宗的关系，徽宗即刻草诏将聂山贬往安州（今湖北安陆），可谓对蔡京言听计从！

蔡京作恶多端，引起了正直之士的反对。兴化（今福建仙游）人方通与蔡京有姻娅之交，亦即儿女亲家，他靠蔡京的荐引而位列要津。他的儿子方轸却深明大义，上疏徽宗说："蔡京专权自恣，处处效法王莽、曹操，视祖宗神灵如无物，玩弄陛下不啻婴儿，威震人主，祸移生灵，气焰熏灼，中外畏之，大臣保家族不敢议，小臣保寸禄不敢言，颠倒纪纲，胡作非为，自古为臣之奸，未有如蔡京今日为甚者。"然后又详尽列举了蔡京桩桩罪状，最后说："臣批肝为纸，沥血书辞，忘万死而叩天阍，绝不是故作惊人之语，窃取陛下爵禄，看重的是祖宗之庙社，可惜的是天下之生灵，因而舍生冒死上疏，是杀，是赦，是窜，悉听陛下裁决，臣之生死，无关乎轻重。愿陛下上体天戒，下恤人言，安能爱一国贼而忘庙社生灵之重。"蔡京读后大怒，添油加醋地向徽宗倾诉，徽宗自然听信蔡京之言，将方轸削籍流放岭外，后来竟死于贬所。在蔡京气焰方张之时，方轸敢于挺身而出揭露其罪恶，的确难能可贵。蔡京之罪罄竹难书，无怪乎当时便有"打破筒（童贯），泼了菜（蔡京），人间便是好世界"的呼声了。

蔡卞是蔡京之弟，也是一个奸险小人。他善于舌辩，相貌柔顺而内怀奸诈，连王安石都被他迷惑了，妻之以女。他在哲宗朝官拜尚书左丞，与参知政事等人号称执政，级别为副宰相。他假托绍述之说，上欺天子，下压同僚，与蔡京、章惇、安惇三人均是佞臣，被朝野称为"二蔡二惇"。他执政时任用之人，不是妻党，便是门下奸吏，更唱迭和，相倚为重，荼毒天下。他任职枢密院，掌管天下兵权时，积极怂恿徽宗用兵湟（今青海海东乐都区南湟水南岸）、鄯（今青海西宁），并与蔡京合谋，竭府库所藏用于拓边战争，募商人运粮至边疆，不计贵贱，致使鄯、廓（今青海省尖扎县北）二州米价一路飙升，每斗涨至四千钱，穷困百姓无钱买米度日，怨恨朝廷不已。因其兄蔡京位在己上，致使自己无缘当宰相，蔡卞心中愤愤不平，在朝廷议政时故意与蔡京作对，蔡京也以牙还牙，多次在徽宗面前诋毁蔡卞，结果蔡卞被贬出朝廷。

蔡攸乃蔡京长子，徽宗当藩王时两人便有交往，徽宗对他颇有好感，即位后便不次擢升他的官职，一直做到开府仪同三司、镇海军节度使，拜少保，能够随时出入宫掖。他与王黼能够参与徽宗的私人宴会，或君臣俱演宫中秘戏，或在宴会上身穿短衫窄裤，与倡优侏儒混杂在一起，口中说的是淫谑猥亵之语，以此来蛊惑天子。蔡攸之妻宋氏也多次出入宫禁，儿子蔡行位至殿中监，地位与执政相当，徽宗对其宠幸甚至超过了蔡京。宋朝制度规定，宰相、节度使带开府仪同三司者、元丰改革官制前带中书门下平章事衔者均可称相公，谓之使相；既是三公又是宰相的，称公相。蔡京以太师身份称公相，蔡攸以淮康军节度使除开府仪同三司，也自然得称相公了。一次徽宗传蔡攸入侍曲宴，跟蔡攸开玩笑说："相公公相子。"蔡攸反应灵敏，马上对答道："人主主人翁。"还有一次，蔡攸奉命陪徽宗宴饮，徽宗一时兴起，连赐他几大杯，蔡攸喝得东倒西歪，徽宗仍赐酒不已，蔡攸不得已，辞谢说："臣喝酒只是鼠量，不是海量，再喝就要倒地起不来了。"徽宗笑笑说："卿若因此而死，朕又灌杀一司马光了。"把一个跳梁小丑比作名臣司马光，显然不伦不类！

　　蔡攸与其父蔡京为争权夺利，竟各立门户，互相倾轧。蔡攸官高位崇，自有府第，一次至蔡京处，一进门便握父手诊脉说："大人脉势舒缓，是否身体有了毛病？"蔡京愕然，连说没有，蔡攸忙说有公事要办，起身离去。此事适为门客看见，便问蔡京是否真的有病。蔡京叹口气说："你不解此话的含意，他是想以我有病而怂恿天子罢免我的宰相之职，他自己好过一下宰相瘾啊！"

　　王黼不学无术，只因善于拍马逢迎，竟也当上了宰相。

他阴险狡诈，反复无常。大臣何执中荐他为校书郎，后来升为谏议大夫。徽宗不喜欢宰相张商英，派人以玉环赏赐给正贬谪在杭州的蔡京，王黼明白这是蔡京即将被起用的信号，便上疏抨击张商英。蔡京为相后，对王黼格外垂青，骤升他为御史中丞。王黼由官职低微的校书郎升为御史中丞，仅用了两年时间。王黼既投靠了蔡京，便背叛了当初提拔他的何执中，写了何执中二十条罪状交给蔡京，而何执中毫不知情，犹在蔡京面前称道王黼不已。一日，蔡京又与何执中谈及王黼，蔡京说："你为何如此称誉王黼？"说着拿出一卷文字，何执中接过来一看，却是王黼攻击自己的罪状，不禁惊愕得变了颜色说："畜生竟敢如此！"

王黼任宣和殿学士时，宦官梁师成圣眷正隆，王黼刻意巴结，竟拜他为父。徽宗赐第于昭德坊，左邻是已经告老退休的门下侍郎许将，王黼便倚仗梁师成的权势把许将全家逐出京师，流落他乡。徽猷阁待制邓之纲有妾色美，王黼垂涎三尺，公然攘夺为己有，并将邓之纲窜贬岭南。就是这样一个品质低劣之人，徽宗却对他优渥有加，由通议大夫连升八级，直接擢升为少宰（宰相），有宋一代这样任命宰相还未有前例。徽宗又赐给他城西一处邸宅，迁居之日，动用了教坊音乐，家中所有器具，皆是官府备置，宠倾一时。他取代蔡京为相之初，一反蔡京所为，罢不急之务，黜奸佞宵小，朝野一时翕然称为贤相，其实这一切都是他沽名钓誉的手段。"子系中山狼，得志便猖狂。"王黼政治上站稳脚跟后，便露出贪婪奸邪的本来面目。他力主联金攻辽，在三省设立经抚房，专门处理边境事务，但不让枢密院插手。他巧立名目，统计全国丁夫，计口出资，谓之免夫钱，致使许多贫苦之家家徒四壁，无以为生。为修黄河，王黼建议天下共输免夫钱，全国共搜刮到一千七百余万缗，百姓深受其害，河北更甚，辗转沟壑，饿殍遍地，无奈之下，百姓只得铤而走险，揭竿起义。

凡是贪官，皆欲壑难填，王黼也不例外。他权势在手，便大肆卖官鬻爵，官员皆有定价，时人称："三千索，直秘阁；五百贯，擢通判。"他每侍徽宗之宴，亲为俳优鄙贱之技以献媚取宠，全不顾大臣体统。他让宫中宦官成立集市，自兼市令，和南朝齐国的东昏侯萧宝卷一样。一天，徽宗故意责罚市令以取乐，王黼装作窘迫之态告饶说："告尧舜，免一次！"徽宗笑笑说："我不是唐尧、虞舜，你也不是稷、契这样的贤人，怎能免罚！"还有一次，王黼领着徽宗翻越宫墙微服出行，徽宗双脚踩在王黼肩上，但是宫墙太高，徽宗很觉吃力，便低声呼叫："耸上来，司马光！"王黼应声答道："伸下来，神宗皇帝！"君臣如此取乐，分明是两个纨绔无赖！

王黼在生活上极度奢侈腐化。他权势正炽时，于卧室置一榻，用金玉做屏风，翠绮为帐幔，旁边用数十张小榻围绕，每张小榻上卧美姬一名，名曰"拥帐"。他有赐第在相国寺东，任宰相后又赐第于城西竹竿巷。修筑时穷奢极侈，垒奇石为山，高十余丈，分作二十多处，形态各异，如螺钿阁子内，梁柱门窗，各种器具，皆是螺钿做成。所谓螺钿，就是用螺壳、玳瑁等做原料，磨得非常薄，雕刻成花鸟人物图案，再镶嵌于漆器、雕镂器物上面，当作装饰品，造价极其昂贵，只有权贵之家才能用得起。王黼家与一寺为邻，寺中僧人每天都从王黼家宅沟中捞出许多抛洒的米饭，然后洗净晒干，储存起来，几年时间，便积攒满满一囤白米。就是这样一个无耻小人，徽宗赐予玉带，进位太傅，封楚国公，特许他穿紫花袍，骑从仪仗几与亲王相埒，优宠高于其他大臣，并为他居处题写"得贤治定""载赓堂""龙虎榜"等七块匾额。后来徽宗听说他家门柱上生有玉芝，很感兴趣，便亲去观看，见其所居之处与梁师成比邻连墙，两家关系甚好，穿便门往来，这才明白权臣与宦官交结，搅乱朝纲，王黼从此宠衰。

　　名列"六贼"之中的朱勔，因进花石纲得到徽宗宠爱，官职不次擢升，成为朝中最有势力的风云人物之一，盘踞朝纲长达二十年之久。他穿有一件锦袍，到处对人说，徽宗皇帝曾经用手抚摸过，最后干脆在衣服上绣了一只御手，作为炫耀的资本。事实上，此事纯属子虚乌有。徽宗一次举办宴会招待群臣，朱勔应召参加，据说徽宗曾亲握其臂与他交谈，归来后他找来一块黄罗缠住胳膊，与人相见作揖时，这只胳膊竟不抬起，说是怕亵渎了天子。他在东南还未进京师时，忽然心生一计，弄来一幅徽宗画像，安置在一处房子内，每逢朔、望两日，监司、郡守必须前来朝拜。地方官员明知这是朱勔故弄玄虚，但又不敢不来，稍有违拗，就以违御笔罪治之，人人对他畏之如虎。朱勔出入宫禁，可以不避嫔御。他所居之处富丽堂皇，简直可与宫室媲美。田产跨郡连邑，岁收租课十余万担，甲第名园，几半吴郡，而这些财产大半是恃势攘夺来的。他居住在苏州孙老桥一带时，为把大片土地占为己有，便伪造圣旨，称凡桥东西四至土地室庐均为天子所赐，合数百家，须在五日之内迁出，郡吏逼逐，百姓号哭于路。有一个叫潘兑的人，曾任侍从之职，宣和年间丁忧回乡，适逢朱勔之父归葬乡里，苏州的官员倾城出迎，而潘兑独不肯前往。他家的祖茔与朱勔之父朱冲坟地相连，朱勔见此地风水甚好，便想攘夺为己有，多次致礼于潘兑，潘兑杜门不纳。朱勔又派人威胁，潘兑仍不理会。朱勔在徽宗处告了御状，徽宗下令把潘兑祖茔的土地割让给朱勔。不久，朱勔又怂恿御史诬陷潘兑，结果潘兑被革除了一切职务。

朱勔生活奢侈，其服膳器用竟然超过了天子。弟侄数人，都娶天子宗室之女为妻。他的儿子汝贤，侄子汝楫、汝舟任承宣观察使，这是位于节度使之下、观察使之上的高官。即便是他的媵妾也都有朝廷封号，享尽荣华富贵，非别人所能比拟。朱勔父子各立门户，气焰熏灼，公然收受贿赂，市井无赖、引车卖浆者争相投靠他们父子门下。如有官员对朱勔的举动稍有异议，指顾俄顷之间便会丢官罢职，人称朱勔为东南小朝廷。

朱勔势盛时，从政府官员直至宦官，争相与他结交，到他家拜谒之人可以说是车马骈集，冠盖相望。大小官吏无不倾身事之，甚至像郡守这一级的官员，也有不少出其门下。到了后来，只要给朱勔送钱，园夫畦子，精于种植花草及能叠石为山者皆能做官，朝为田舍郎，暮登天子堂者不计其数。他家补授使臣（宋代八、九品十等武阶官的总称）者计一百五十余人，多是本家亲戚及奴仆、种菜人等。他的家奴也有数十人腰佩金带。当时人称："金腰带，银腰带，赵家世界朱家坏！"

　　宦官梁师成猾黠多智，善于拍马逢迎，因善于文墨，有宠于徽宗。徽宗起初以俳优相待，凡御书号令皆出其手。时间一久，梁师成便胆大妄为，挑选一些擅长书法的小吏，模仿徽宗笔迹，制造假诏书，混迹于真诏书之中，从中捞取好处，外人竟莫辨真伪。他官运亨通，政和年间拜节度使，宣和年间进开府仪同三司，转淮南节度使，又进少保，真是恩宠无比。他阴窃用人之权，官员的升迁贬黜皆出其手，王黼曾事之如父，执政、侍从出其门下者更多，连蔡京父子也礼让他三分。梁师成不是宰相而又胜过宰相，京师人呼为"隐相"。有王履道其人者，在大名府监仓任满，流落到了京师，适逢梁师成赐第建成，极天下之华丽，允许士人参观。履道提着笔墨径入梁府，当即在新堂的墙壁上题写了一首赞美的诗，署名"初寮道人"，掷笔而出。梁府上下人等见履道衣冠楚楚，词翰妙绝，以为是神仙降临，慌忙报告师成。师成读后甚喜，派人找到履道，索要其诗文，读后不禁拍案叫绝，便荐引给徽宗。数年之后，王履道如愿位列朝廷的衮衮大员。

　　宋代为朝廷起草文告，均有一定规矩，只需萧规曹随即可，但梁师成却标新立异，自创格式，士大夫一有违背，立即遭到贬斥。国家取士，科举考试最为公平，这是朝廷笼络天下英才的最有效途径，大批寒门士子从科举考试中脱颖而出，踏入仕途。梁师成却两次推荐其门吏储宏参加廷试，两次都金榜题名。而储宏登第之后，依旧充当师成使臣，朝廷命官竟成了私人奴仆。宣和末年，徽宗亲自策试进士八百余人，其中百余名没有真才实学，皆以献颂上书为名，经特批参加廷试的。这百余人中，大多数是士大夫不屑与之为伍的富商大贾子弟，平日略识之无，每人只要献钱七八千缗，师成便替他们办理廷试手续。每逢赐名唱第之日，师成必在徽宗之侧，某某人该取，某某人该黜，全为师成一人做主，徽宗似乎成了摆设。国家选举之法，抡才大典，为师成破坏殆尽，缙绅大夫尽人皆知，因畏其淫威，皆敢怒而不敢言。师成平日受四方监司、郡守以下贿赂不计其数，又专领书艺局，任市井游手无赖之辈为官吏，横征暴敛，靡费百端。京师所有土木之功，几乎全由师成主其事，他趁机上下其手，偷盗官钱，据为己有，数量庞大，无法计算。梁师成是个十恶不赦的奸佞。

被称为浪子宰相的李邦彦，也是一个怙恶不悛的奸臣。他从小喜欢闾阎间鄙卑琐事，自号"李浪子"。他善于钻营，专一结交内侍，内侍便在徽宗面前替他说项，李邦彦得以不次擢升，任翰林学士，有了接近天子的机会。他知道蔡京、梁师成等势倾朝野，便刻意逢迎巴结，终于在宣和七年（1125）爬上了太宰相位。尽管他没有治国安邦的本领，但却擅长谄谀取悦天子，喜欢唱歌，精于戏谑，尤为拿手的是演讲市井鄙俚之语，他把这些鄙俚淫媟之语编成小曲，让市井无赖在街巷传唱。他自己说要赏尽天下花，踢尽天下球，做尽天下官，是个地地道道的流氓无赖。一次李邦彦侍徽宗之宴，先用生丝织成的绸子画成龙纹贴在身上，将要献技时，则裸其衣，露出文身，口出淫秽之语。徽宗见他如此恶作剧，举杖欲笞之，他已攀缘廊木逃去。皇后在里面看见，让人告诉他说："可以下来了。"邦彦答道："黄莺偷眼觑，不敢下枝来。"皇后叹息说："宰相如此，怎能治理天下？"

宦官童贯自幼服侍宫廷，只因性格媚巧，善测人主之意，颇得徽宗信任，不几年便官至极品，先后任武康军节度使、检校司空、检校太尉、太傅、知枢密院事，后来竟然被封为广阳郡王，人称"媪相"。媪者，年老妇女也。童贯因是宦官，年龄渐长，长相有点像老太婆，而实权几乎等于宰相，故有"媪相"之称。他手握节钺二十年，权倾四方，人人侧目而视。他生活极为奢侈，衣服、饮食几可与天子媲美。政和年间，将作监贾说奉旨为童贯在都城建造府第。落成之后，童贯说："劳您费心，我冗事丛脞，从未招待过您，甚为不安。明日早朝后，请过府吃早点。"次日早朝后，贾说便及时赶来，宾主不交一言。过了片刻，一兵卒两手提了两件东西，似宝盖璎珞之状，放在童贯及贾说跟前，贾说看时，皆是价值连城的珍珠。童贯又命两个丫鬟抬一张桌子至座前，庖人拿着银镣灶，在大厅之侧生火制作包子，然后饮酒吃饭，每喝一杯酒换一次桌子，共换过三次。桌上用过的果碟、酒杯，第一次用银制的，第二次用金制的，第三次则用玉制的，制作奇巧，贾说闻所未闻。席散之后，贾说刚刚回到自家门口，已有数人等候在那里，其中一人说："太傅向您致意，您刚才喝酒时使用的器皿及两个丫鬟，太傅都奉送给您了，请您哂纳。"贾说点检器皿，价值数万缗，且有两个如花似玉的美女，他着实大赚了一笔。

童贯既手握军权，便招健卒万人为亲兵，环列第舍以为护卫，号称胜捷军，当时只有皇宫才有此气派。他家每日门庭若市，侯王柄臣，多出其门，奴仆官至承宣使者数百人，庖夫厩兵也能做到防、团刺史。他汲引群小，植朋树党，卖官鬻爵，升降进黜，全凭个人好恶，目不识丁但善于行贿而致身青云者比比皆是。他每次出师，都把朝廷拨给他的军费据为己有，然后责令州县补偿，州县官又去搜刮老百姓，头会箕敛，民不堪命。他攻打方腊时，纵容士兵贪暴，东南之民死于官兵之手者，十之五六。童贯也是个人人皆曰可杀的佞臣。

《水浒传》中的高俅是童叟皆知的人物，此人不是施耐庵杜撰，宋史上实有其人。他本是大词人苏东坡的小史，也就是书童，为人聪明，写得一手好字。年龄稍大后，苏东坡不再用他，转送给了枢密都承旨王晋卿。王晋卿即驸马王诜，善于绘画，与苏东坡是莫逆之交。徽宗当藩王时也喜欢绘画，因而与王诜相善。一日，徽宗要借王诜的篦刀掠鬓，王诜便派高俅前去送篦刀。高俅赶到端王府，见徽宗正在花园中蹴鞠，也就是踢足球，等候之际，高俅着意观看徽宗的一招一式。徽宗踢完，唤来高俅问道："你也懂得此技吗？"高俅答道："略知一二。"徽宗与他对蹴，对其高超的技艺非常满意，便派人告知王诜说："感谢你送来篦刀，连送篦刀的人我也留下了。"从此日见亲信。

不久，徽宗登基，对高俅青睐有加，不次擢升他的官职，不数年间，高俅便官至节度使，一直做到使相，遍历三衙者二十年，领殿前司事，父兄子侄皆居高官。他的哥哥高伸直赴殿试，后登八座（泛指封建社会的高级官员），子侄皆为郎官。高俅由一个下等人发迹变泰，不思报效国家，却自恃天子宠幸，胆大妄为，侵夺国家财产。他身总军政，却大肆侵占军营土地以扩充私人宅第，役使禁军为自己服役。他所募之兵，多半是有技艺的工匠，这些工匠为他私人役使，军中士兵能出钱贴助军匠者，可以免于训练。他家修建房屋花圃，砖瓦泥土之类工料，尽出于军营，而士兵的军饷却不按时发放，士兵无法维持生活，只好别营他业糊口。即使是禁军，也要靠出卖力气补贴家用。这样一来，出钱的士兵可以不参加军事训练，久而久之，武备废弛，士兵没有丝毫战斗力，无怪乎金军兵锋所至，摧枯拉朽，如入无人之境了。

高俅还竭力逢迎徽宗游玩逸豫，不理朝政。当大臣张商英因此而进谏，徽宗自知理亏，准备有所收敛时，不料高俅却怂恿徽宗说："陛下是君，张商英是臣，君王好比是天，能够操纵万物，天可以使万物生长，也可以扼杀万物。张商英生死之命，悬于陛下手中，草茅之言，何足听信！依臣看来，人生如白驹过隙，甚为短暂，若不及时行乐，到老来就只能徒叹悲伤了。唐尧居住简陋，茅茨不剪，夏禹躬耕稼穑，周公吐哺待贤，如今都成了一抔黄土，岂不饮恨终生！倒是周幽王宠褒姒之色，楚王建章台之宫，陈后主听《玉树后庭花》之曲，隋炀帝有锦缆长江之游，朝朝歌舞，日日管弦，也不枉了一世受用！"徽宗本非发愤图强之人，听了高俅这一番话，越发沉溺于声色狗马之中了。

最后还要说的是宦官杨戬和李彦。杨戬虽不在"六贼"之列，却也是个祸国殃民的蠹贼。他最初掌管后苑，崇宁年间以来逐渐有宠，政和年间拜彰化军节度使，权势与梁师成不相上下。按照宋代制度，内侍臣多是寄资官，无有至团练使者，即便是建立了莫大功勋，则别立昭宣使、宁庆使以表恩宠，从未有宦官担任节度使的先例。而徽宗一朝，宦官童贯、梁师成、杨戬都官拜节度使，童贯甚至封王，权势之大，前所未有。杨戬深知，要想得到徽宗宠信，就要源源不断地搜刮钱财供他挥霍。为了增加赋税收入，由杨戬主持的"西城所"便应运而生。他随便制订法律，查勘民间田契，由甲追到乙，又由乙追到丙，辗转究寻，直到无证可查时，便追加租税。此法始行于汝州，后来又推广到京东、京西、淮西、淮北等处，凡废堤、弃堰、荒山、退滩及大河淤流之处，都强迫百姓耕种，一旦定了租税，即使遇到天灾，颗粒无收，租税仍不减少。

梁山泊绵亘数百里，盛产鱼虾，济（今山东巨野南）、郓（今山东东平）两州百姓颇赖其利。杨戬规定，所有在梁山泊打鱼的渔船都要交税，且税额定得很高，一处普通小邑常赋外的租钱多达十余万缗，每逢水旱灾害蠲免赋税时，渔税却丝毫不减，致使渔民怨声载道。

杨戬的继任者是"六贼"之一的李彦。梁山泊在杨戬主管西城所期间，租税已经很重，李彦接手后，变本加厉，巧取豪夺。州县官吏又助纣为虐，全无怜贫悯穷之心，竭泽而渔，于是民不堪命，皆铤而走险，去而为盗。推行李彦之策尤为积极者，是王宓、刘寄二人。金人入侵前，河北义军蜂起，导致游宦商贾，皆不敢途经河北。钦宗登位后，斩李彦，窜逐王宓、刘寄，但人心已失，补救不及了。李彦还在汝州设局，只要看中民间良田沃土，便指使人投牒，指为天荒，即使有田契在手，也无济于事。以致鲁山（今属河南）全县尽括为公田，百姓原有的田契被强令焚毁，强迫他们永佃，有敢申诉者处以重刑，逼死百姓成千上万。公田自然不收税，税收便由别县百姓均摊。由于李彦圣眷正隆，州县官见他，如奴事主，甚至连曾任过执政的高官，也冠带袍笏，迎谒马首以献媚。李彦进奉花石纲一如朱勔，役使大批农民，使得农夫不得种田，牛不得耕垦，穷愁潦倒，力竭饿死。当时人称朱勔结怨于东南，李彦结怨于西北。

徽宗朝的奸佞宵小，远不止以上几人，以上所述不过是臭名昭著、罪大恶极的典型而已。君聩于上，臣嬉于下，贤良忠贞之士受到迫害打击，黄钟毁弃，瓦釜雷鸣，北宋王朝气数已尽，无人能挽狂澜于既倒了。

致命的诱惑：联金灭辽

海上之盟

女真是我国最古老的民族之一，世代居住于黑龙江下游，松花江、乌苏里江流域及长白山地区，三国时称挹娄，元魏时称勿吉，隋朝时称黑水部，唐朝时称黑水靺鞨。其地有七十二部落，没有统辖各部的大君长，每个聚落皆有首领分治之。隋朝开皇年间，女真人首领曾遣使进贡，隋文帝杨坚设宴慰劳，使者于文帝前翩翩起舞。唐朝贞观年间，太宗李世民攻打高丽，靺鞨曾出兵相助。开元年间其酋长来朝，拜勃利州刺史，并以此设置黑水府，以其酋长为都督、刺史，迄唐朝之世，朝贡不绝。五代时始称女真，后唐明宗时经常入寇。契丹首领耶律阿保机乘唐朝衰乱建国北方，女真人又受辽的统治。迁徙于混同江（松花江）西南隶籍于辽者称熟女真，仍居原地区而未编入辽朝户籍者称生女真，又有极边远而近东海者称东海女真，黄头发绿眼睛者称黄头女真。生女真中的完颜部至酋长乌古乃时任生女真部节度使。政和三年（1113）乌古乃之孙阿骨打袭职，不再听命于辽，自称"都勃极烈"，意思是汉人中的冢宰，并出兵攻辽。当时的辽朝国势日衰，政治腐败，军无斗志，屡为女真人所败。政和五年（1115）阿骨打在几次大捷之后，建国称帝，国号叫金。这年十一月，辽天祚帝亲征，被阿骨打所败，金兵穷追不舍，翌年占领辽朝的东京辽阳，政和七年（1117）又败辽军于蒺藜山（今辽宁北镇市境），占领了显州（今辽宁北镇市东南）及附近州县，辽河以东及西南一带尽入金国版图。金强辽弱，给徽宗插手燕、云提供了契机。

五代时后晋的石敬瑭为换取辽朝的支持而称帝中原，把燕、云十六州割让给了辽国，周世宗柴荣倾力北伐，只收回了瀛（今河北河间）、莫（今河北任丘）、易（今河北易县）三州。北宋初年太宗赵光义率师北伐，第一次败于高梁河（今北京外城一带），第二次败于岐沟（今河北涿州西南），从此偃旗息鼓，不再做进攻之举。真宗时与辽签订"澶渊之盟"，宋军虽打了胜仗，反输银十万两、绢二十万匹作为岁币。到了仁宗庆历年间，宋朝又各增银十万两、绢十万匹与辽，失地未复又凭空多支出了银、绢，成了北宋统治者的一块心病。更为重要的是，自燕、云十六州归辽后，中原王朝不仅丧失了抵御游牧民族南下的屏障——长城，而且燕、云地区又成了辽人牧马南下的根据地，契丹铁骑可随时长驱入寇，使宋朝君臣寝不安枕。既然辽朝有隙可乘，徽宗怦然心动，想趁机收复燕、云，消弭边患，也是很自然的。

也是事有凑巧，政和元年（1111），徽宗派童贯、郑允中为正副使臣出使辽国，其时女真虽未崛起，但辽之没落已露端倪。辽国有马植其人者，燕京人，涉猎书传，能言善辩，见契丹屡为女真所败，境内干戈蜂起，知辽国必亡，便有意归附宋朝，于此时结识了童贯。童贯到了辽国，辽天祚帝其时正沉湎于声色狗马之中，希望得到宋朝的玉帛珍玩，童贯也知道这一点，因此随身携带的尽是两浙髹漆之具及书柜、床、椅之类，辽国回赐也很优厚。政和五年（1115）三月，马植投书北宋知雄州（今河北雄县）和诜，自陈"本是汉人，素居燕京，自远祖以来已在辽国做官，虽披裘食禄，不绝如缕，但未尝少忘尧风，每每想脱掉左衽之服，奈何没有机会。近来辽天祚帝排斥忠良，引用群小，女真侵凌，盗贼蜂起，百姓涂炭，宗社倾危。我虽愚憨无知，但预见辽国必亡。谚语云：危邦不入，乱邦不居。我欲举家南归圣域，得复汉家衣裳，以酬素志"。这封书信写得言辞恳切，哀婉动人，和诜不敢怠慢，连忙派人送到了京城。徽宗令太师蔡京、太尉童贯共同商议对策，两人一致认为应当接纳，和诜当即与马植秘密商议，让他于四月一日夜入境，马植果然如约前来。相见之后，朝廷有旨让马植赴阙。四月十八日，徽宗赐见马植于延庆殿，询问他归来之由，马植上奏说："天祚帝耽酒嗜色，远近生灵悉受苛政之苦。女真首领阿骨打用兵累年，攻陷州县，辽国必亡无疑。愿陛下念旧民涂炭之苦，恢复中国往昔之疆域，代天谴责，以顺伐逆。王师一出，辽国百姓必壶浆来迎。万一女真得志，先发制人，后发制于人，事情就很难说了。"这一番话正中徽宗下怀，对他慰勉有加，先赐姓李，更其名为良嗣，后又赐姓赵，任命为秘书丞，于是燕人马植便成了赵良嗣。

政和七年（1117）七月，登州（今山东烟台蓬莱区）守臣王师中上奏，有辽国的蓟州汉人高药师、僧郎荣等，乘舟浮海至文登县（今属山东），请示如何发落。原来早在宋初建隆年间，女真人常从苏州（今辽宁大连金州区）泛海到登州卖马，后来虽然停止，但故道犹存。这次高药师、僧郎荣等率亲属老幼二百余人，乘船浮海欲前往高丽避乱，因遇大风，船只漂入了宋境。他们提供消息说，女真人与辽国争战多年，其势力已过辽河之西，今海岸以北自苏、复（今辽宁瓦房店西北）至兴（今辽宁沈阳市东北）、沈（今辽宁沈阳）、同（今辽宁开原南）、咸（今辽宁开原北）等州已悉数落入女真人之手。王师中当即将这一情况申报朝廷。

徽宗听说辽兵屡屡败北，不禁激起了他要报当年一箭之仇的欲望，当即下诏让蔡京、童贯商议此事。二人共奏："国初女真人曾向我朝修贡，表示友好，太宗皇帝曾多次向女真人买马，其后始绝。不如降诏仍以买马为名，探听女真虚实，然后再做定夺。"徽宗正欲结交女真以图辽，当即命王师中差将校七人同高药师等带着买马的诏书，于八月二十二日启程乘船前往女真。但一行十数人登岸后，见女真逻卒林立，恐为所害，便拨转船头，在政和八年正月到了青州（今属山东）。他们煞有介事地宣称，已经进入了女真苏州地界，女真人不肯接纳，他们几乎被逻卒杀死，无奈只得返程。徽宗对此说半信半疑，命令青州安抚使崔直躬调查，崔直躬据实上奏，徽宗大怒，将前往的将校一律发配远恶州郡。同时命令王师中再次遴选智勇能吏，与高药师过海使金，讲买马旧好，敦睦邦交，监司、帅臣一律不得干预。王师中委派马政、精通女真语的呼延庆及将校七人、士兵八十人前往。

徽宗结金图辽的消息传出，引起了朝中部分稳重大臣的激烈反对。太宰郑居中上奏，乞谨守与辽的盟誓，罢遣女真之使，并责备蔡京身为国之元老，不守宋辽两国盟约，制造事端，还剀切指出："当年真宗与辽订立'澶渊之盟'，至今百余年，兵不识刃，农不加役，虽汉唐和戎，也不如我宋朝安边之策。庆历年间契丹人聚兵境上，欲求关南之地，仁宗采用富弼之策，报聘增币，恐怕用兵会伤害生灵，故而我朝坚守盟约至今。如今四方无虞，今若诱导陛下毁约，恐怕会招致天怒人怨。更何况用兵之道，胜负不常，即使获胜，府库必乏于犒赏，编户困于供役，蠹国害民，莫过于此。如果不胜，患害就更大了。"蔡京反驳说："天子认为庆历年间增加的二十万两、匹岁币是沉重负担，故有结金图辽之意。上意已决，不可中途废止。"郑居中警告蔡京："如果战端一开，百万生灵肝脑涂地，你难辞其咎。"说罢作色而起。知枢密院事邓洵武说："国朝初年，以太宗之神武，赵普之谋略，曹彬、潘美之将才，百战百胜，征伐四方，但收复燕、云之战却两战皆北，今日何可轻议开战！百年盟誓，一旦弃之，如何向国人交代！诚恐兵革一动，中原的昆虫草木皆不得安生了。"徽宗听邓洵武所讲利害大有道理，又动摇起来，对蔡京说："北边的事难于操作，干脆放弃算了，何况祖宗对辽早有盟誓，违之不祥！"蔡京见徽宗变卦，也就不再坚持。

而此时宰相王黼却用兼弱攻昧之言以打动徽宗，邓洵武得知消息，也上疏说："王黼说应兼弱攻昧，臣认为应扶弱抑强。如今国家兵势不振，又财用匮乏，民力凋敝，人人皆知，但无人敢言。臣今得到去年兵力及诸项开支情况，制成一册，愿陛下置之御座，时时浏览，则可知天下虚实，与强女真为邻，孰若与弱契丹为邻？"徽宗不置可否。时童贯以太师知枢密院总边事，邓洵武又给童贯讲说西北敌虏强弱之势，如我朝兵力不足制止西北之寇，则恐兵连祸结，卒无已时。但童贯不听。

政和八年（1118）五月，广安军（今四川广安）草泽小民安尧臣也上疏徽宗，请求停止向燕、云用兵。这封奏疏长达数千言，历数朝政之失，宦官之横。他说："近年以来，言事之臣朝奏夕贬，天下之人结舌杜口，不再奏事，于是宦官交结权臣，共唱北伐之议，以此蠹国害民。若燕、云之役兴，则边隙大开，宦官之权重，则皇纲不振，臣因此而日夜忧心忡忡。"蔡京、童贯对此话恨之入骨，说他诽谤时政，要求徽宗严加惩处。徽宗这次还算大度，不但未加责罚，还给了个从八品的承务郎官职。

当时的高丽国王也不赞成兼弱攻昧之举，他托为其疗疾的宋朝医生捎来口信说："闻听朝廷将出兵攻辽，窃以为此策不可取。辽为兄弟之国，存之可以安边，女真虎狼之国，不可交也。"

徽宗本想偃旗息鼓，不再提征辽之事，但有两件事使他又发生了动摇。一件事是政和末年知雄州和诜上奏说："辽国境内易州有董才其人者，少时贫贱，沉毅果敢，号称董庞儿，乘辽国国势衰弱之际率众与女真作战，因打了败仗，主帅欲将他斩首，于是亡命山谷，沦为盗贼，剽掠州县，队伍很快发展至千人，辽国对他也无可奈何。"当时蔡京领三省事，暗中派人招降董庞儿，许他为燕地之王，董庞儿也有心归宋，上表自称扶宋破虏大将军。政和七年（1117）依附知岢岚军（今山西岢岚）解潜，解潜将董庞儿送到京城。徽宗马上召见董庞儿，董庞儿以如簧之舌陈说辽国可取之状，徽宗甚为高兴，赐他姓赵，取名为诩。另一件事是童贯见徽宗不采纳他的意见，马上上了一本《平燕策》，大意是说，云中（今山西大同）乃是根本，幽蓟之地只是枝叶，当分兵扰乱幽蓟，然后以重兵夺取云中。这一下又挑起了徽宗收复燕、云的念头，他决定不再犹豫，马上派马政等渡海赴金，商议联袂攻辽之事。

政和八年八月四日，马政与呼延庆等首途金国。临行前徽宗训示说："如见女真首领，先议旧好，次可附天子口诏传宣抚问，徐议夹攻辽朝之事，倘金方有意，可遣使前来商量。"马政等人乘军船从登州出发，闰九月九日，下船抵达北岸，被女真人逻卒抓获，夺取财物，并多次想杀掉他们，经高药师再三申辩，得以免死，但用绳捆绑着这一行宋朝使者前往金庭。经过十余州，九月二十七日，才到达涞流河（今松花江支流拉林河），见到了金太祖完颜阿骨打及其用事大臣粘罕（即完颜宗翰）等人。马政等陈述说："贵国在大宋太祖皇帝时常常派人来买马，如今我朝天子听说贵国攻陷契丹五十余城，欲与贵国复通前好。辽国君昏臣庸，天怒人怨，本朝欲行吊伐，以救生灵涂炭之苦，愿与贵国共伐辽国，特遣我等军前商议，如蒙允诺，以后必有国使前来。"阿骨打与粘罕等商议数日，以登州小校王美、刘亮等六人为人质，于同年底派李善庆、小散

宋徽宗赵佶像

宋钦宗赵桓像

宋神宗向皇后像

宋徽宗郑皇后像

北宋赵佶《听琴图》。画中弹琴者为宋徽宗本人，他左侧端坐凝听者便是蔡京。画卷顶端的字为蔡京所题

北宋张择端《清明上河图》中描绘的东京繁华景象

北宋赵佶《文会图》

北宋赵佶《芙蓉锦鸡图》

北宋赵佶《山鹰图》

北宋赵佶《瑞鹤图》

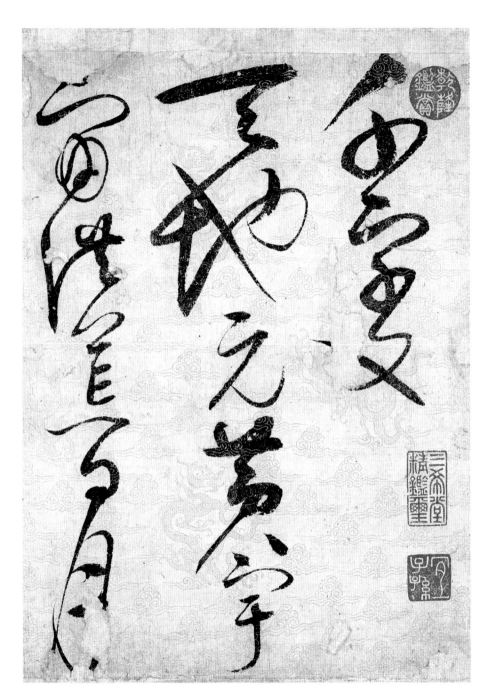

北宋赵佶《草书千字文》（局部）

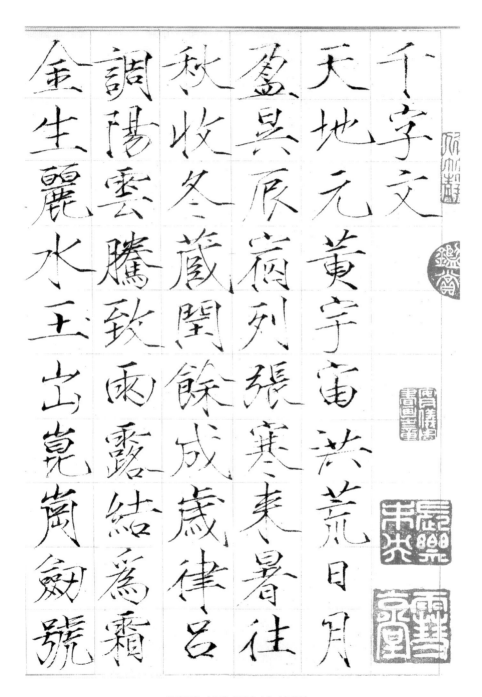

千字文

天地元黄宇宙洪荒日月

盈昃辰宿列張寒来暑往

秋收冬藏閏餘成歲律吕

調陽雲騰致雨露結爲霜

金生麗水玉出崑岡劍號

北宋赵佶《瘦金书千字文》（局部）

牡丹一本同榦二花其紅深
淺不同名品寔兩種也一曰
疊羅紅一曰勝雲紅艷麗尊
榮皆冠一時之妙造化密移
如此褒貴之餘因成口占
異品殊葩共翠柯嫩紅拂拂

北宋赵佶《牡丹诗帖》（局部）

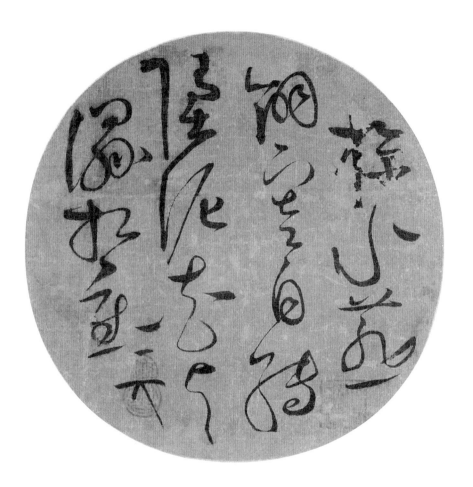

北宋赵佶草书七言诗纨扇

南宋佚名《迎銮图》（局部）。绍兴十二年（1142），客死他乡的宋徽宗、郑皇后灵柩和高宗生母韦太后南归，高宗命仪仗迎于途中

宋徽宗赵佶印信

北宋赵佶《行书蔡行敕卷》（局部）

多、勃达三人，携带国书并北珠、生金、貂革、人参、松子等物为贽见之礼，同马政等渡海至登州，再从此转往宋朝京师。

重和二年（1119）正月十日，李善庆一行来到京师，入住宝相院馆驿，徽宗令蔡京、童贯、邓文诰等人接见，商议合作攻辽事宜。为笼络金国使者，徽宗给他们三人都封了官职，给予全俸。三月十八日，宋朝派朝议大夫、直秘阁赵有开，忠翊郎王瓌（王师中之子）为使臣，带着诏书与礼物，同李善庆等一起渡海入金国报聘。行至登州，赵有开突然婴疾而逝，而宋方谍报人员传来的消息说，契丹已割辽东之地封女真阿骨打为东怀国王，女真已和契丹修好。徽宗下诏，报聘人员不必前往，只命呼延庆送李善庆归金。

六月三日，呼延庆经过长途跋涉之后，才到达女真军前，旋即被扣押，直至十二月二十五日才被放回，过了半年的牢狱生活。临行前阿骨打告诉他说："跨海求好，并非我本心，共议夹攻辽国，不是我求你们宋朝，是你们再三央求我朝。我大金建国以来，已经攻占辽国数郡之地，其他州郡也可唾手而得。我朝之所以遣使臣到贵国报聘，是为了交结邻国。但使臣回还，贵国不用国书，反而用诏书，这就很不妥当了。本来准备把你长期扣押，但过错不在你身上，应由贵国朝廷承担。如果贵国皇帝真的打算结好，共同灭辽，请早示国书，若依旧用诏书，定难从命。"诏书是天子对臣子下的命令，而金国并非宋朝的藩属之邦，两国平起平坐，更何况又值金人大胜辽国之后，用诏书确实不妥，无怪乎阿骨打对此耿耿于怀。但宋朝毕竟是泱泱大国，金国不知其虚实，若贸然拒绝与其合作，阿骨打犹恐宋朝转而助辽，自己凭空多树一敌，必然稽延灭辽时日，因此对宋朝隐忍不发，未采取过激行动。

进退失据

在呼延庆返回宋朝之时，童贯已受密旨收复燕、云。宣和二年（1120）二月，徽宗差赵良嗣、王瓖为正副使节，以买马为名赴金，与金朝缔结攻辽之约，趁机收复燕、云故地。因此行是奉密旨面议，故不另赍文字。赵良嗣等于三月二十六日自登州泛海出发，四月十四日抵达苏州（今辽宁大连金州区），金兵已分作三路进攻辽上京（内蒙古巴林左旗南）去了。良嗣自咸州（今辽宁开原）追至青牛山，想求见阿骨打，阿骨打传话说："现在戎马倥偬，不暇分身谈判，你可跟随军队，看我如何攻破上京。"上京攻陷后，赵良嗣觐见阿骨打于龙冈（又名卧龙山，今内蒙古多伦县北），致议约之意。赵良嗣提出，燕京一带自古以来就是汉地，如今相约夹攻辽，请金国取辽中京（今内蒙古宁城西大明镇），宋朝取燕京一带。阿骨打表示说："契丹无道，已被我击败，全部契丹之境是我家田地，为感谢南朝皇帝好意，特许燕、云给予南朝。"阿骨打又邀赵良嗣观看契丹人的宫殿及居室，两人并马过五銮、宣政等殿。赵良嗣诗兴大发，有诗云："建国旧碑胡日暗，兴王故地野风干。回头笑谓王公子，骑马随军上五銮。"

双方在讨论岁赐时，因意见不合而发生了争执。赵良嗣答应给金人金帛三十万两、匹，金方则提出，契丹时燕京不属南朝，宋朝还每年给契丹金帛五十万两、匹，如今给了燕京，如何只给三十万两、匹？争辩许久，良嗣只得答应给予五十万两、匹。良嗣又提出，燕京一带早就是汉地汉州，应包括西京（今山西大同）在内。阿骨打则说："我并不打算要西京，只因要捉拿阿适（天祚帝小字阿适），须要去走一遭，若捉住了阿适，就将西京一并交付宋朝。"良嗣进一步要求把平（今河北卢龙）、营（今河北昌黎）、滦（今河北滦州）三州包括在燕京之内，金朝大臣高庆裔反驳说："今所议者只是燕京，至于平、滦两州，别是一路，不属燕京管辖范围。"赵良嗣始无话可说。双方约定，金兵自平地松林（今内蒙古克什克腾旗一带，南至河北围场县以北，东至内蒙古扎鲁特旗界）趋古北口（今北京密云区东北），宋兵自雄州趋白沟（今河北境内白沟河，系宋辽界河）。阿骨打又强调，宋朝不可违约，如若违约，以前所许之事一律作废。

与金人谈判结束后，赵良嗣一行启程返国，金方派二百名骑兵护送。行至铁州（今辽宁营口东南汤池），又被阿骨打派人追回，说有别事相商。阿骨打告诉赵良嗣，本来约定八月九日金方出兵到西京，只因牛群得了瘟疫，死亡甚多，出兵之事待明年再定日期。赵良嗣与粘罕议事时提出，两朝议约既定，务在明白，庶免他日发生纠葛。粘罕问有几事，赵良嗣说："将来出兵之后，金兵不得过松亭（今河北迁西县北喜峰口）、古北（即古北口关）、榆关（今河北东北境山海关）之南，以免与宋军兵戎相见，此其一；宋金地界可以临时划定，但以古北口、松亭关、平州之东榆关为界，此其二；双方均不得与契丹单独讲和，此其三；蔚（今河北蔚县）、应（今山西应县）、朔（今山西朔州）三州离宋界最近，将来我朝出兵，先取此三州，其余西京、归化（今河北张家口宣化区）、奉圣（今河北涿鹿）等州，等捉拿了天祚帝帝后交割，此其四；将来本朝取了燕京，金方再索要岁赐，于情理不通，应当停止，此其五；辽国灭亡之后，当于榆关之东设置榷场，以便双方商贸往来，此其六。"粘罕对此没有异议，阿骨打又亲自为赵良嗣把盏酬酢，宋金关系似乎十分融洽。

但是，事情并不像宋朝想象的那样美好，宋金双方不久便有了分歧。原来在赵良嗣奉使之前，徽宗曾有御笔批示说："燕京以及所管州城，原是汉地，若许复旧，将来可把交与契丹的银绢转交给金国，你可前往计议，虽然没有正式国书，但朕绝不食言。"由于宋朝人不明地理，只提燕京二字，而不提燕、云其他州县，被金人钻了空子。虽然赵良嗣在谈判时竭力扩大燕京辖地的范围，但遭到精明的金人的拒绝。原来燕山之地，易州（今河北易县）西北乃紫金关，昌平（今属北京市）之西乃居庸关，东北是松亭关，平州之东是榆关，榆关是金人入关的必由之路。这几座雄关，实是天造地设，隔绝汉族与东北少数民族的界限，可谓一夫当关，万夫莫开。北宋如能控制以上诸关，燕山自然可以保全。但关内之地，平、滦、营三州自后唐被耶律阿保机攻陷以后，改平州为辽兴府，下辖营、滦二州，号为平州路。到了辽太宗耶律德光统治时期，又得到燕山、檀（今北京密云区）、顺（今北京顺义区）、景（今河北遵化）、蓟（今天津蓟州区）、涿（今河北涿州）、易（今河北易县）诸郡，建燕山为燕京，管辖檀、顺等六郡，号为燕京路，与平州路是两路。属于燕京路者只有檀、顺、景、蓟、涿、易六州，平、营、滦三州组成的平州路并不包括在内，现在宋方提出索要平、营两州，无怪乎金人不依了。

鉴于宋徽宗御笔只提燕京，未提其他州郡，金人以此为借口，拒绝归还燕京以外之地，使宋朝陷于被动境地。因此在遣马政报聘时，左仆射王黼等议定的国书更改了内容：所有五代以后陷落的幽蓟等州旧汉地及汉民，即蓟、涿、易、檀、顺、营、平诸州及山后云、寰（今山西朔州东北马邑）、应、朔、蔚、妫（今河北怀来东南）、儒（今北京延庆区）、新（今河北涿鹿）、武（今河北张家口宣化区）等燕、云十六州悉数列为所要收复之地，否则宋朝怎肯出五十万两、匹银绢？至于所说双方夹攻一事，也须是金兵到达西京，宋兵则自燕京取道应、朔两州前往会合，若金方兵马不到西京，便是失约。宋朝君臣的想法未免过于天真，以为更改了国书内容，金人便会乖乖照办。谁知马政抵达女真后，阿骨打却不承认原来所许的西京之地，并坚持说平、滦、营三州不属燕京所辖之地。马政留住女真月余之久，仍然议论不决。金朝君臣认为，宋朝索要山前山后故地旧民，但在军事上却不做任何准备，只是把以前缴纳给辽国的银绢转交给女真，便坐收汉地，没有一点风险，这简直是愚弄金国。金国之所以强盛，只因得到了燕地汉人的帮助，一旦割还宋朝，不惟国势衰微，而且退守五关之北，与宋朝交涉便没有地利优势，只能坐受其弊。我大金将来如灭了辽国，尽有其地，宋朝还敢不给我们岁币吗？如果我国南下拓疆展土，宋朝又有何力相拒？我们又何必跨海修好？等平定辽国后，已与宋朝为邻，那时再扩展领土，有何不可？与宋朝合作的事，再徐徐商议不迟。金方对宋朝的剖析可谓入木三分，而宋朝既不了解金国兵力虚实，也不知金国国情，只是凭借自己是中原大国，礼仪之邦，便想付很小的代价，收回燕、云十六州，实在是利令智昏！金方强硬表示，如果宋方要求过奢，则唯有解约一途。正当宋金外交折冲于樽俎之间时，收复燕、云的关键人物童贯正主持军政，他曾打算把陕西、河北之兵互易防地，未雨绸缪，作与金国夹击辽朝的准备。但宣和二年（1120）冬方腊起义爆发，徽宗命童贯率在京诸将及驻陕西、河东的军队，前往浙江镇压，打乱了他原来的计划。童贯刚走，金使又至，商讨燕、云十六州土地问题，因事情棘手，无人敢于负责，金使在汴京住了三个月，仍不得要领，只得于宣和三年（1121）八月怏怏启程回国。宋徽宗君臣首鼠两端，进退失据，授人以柄，最终为以后两国的争端埋下了伏笔。

北伐惨败

宣和四年（1122）三月，金人来约夹攻辽朝，徽宗即命童贯为河北、河东路宣抚使，屯兵于边，时刻准备出击。当时有许多大臣反对出兵，江南方腊起义刚刚平定，士兵需要休整，徽宗也显得有些犹豫。独有王黼撺掇徽宗说："中国与辽虽为兄弟之邦，但百余年来彼方动辄以开边衅相要挟，此耻不可不雪。况且兼弱攻昧，乃兵家用兵之道，如今不取燕、云，必使女真坐大，中原将不复为我所有了。"徽宗经不起蛊惑，当即决定用兵，王黼趁机专权用事，在三省设置经抚房，专门处理边疆事务。他又给童贯写信说："太师若要北伐，我愿尽死力帮助。"其时北方政局已发生了很大变化，辽天祚帝耶律延禧已被金军赶入夹山（今内蒙古土默特左旗），辽国五京（上京临潢府、东京辽阳府、南京析津府、中京大定府、西京大同府）除南京外，其余四京均陷金人之手。宰相张琳、李处温因与天祚帝音讯不通，国又不可一日无主，便与其他大臣商议，拥立秦晋国王耶律淳为天锡皇帝，改元建福。辽朝削弱，徽宗君臣认为局势对自己非常有利，只要克日出兵，便如摧枯拉朽一般，辽军自然会土崩瓦解，收复幽燕之地不费吹灰之力。童贯等更是摩拳擦掌，跃跃欲试，已经做起建功立业的美梦了。

中书舍人宇文虚中却看出了问题的严重性。他上疏说："用兵之道必须知彼知己，方可万全。现在边疆州郡无应敌之具，府库无数月之储，虽孙子、吴起复生，也未可兴师。今边陲部队可用者不过数千，而契丹耶律淳智勇素著，颇得人心，如坚城自守，我军必被阻于城下。何况契丹与中国讲和，已逾百年，彼虽有贪婪之举，不过是欲得关南十县之地，虽有傲慢，不过是待我朝使者礼数不周而已，这些都是枝节问题，不必认真。自女真侵辽以来，辽朝向慕本朝，一切恭顺，如今舍却恭顺之辽朝，而欲以强悍之金国为邻，臣恐中国之边患，未有安宁之期了。比如富人有万金之产，而与寒士为邻，富人欲霸占寒士的房产，便与强盗相谋，让他夺取寒士财产，并以所夺财产的一半为报酬。富人虽有万金，强盗却天天觊觎他的财产，富人想高枕安卧，哪里做得到？乞陛下降旨，罢将帅还朝，不要在边境滋事，则中国衣冠礼仪之俗，从此可以永见升平。"徽宗将这封奏疏交给三省讨论，王黼读后大怒，将宇文虚中降职为集英殿修撰，不让他起草诏告了。与此同时，王黼又加紧督促童贯进兵，从此北方边陲战事便不可收拾了。

　　宣和四年（1122）四月十日，童贯率军十万（有的书上说十五万）巡边，以陕西名将种师道为都统制。徽宗似乎已经预见到了胜利，下诏给燕京辖区内的官吏军民，说什么耶律淳如果纳土来朝，宋方会待以殊礼，世享王爵，所收复州县城寨文武长官仍依旧职任事，军兵戍守之士并加优赏，愿从军者待遇优厚，愿归农者免税三年。燕京收复之后，蕃汉百姓同等待遇。童贯出师之日，徽宗亲自前往观看，并赐宴款待童贯。同时以御笔三策交付童贯：如燕京人欢迎宋师，我朝因此得复旧疆，这是上策；耶律淳若能纳款输诚，这是中策；燕人不肯归附，必定导致战争，宋兵须全师而还，这是下策。童贯表示凛遵圣训，不敢有误。

　　四月二十三日，童贯率兵到达高阳关（今河北高阳东）前线，始知军情不容乐观。河朔驻军骄惰，平日不加训练，战斗力极差；军粮虽说并不缺乏，但粗不堪食，去掉皮壳，仅得其半，又多在远处，运输不便；军器非常缺乏，虽然在太原、大名、开德（今河南濮阳）可支到封桩库所储军器，但数量很少，且不堪使用；至于筑城之具及城戍守御之物，一并没有。原来河朔之地百余年来未受兵戈之苦，地方官从未做过战争准备，一旦仓促筹备军需器械，自然难以做到。在将骄兵疲，军粮、兵器均缺乏的情况下，欲败辽兵，已是戛戛其难，更遑论收复燕、云！

就在童贯出兵不久后的五月九日，蔡京之子蔡攸被任命为河北、河东路宣抚副使，以监童贯之军。他年轻气盛，且不谙韬略，以为功业唾手可得，如拾草芥。陛辞之日，适徽宗的两个宠嫔侍立于侧，蔡攸指着二人对徽宗说："待凯旋之日，请陛下以此二美人赏臣。"后来徽宗对蔡京说："蔡攸领兵辞朝时，向朕索要念四、五都知，其英气如此。"蔡京忙答谢以"小子无状"而已。"五都知"其人身世不详，"念四"则是徽宗的妃子阎婕妤，名叫月媚，当时只有19岁，端的是天姿国色，花容月貌。蔡攸如此目无君王，徽宗只是一笑置之，不加责罚。

老奸巨猾的蔡京首建平燕之议，又惧怕将来兵败，殃及自身，便写诗一首送给蔡攸：

> 老懒身心不自由，封书寄与泪横流。
> 百年信誓当深念，三伏征途曷少休。
> 目送旌旗如昨梦，心存关塞起新愁。
> 缁衣堂下清风满，早早归来醉一瓯。

诗句传入宫中，徽宗把"三伏征途"四字改为"六月王师"，其他一概未动。诗中有"百年信誓当深念"一句，指的是宋辽之间盟誓已有百年之久，不可轻易撕毁，明显与他首建平燕之议矛盾，徽宗也未加责备。五月十八日，蔡攸率兵北上，与童贯会合，蔡京又写诗送行说："百年信誓宜坚守，六月行师合早归。"表明他不赞成出兵。蔡京的如意算盘是，如果将来宋兵获胜，他首建平燕之策，自然是功不可没；如果兵败，他早有诗句谏诤不可贸然北伐，这样就可左右逢源，立于不败之地。蔡京可谓老谋深算，无怪乎宋徽宗也入其彀中了。

童贯驻扎高阳关，想不战而屈人之兵，揭榜晓谕燕京百姓，述吊民伐罪之意，并许诺，如能以一州一县来归者，即任以州县之官，如有豪杰以燕京来献，不论是军兵百姓，有无官职，便封为节度使之职，赏钱十万贯，赐巨宅一座。条件虽然优厚诱人，但燕京无人响应。童贯派人晓谕耶律淳，劝他举国内附，信中有及早来降，不失富贵，迟疑犹豫，祸降旋踵之类的话。耶律淳读后大怒，将来使张宪、赵忠斩首。童贯又派人策动易州土豪史成献城投降，被史成执到燕京斩首。童贯并不死心，再招游说之士，得马政之子马扩。马扩曾随父使金，洞悉北方形势，且口角辩给，童贯命他持徽宗手诏往谕耶律淳，如纳土来归，当世世不失王爵，并转告燕京百姓，致慰问存恤之意。马扩挑选了十五人和自己一同前往，五月十八日晚抵达宋辽分界线的白沟，辽朝也差人迎接。有涿州汉人刘宗吉者，当时在白沟军中服役，他表示愿开门献涿州城，马扩大喜，将他招入军中。及至马扩到了燕京，耶律淳对其招降纳叛非常恼火，责备说两朝议和，百有余年，忽然毁盟，以兵临境，自古违誓，国祚不长，遂决意与宋军作战。

童贯得知消息，分兵两路出师，种师道率东路兵趋白沟，辛兴宗率西路兵进范村，想两路夹击辽军。耶律淳并不示弱，派大将耶律大石、萧干抵御。宋军虽气壮如牛，怎奈军无斗志，不堪一击，辽军虽屡败于金军，但迎战宋兵却是绰绰有余。五月二十六日，辽军击败种师道、前军统制杨可世于兰沟甸（今河北雄县境内），再败之于白沟。三十日，辛兴宗又败于范村。至此，宋军全线败北。六月三日，种师道退保雄州，被辽军侦知，以轻骑尾击，宋军刚至城下，辽军亦尾随而至。宣抚司下令宋军不得入城，种师道无奈，只得与辽军鏖战城下，童贯派胜捷军将领辛企宗来援。突然间天空阴霾，北风大作，飞沙走石，冰雹如拳，宋军经不住这种冱寒天气，无心恋战，相反辽兵多是漠北草原之人，精神抖擞，愈战愈勇。宋军不支，大败输亏，望风奔窜，自雄州之南，莫州（今河北任丘）之北，水塘湖泊之间，以及雄州之西保州（今河北保定）、真定一带，死尸枕藉，不可胜数。所幸辽朝正值穷蹙之秋，自顾不暇，只追至雄州，没有再向南进逼，宋军才未全军覆没。

宋徽宗自童贯出师，便眼望捷旌旗，耳听好消息，骤闻兵败，甚为惶惧，便下诏班师。为了推卸责任，挽回颜面，童贯把战争失利责任一股脑推给别人。他劾奏种师道天性好杀，助贼为谋，和诜不听从节制，侯益探报不实，妄请兴师，而他作为三军统帅，却没有任何责任。徽宗偏听偏信，下诏把种师道贬为右卫将军致仕；把和诜贬为没有任何实权且受监视的亳州团练副使，筠州（今江西高安）安置；侯益知濠州（今安徽凤阳东）。童贯则未受任何触动。

也是事有凑巧，就在童贯等班师不久，耶律淳一病不起，撒手而去。大臣萧干等立耶律淳之妻萧氏为太后，主持国政，奉迎天祚帝次子秦王为帝。宋朝见辽主新丧，认为有机可乘，置兵不伐丧的古训于不顾，再次命童贯、蔡攸治兵，以河阳三城节度使刘延庆为都统制，取代已经撤职的种师道。九月间，朝散郎宋昭上书，极言辽不可攻，金不可邻，他日金国必然败盟，为中国之患。乞诛王黼、童贯、赵良嗣等。王黼见书大怒，怂恿徽宗将宋昭除名勒停，编管广南。

宋军初出之时，军容甚盛，辽将郭药师献涿、易二州来降。郭药师是辽国的常胜军主帅，留守涿州，因萧后新立，萧干专政，人心不附，且辽朝已处于风雨飘摇、朝不虑夕的境地，他认为只有归附宋朝才有出路。他对部下说："天祚失国，朝纲不振，宋朝重兵压境，此男儿取金印时也，此时不降，更待何时？"遂率所部八千余人并两州之地投降。童贯奏明徽宗，授予他观察使之职，拨付刘延庆麾下。

萧后欲降宋，又恐金人兴师问罪，为两全计，便同时向宋、金奉表称臣，被童贯拒绝。宋军不费一矢一镞，便得到两座城池，徽宗君臣皆大欢喜。徽宗御笔改燕京为燕山府，涿、易等八州亦皆赐名，似乎这八州均已在宋朝掌握之中。其实，除了涿、易两州之外，其余均在辽人手中，萧后奉表降宋，不过是想曲线救国，怎肯将好端端的土地拱手送人？童贯当然也清楚这一点，为了真正得到这些城池，便派刘延庆、郭药师率兵十万出雄州，以郭药师为向导，渡白沟北上。刘延庆行军毫无纪律，军队散漫而前，全无作战准备。郭药师进谏说："大队人马行军而没有应急准备，如若敌人设伏邀击，部队首尾不能相顾，一定会望风奔溃。"刘延庆不听。行至良乡（今属北京），萧干率兵来拒，宋军仓促应战，大败输亏，遂闭垒不出。郭药师建议说："萧干所统之兵不过万人，今倾巢而出，燕山必然空虚，我愿率奇兵五千人，抄小路前去偷袭，将军可令光世（刘延庆之子）率师接应，可一举而定。"刘延庆当即答应，派大将高世宣、杨可世与郭药师率军六千人，趁着夜色渡过卢沟河（今河北境内永定河）而进，晨光熹微时攻克迎春门，进入燕京，派人晓谕萧后投降。萧后密告萧干，萧干选出三千精兵星夜返京，与宋军展开了巷战。刘光世违约不至，郭药师惨败，与杨可世弃马缒城而逃，狼狈万状，高世宣则殒命军中。刘延庆收兵屯驻于卢沟河南，萧干分兵断其粮道，擒获护粮将王渊及士兵二人，蒙住双眼，留在帐中。夜半，辽兵低声细语，故意让王渊等听见。辽军有人说："我军三倍于宋军，当分为左右两翼，以精兵冲击宋军，左右翼遥相接应，举火为号，必全歼宋兵无疑。"然后又故意放王渊逃走，让他们将错误情报报告给刘延庆，刘延庆不识辽军之计，竟然深信不疑。次日平明，见到火起，以为辽军大至，即烧营而遁，宋兵心惊胆裂，争相逃命，自相践踏，奔堕崖涧者不计其数，粮草辎重皆弃之于道。辽军尾追而至，双方战于白沟。所谓惊弓之鸟，风声鹤唳，宋军无心恋战，刚一交锋便溃不成军，狼奔豕突，退保雄州。经过此次战役，宋朝自熙宁、元丰以来所储用于战争的兵马粮草损失殆尽。北宋两次用兵，均以惨败而告终，辽人自此知中国不能用兵，由是轻宋。

金人败盟

就在宋军屡败于辽的同时，金兵在对辽的作战中却攻城略地，势如破竹。宣和四年（1122）正月，金军夺取辽中京(今内蒙古宁城西大明镇)，三月间又夺取西京，辽国的大部分领土都已在金人控制之下。但南京析津府及周围诸州仍在辽人掌握之中，西京西北一带，辽国势力也相当活跃。有鉴于此，金太祖完颜阿骨打，留下其弟、谙班勃极烈吴乞买监国，在宣和四年六月亲率大军征辽。这年年底，金军兵锋直抵燕京，萧后与官属数人仓皇遁逃，其余大臣只得奉表投降。

金军早在攻辽中京时，以为宋军无力攻克燕京，打算等塞外诸州平定，擒获天祚帝后再攻打燕京，一旦攻克，对宋朝的谈判便又多了一个筹码。谁知童贯已在宣和四年四月出师，金人深恐宋朝一旦拿下燕京，把守关口，从此不再向金国输纳岁币，于是派徒姑旦乌歇、高庆裔为使臣赴宋。宣和四年九月三日，始至汴京，不知为何竟在路上耽搁了四个月之久。九月十一日，徽宗在崇政殿接见金使，向他们表示："大金皇帝不远万里派使赴阙，足见诚意，朕当亲笔起草回复国书，以表宋朝相厚之意。只是契丹君臣尚在沙漠，贵国应及早擒拿，以杜绝后患。至于其他事宜，可与宰臣王黼商议。"又赐以金帛，待遇之优渥，超过了接见契丹使者数倍。徽宗之所以如此，是因为金人消息闭塞，还不知宋军攻辽失败，因此需要巧加掩饰，把金人的注意力引向辽方。至于双方夹攻一事，宋方打算，先自取燕京，如不能取胜，再请金军施以援手。燕京到手之后，是否履行原来协议，视情况而定。

　　宣和四年年底，宋方派赵良嗣赴金，商议如何交割燕京之地。宋方要求归还全部燕、云十六州之地，金国自然不会答应。及赵良嗣至金，阿骨打态度倨傲，派蒲家奴斥责良嗣以出兵失期，并态度强硬地表示："事至今日，已无讨论原来和约的必要，只能交还燕京所属的蓟、景、檀、顺、涿、易六州。"赵良嗣大声抗议："原约山前、山后十六州，如今只言燕京六州，毁约如此，试问信义安在？"但是无论赵良嗣如何争辩，金人只是不从。赵良嗣无奈，只得偕同金使李靖回宋朝复命。徽宗认为双方分歧太大，再派赵良嗣护送金使李靖返回金国，并求营、平、滦三州。十二月十五日，赵良嗣到达金营，此时燕京已为金人所得，阿骨打得悉宋军曾惨败于辽人之手，愈发趾高气扬，在谈判中大肆要挟，索取更多利益。在谋臣的怂恿下，阿骨打欲擒故纵，未与赵良嗣交谈，便派骑兵送他回国。他看透了宋朝急于得到燕京的心理，趁机讨价还价，不怕宋朝不上钩。

　　宣和五年（1123）正月一日，金使李靖奉命赴宋，商讨燕地税赋。徽宗照例于崇政殿接见，至于税赋一事，仍让他与宰相王黼商议。这件事本是金人节外生枝，无理取闹，王黼表示，当初两国签约，并未提及税赋一事，金方何以突然提出这一问题？李靖回答说："如果贵国自己攻克燕京，税赋之事自然无须说起，如今是我国攻下燕京，献给贵国，因此索要税赋。"宋廷大臣多数不同意交付税赋，但徽宗、王黼等慑于金人强大，只要能索回燕京，满足虚荣心理，其他也就顾不得许多了。而这一心理又被金人窥破，因而要挟愈来愈甚。正月五日李靖辞行时，徽宗表示："税赋一事，本难从命，朕看在两国交好分上，可以考虑，但数目多少，须商量后再定。至于岁币一事，今年索要去年岁币，师出无名，可以换个名称，将金帛改为贺功犒军之礼。"经李靖再三要求，徽宗复又答应给予去年岁币。徽宗对百姓恨不得竭泽而渔，而对金人却如此慷慨，真是个昏庸透顶的君王！

尽管如此，徽宗仍恐金人毁约，再派赵良嗣、周武仲为正、副国信使，马扩为计议使，同金使李靖一同赴燕京与金人商议。赵良嗣对阿骨打说："为了结成两国之好，我朝已向贵国让步甚多，难道平、滦两州就不能交还我朝吗？"阿骨打表示："平、滦两州打算改作金朝边镇，不可能交给宋朝。"赵良嗣欲全力抗争，又恐金人翻脸，导致两国兵戎相见，遂隐忍不发。在谈及税赋时，赵良嗣表示宋朝愿以银绢代替燕地税赋。阿骨打狮子大开口，提出于岁币五十万两、匹之外，须再增加一百万贯作为代税钱，且不收银钱，改为与银钱价值相等的货物，至于货物种类，由金方指定，宋方不得讨价还价，否则即以断交相威胁。良嗣争辩说："我出发时御笔只准我交付十万至二十万贯作代税钱，我不敢擅自增加。"阿骨打不耐烦地让良嗣回朝禀报，并威胁说："以上条件无商量的余地，如果超过半个月还未答复，我便率兵前往。"其时降金的辽朝丞相左企弓曾以诗献给阿骨打说："君王莫听捐燕议，一寸山河一寸金。"金人打算背约，故对宋使百般刁难，苛求不已。其实，金人所谓率兵来犯云云，也不过是虚张声势，逼迫宋方就范而已。因为金军攻陷燕京后，掠获甚多。大部金军护送战利品东归，城内留兵甚少，又闻已经遁逃的天祚帝谋求恢复故地，而平州又在辽将张觉手中，倘宋军于此时攻打燕京，金军能否守得住，尚难预料。因此，赵良嗣一行一过卢沟河，金人便炸断了桥梁，焚烧民舍，防范宋军突然来攻。但是宋朝却未看出这一有利形势，而一味妥协退让，导致金人越发强硬起来。

赵良嗣一行风尘仆仆，回到雄州，便以金人要求上奏朝廷。因金人限定答复的时间为半个月，徽宗不敢怠慢，忙与群臣商议。王黼深恐和议不成，请求徽宗再遣良嗣自雄州前往金营商议。十天之后，赵良嗣得到金字牌递到的国书及御笔，同意金人要求，愿每年增加代税货物一百万贯，同时要求将西京也一并交还宋朝。国书中说，今年的银绢已经从京城起发，等到达之日，依照当年给契丹的日期交割，西京管辖的郡县土地亦盼交还。

谁知赵良嗣等到了金营，金国大臣兀室（即完颜希尹，又名谷神）表示，西京的土地可以交还，但须迁走百姓。这分明是讹诈，赵良嗣质问说："岂有交还土地，不与人户之理？如无人户，要空田何用？"兀室诡辩称："我国军人厮杀了数年，吃了不少苦，方得西京，土地既已给了贵国，我国只要人户，有何不可？即使两国分割西京土地，我国也应该分得一半。"其实，金人又故技重施，节外生枝，无非是想再敲诈一笔犒军之银。宋朝果然为此又增加二十万贯的犒军银，但金人最终也未将西京交付宋朝。

西京既已无法索回，那就只能先收回燕京了。几年来使辄往还，人马俱疲，但不管如何，总算有了一点结果，金人已答应交还燕京。宋朝付出的代价无疑是沉重的，除许诺将过去交给契丹的五十万岁币转交金人外，还须每年再给一百万贯作为燕京的代税钱。过去宋朝虽每年交给契丹银绢五十万两、匹，但通过榷场贸易赚回不少，两者相抵，宋朝损失不大，而收回燕京所付出的代价，远远超过了给辽朝银绢的数倍，真是得不偿失。而徽宗则认为，不管付出多少代价，只要能收回燕京，就是宋朝的胜利。

有道是急惊风偏撞着慢郎中，宋朝欲得燕京，可谓是急如星火，而金人却慢慢腾腾，百般刁难。当赵良嗣一行至涿州商议交割事宜时，金国大臣兀室指责国书字画诺笔，提拔不谨。所谓诺笔，是指字画相连，不易辨认。赵良嗣反驳说："此国书是我朝天子御笔所书，以示对贵国尊重之意，并非诺笔，字迹也极易辨认。"兀室不依，坚持更换国书，硬是逼着宋朝更换了四次国书。

金人又提出，赵温讯、李处能等燕人投奔宋朝，宋朝不该招降纳叛，须先将此二人送回，方能议燕京交割之事。赵良嗣明知金人推诿，无事生非，但又怕因小失大，功亏一篑，只好照办，将赵温讯捆了，送给金人。但赵温讯至金，粘罕却待如上宾，释其缚而重用之，故意给宋朝难堪。

未几，金人又提出了第三个要求：辽朝天祚帝以及萧干等人遁逃沙漠，尚未擒获，倘不捉拿归案，难免他日卷土重来，为宋人之患。金兵愿为宋朝剪除这一隐患，只可惜粮秣不足，须向宋朝预借粮米十万石，搬运至檀州、归化州两地交割。然后许诺交割燕京具体日期。赵良嗣未再犹豫，再次答应金人的苛求。

双方交割之际，金人又提出了第四个要求：索要郭药师所率之常胜军八千余人。常胜军战斗力甚强，宋朝倚为干城，且士兵多是辽东人，而非燕京辖内百姓，与金人毫不相干，宋朝自然不愿答应。正在为难之际，有人建议以燕人代替常胜军，索其田产作为赔偿之资。金人本无意接纳常胜军，只是以此为口实敲诈宋朝。金人于是搜刮燕山府所辖州县家产在一百五十贯以上者，得三万余户，悉数发遣归国。同时迁徙的，还有燕京豪族工匠。

至此，金人的种种邀索均已达到目的，加上燕京天气渐热，生长于冱寒之地的女真人适应不了这里的气候，士兵多有染疫者，阿骨打遂决定交出燕京，返旆北归。临行前，阿骨打又掳掠美女殊姬二三千人，一个个都丰韵婀娜，跌宕风流，阿骨打在温柔乡中不能自拔，乐极生悲，竟染上了不治之症。

说是委曲求全也罢，说是曲线救国也罢，宋朝毕竟收回了燕京，徽宗君臣显得兴高采烈。童贯、蔡攸因不日将交割燕山，受朝廷委托遴选诸州守臣。徽宗采纳王黼建议，升蔡攸为少师，戍守燕山。朝廷颁发的制书吹嘘说："鼓貔貅百万之威，势如破竹；收河山九郡之险，易若振枯。悉求涂炭之伤，咸袭衣冠之盛，气振雁门之北，令行沙漠之陬，建社稷不朽之图，奋祖宗未雪之耻。"接连惨败于行将澌灭的辽国，却吹嘘

"势如破竹""易若振枯"；受尽揶揄，用重金赎回空城一座，却说成是建立了不朽功业，洗刷了祖宗未雪之耻，徽宗君臣厚颜无耻，无以复加。

尽管升了官，蔡攸却不愿戍守燕京，谎称呕血，要求返朝，徽宗令他荐人自代。蔡攸推荐了生于河朔，长于燕京，熟知北方事务的左丞王安中，徽宗任命王安中为节度使，宣抚河北、燕山。王安中临行时，徽宗拿出内府所藏金、玉、古器皿，甚至炉、瓶、砚台等一应俱全，嘱他至燕京时铺陈罗列，夸耀夷狄。礼遇之隆，一时无人能比。又以降臣郭药师为检校少保、同知府事。徽宗召他入朝，赐以甲第、姬妾，又在后苑延春殿召对，解自己所穿珠袍及两个金盆赐之，让他安心戍边。

宣和五年四月，童贯、蔡攸率宋军进入燕京，而燕京的官宦、富民、金帛、子女均为金人劫掠而去，燕京成了一座空城。原来金兵盘桓燕京将近半年，久客欲归，士兵到处剽掠财货，户户遭受洗劫，家家室如悬磬，居民多逃匿山谷，致使城市丘墟，狐狸穴处。他们撤退时又拆毁了燕京及诸州的城壁楼橹及其他防御设施，燕京已是到处断壁颓垣，满目疮痍。

五月二日，童贯、蔡攸班师回朝，只留郭药师戍守燕京。王黼等人似乎立了不世之功，大获徽宗封赏，王黼获得玉带一条，由少师进太傅，封楚国公；童贯被封为徐豫国公，后又晋升为广阳郡王；郑居中为太保；蔡攸为少师；赵良嗣为延康殿学士。除郑居中拒不受命外，其余诸人都心安理得地接受了官爵。八月间，徽宗又命王安中作《复燕云碑》，似乎北方边陲已固若金汤，可以高枕无忧了。

就在王黼等人因升官发财而弹冠相庆之时，燕京却成了宋朝沉重的包袱。由于燕京残破，米珠薪桂，侥幸活下来的燕京百姓无处觅食，只得到宋军兵营中讨要残羹剩饭，一时人满为患。宋朝无粮可调，便把这些嗷嗷待哺的饥民安置到附近州县，大县数千口，小县也有几百口。而这些州县也同样饱受刀兵之苦，没有粮食供给这些饥民，因此托钵告贷、行乞街头者比比皆是。一些曾在燕京当过低级官吏的人，甚至在街头贴上告示，写上自己的旧日官衔，想以此博得别人一掬同情之泪，得到施舍。燕京社会秩序的混乱，达到了无以复加的地步。

其实，如果宋朝选派能臣干吏治理燕京，整顿史治，燕京或许可恢复旧日繁荣。无奈徽宗所托非人，把这座重镇交给郭药师戍守，事情便变得麻烦起来。郭药师本一无赖宵小，见辽国将亡，才转而降宋，改换门庭自然是为了他日的荣华富贵。郭药师所部荡无纪律，肆意占人邸舍，抢人钱财，还纵容部下经商牟利，舟车遍及诸路。又聚集工匠打造玉器宝玩，用以贿赂当朝权贵，甚至无权无势的小宦官也有馈赠。燕京自割让给辽朝后，百姓多年不识干戈，生活安定，金、宋两国的掳掠劫夺，使他们骤成贫窭之人，他们的失望与不满，自然不难想见！蔡京在其所进朝贺表中竟然吹嘘，燕京百姓"戴白垂髫，欢呼而解袿；壶浆箪食，充塞而载途"，这真是莫大的讽刺！

为了供给燕京驻军，朝廷只得从河北、河东、山东等地调粮。由于路远程赊，往往十数石之粮，运到燕京时只剩下一石。这三处本来积粟不多，经不起频频调发，只一年光景便已告罄。朝廷又令淮南、两浙、江南、荆湖、四川、闽广等地纳"免夫钱"，每丁三十贯，违者军法从事。徽宗又下诏宗室、戚里、宰执之家及宫观、寺院也要缴纳银钱，但是搜遍天下，所得也不过两千万缗，却使四海沸腾，民间嗟怨。徽宗、王黼等原本想借收复燕京大申国威，名标青史，却不料弄巧成拙，徒增一项蠹国害民的弊政！

张觉事件

宋金交割燕京的盟约未干，便发生了张觉事件，使本来就不和谐的宋金关系一下子陷入了谷底。

张觉系平州人，辽国进士出身，任辽兴军（即平州）节度副使。平州士兵暴乱，杀死节度使萧谛里，张觉率兵平定，州民推举他暂时代理州事。不久，辽天锡皇帝耶律淳病死，张觉知辽朝气数已尽，便在所辖境内招兵买马，得丁壮五万人，马一千匹，日夜操练，企图据地自雄，称王称霸。萧太后派太子少保时立爱知平州，张觉外示尊重，暗中排挤，时立爱知他有异志，便称病不出，大权仍操在张觉手中，俨然一方天子。金兵初入燕京，向辽朝旧臣、原平州参知政事康公弼打听张觉的情况，康公弼认为张觉狂妄寡谋，虽有兵数万，但未经战阵，且器甲不备，粮草不足，不会有大的作为，应先设法稳住他，然后徐徐图之。粘罕采纳了他的意见，授张觉为临海军节度使，依旧知平州事。金人迁燕京富民经平州回国，粘罕打算派骑兵三千出其不意攻下平州，擒获张觉。康公弼认为如果兵戎相见，只能促使张觉叛金投宋，不如前往察看其态度如何，然后再做定夺。粘罕于是授康公弼以金牌，命他前去试探。张觉自然不敢和金兵争锋，谦恭委婉地表示："辽国之地，尽入金国版图，独一平州尚存，我怎敢有非分之想？之所以未解甲者，是为了防止北边的萧干侵掠。"同时他又厚赂康公弼，请他在粘罕面前为自己说项。粘罕于是改平州为南京，加封张觉同中书门下平章事，判留守事。其实，粘罕也知道张觉是在观察形势，并非真心降金，但军务倥偬，不遑计较此事，而且张觉反状未明，只能先稳住他，待时机成熟时再剪除之。

不久，金太祖完颜阿骨打率兵从燕京北出居庸关追捕辽朝天祚帝，辽朝大臣降金者如左企弓、虞仲文、康公弼及燕京豪绅富民，一起东迁。经过平州时，一些不想背井离乡、远徙他乡的燕京人对张觉说："左企弓不守御燕京，致使我辈流离迁徙，不胜其苦，今相公临巨镇，拥强兵，尽忠于辽国，必能使我辈重返乡土，人心都对相公寄予厚望。"张觉也想成为再造大辽的元勋，遂与部下商议。他们认为，天祚帝频繁出没于松漠之南，金兵匆匆返旆东归，就是因为受到辽兵的牵制。张觉若能勤王倡议，奉迎天祚以图复兴，先责宰相左企弓等叛降之罪而杀之，放燕京人归乡，使民复其业，再以平州归宋，宋人必定接纳。如金人日后以干戈相向，内有平州之兵，外借宋人之援，可以立于不败之地。张觉又询问翰林学士李石，李石也持同样意见。张觉不再犹豫，决定叛金。他派人召左企弓、康公弼、虞仲文等人至滦河西岸听命，责以不奉迎天祚、投降金国、根括燕京财富等十项罪状，将他们缢杀。然后画天祚像，朝夕朝拜，改称辽朝年号，又揭榜通衢，晓谕燕人复业，凡家产为常胜军所占者，一律归还。燕京百姓大悦。

既已叛金，张觉索性一不做，二不休，派李石（更名安弼）至燕京游说宋朝守臣王安中说："平州乃是兵家必争的要冲之地，张觉是足智多谋的干练之才，其能力足以抵御金人，安抚燕境，希望宋朝能接纳他。否则他西迎天祚，北合萧干，宋朝便后患无穷了。"一席话说得王安中毛骨悚然，认为他分析得有道理，但事关重大，牵一发而动全身，他做不了主，让李石到汴京上奏天子。徽宗不考虑张觉已接受金人官爵这一事实，只想到兵不血刃又得一州，何乐而不为！于是以手札通知同知燕山府事詹度，让他设法羁縻张觉，于是张觉便派人持书请降。王黼劝徽宗准张觉内附，多数朝臣不置可否，只有赵良嗣认为，国家新与金朝结盟，如纳金人叛臣，必为金人制造毁约败盟的口实，将来后患无穷。良嗣所说未尝没有道理，宋徽宗贪图蝇头微利，置与金朝的和约而不顾，实属目光短浅。结果良嗣因进忠言被削夺了官职，徽宗下诏对张觉厚加安抚，免掉平州三年租赋。张觉便献平、营、滦三州归宋。

宋朝招降纳叛的举动，引起了金人的愤怒。只因阿骨打新丧，金太宗吴乞买刚立，金人不想扩大事态，只派阇母率兵三千攻打平州。张觉率兵拒之于营州，阇母因兵少不战而退，在城门上大书"夏热且去，秋凉复来"八个大字。张觉好大喜功，竟以大捷上奏。徽宗不察虚实，竟信以为真，拜张觉为节度使，犒赏银绢数万两、匹。宋朝极为认真，派人带着银绢前去犒赏，又派李石与张觉之弟送去了敕书、诰命。张觉甚为高兴，率众出城迎接，不料却被金人谍报侦知，斡离不（完颜宗望）乘其不备，率兵掩至，张觉猝不及防，大败输亏，来不及返回平州，急急如丧家之犬，惶惶似漏网之鱼，与其弟一起逃往燕京宋军营中，宋朝送给张觉的敕书、诰命，悉数落入金人之手。张觉的母亲、妻子住在营州，被金人破城俘去。张觉之弟得知母亲已成金人的阶下囚，遂缒城降金，他身上携带的御笔金花笺手诏，是徽宗专门赐给张觉的，也献给了金人。金人得知宋朝背信弃义，公然招降纳叛，怨恨不已，便倾尽全力攻打平州。平州守将张忠嗣、张敦固出城降金，金人遣使与张敦固一起入城劝降，城中人杀其使者，立敦固为都统，闭门固守。斡离不以十万大军围困半年，平州城中弹尽援绝，死伤累累，最后只剩下数千人，溃围而出，终不肯降。平州陷落，营、滦两州也相继失陷，落入金人手中。

金人既得平、营、滦三州，便移牒宋军，索要张觉，并说："我讨叛臣，城破不见，必然投奔南朝，必须还我。"金人猜得不错，此时张觉已逃往燕京郭药师的常胜军中，改名为赵秀才。徽宗指示王安中推辞说，未见张觉踪影，不知逃往何处。金人当然不信，态度强硬地索要，并说张觉就藏在王安中的甲仗库中，倘不肯交出，金兵就自行前往捉拿。王安中这才慌了手脚，斩一貌似张觉者搪塞，又被金人识破，移文斥责。徽宗见抵赖不掉，便密令王安中将张觉缢杀，同时杀死张觉的两个儿子，用木匣盛了首级，一起送给金人。宋朝这一举动在辽朝降将中引起了不小震动和波澜，他们都埋怨宋朝寡恩薄情。郭药师愤愤然说："金人索要张觉，便把他的首级送去，如果索要我郭药师的人头，难道也要送给金人吗？"王安中无法应付这一局面，便挂冠而去。徽宗无奈，只得以蔡靖知燕山府事。从此，辽朝的降将都心灰意冷，不愿再为宋朝驰驱效命了，而金人也以宋朝不遵守和约为口实，频频发起对宋朝的进攻。徽宗君臣利令智昏，人谋不臧，视军国大事如儿戏，终于招致了灭顶之灾！

渔阳鼙鼓动地来

云中诸州

宋朝费了九牛二虎之力，只收复了几座空城，徽宗对童贯大为不满，迫其致仕。王黼、梁师成共同推荐宦官谭稹为两河燕山路宣抚使，代替童贯接收金人所许云中之地。山后云中府辖朔、武、应、蔚诸州，皆是战略要地，金人不想交给宋朝，宋人每次派使，金人都敷衍塞责。谭稹到了太原，适逢阿骨打新丧，金太宗吴乞买刚刚继位，粘罕也暂时归国，不暇抚治山后诸州，因此朔、应、蔚三州守臣皆向宋朝通款，谭稹马上招降，改这三州为朔宁军，派河东守将李嗣本戍守，并调运大量粮秫、玉帛作为军饷。但山后并不只此三州，还有新、妫、儒、武、云、寰等州。宣和五年（1123）十一月，金国因太宗新立，天祚帝尚未俘获，西部边陲不宁，如将山后之地全部交还宋朝，金朝军队便失去了屯据之所，于是只交还了武、朔两州，原来答应交还全部山后之地却不再提起了。至此，宋朝实际能够控制的只有朔、应、蔚、武四州，尚不及山后九州之半，而这四州中的应、蔚两州，也未得到金人的正式同意。

宣和六年（1124）三月，金人派使者到燕京宣抚司索要赵良嗣所许的二十万石军粮。谭稹见金人不肯交割山后之地，索要军粮却非常积极，便推辞说："二十万石粮食数额巨大，岂能轻易筹集齐备？何况宣抚司也未尝有片纸许粮之文，我凭什么交付？"金朝使者说："去年四月间，赵良嗣已经答应，人人皆知，岂有毁约不与之理？"谭稹又表示，赵良嗣口头允许，还须立字为证，仅口头允许不足为凭，不能发运粮食。金人费尽口舌，仍无结果，只得怏怏而归。金人对宋朝君臣由怨生恨，终至反目成仇，兵戎相见。

宣和六年七月，西夏在金人怂恿下，进攻武、朔两州，谭稹率兵抵御，几度交锋，胜负未分。金人趁机攻下蔚州，驱逐了应州守臣，以兵威胁飞狐、灵丘，宋、金关系顿时紧张起来。

宋朝好不容易才收复的蔚、应两州，刚刚到手，便又失陷，且又殃及飞狐、灵丘两地，徽宗认为谭稹处置乖方才引起宋金争端。童贯、蔡攸又攻讦他才干平庸，不足以应付边事，实际上是童贯想东山再起。徽宗于是贬谭稹为顺昌军节度副使，再次起用致仕赋闲的童贯取代谭稹。童贯到了太原，派部下马扩、辛兴宗二人入云中见粘罕，商议交割云中之事。其时粘罕已北归，正与金太宗吴乞买商讨南侵之事，留下兀室暂摄军事。兀室推辞说，国相（指粘罕）北归，他自己不敢专擅，且宋朝招降纳叛，已先失约，山后之地虽然说过交还，但现在难以交割。马扩、辛兴宗向童贯报告："金人正训练汉儿乡兵，增戍飞狐、灵丘，又屡以张觉事件为借口寻衅滋事，应加强边备，以防不测。"童贯则说："金国人心不附，不敢贸然出兵。我当亲到燕山布置常胜军及河北诸路之兵，即使金人来袭，也能稳操胜券。"

事实上童贯并未去安排防务，而是秘密去迎接辽天祚帝归宋了。原来天祚帝自被金人赶入夹山后，因夹山在沙漠之北，那里有六十里长的泥沼路，金兵未能前往，天祚帝才得以苟延残喘。他听说粘罕驻军云中，不敢撄其兵锋，便躲在夹山不出。童贯几次向徽宗进言，若能诱使天祚帝来降，不惟宋朝少一后患，且可利用他和金人周旋。天祚帝正在失魂落魄之际，必然答应。徽宗当即应允，找来一名蕃僧，带着御笔、绢书前往。天祚帝飘零无依，进退失据，忽见宋朝派人招降，当即爽快答应，命蕃僧回报。双方使轺往还，难免引人生疑，况且信使往来皆经过云中，早被金人谍探侦知，报告给了主帅粘罕。粘罕佯装不知，不想打草惊蛇，打算在途中设伏，以逸待劳，等天祚帝由此经过时一举擒获。徽宗认为事情做得机密，金人未能觉察，于是下诏优待天祚帝，等他归宋之后，待以皇兄之礼，为他筑第千间，赠以女乐三千人。天祚帝兴高采烈，以为找到了安身立命之地。

宋与天祚帝的协议墨沈未干，童贯便因失宠而致仕，刚签好的协议便被搁置了起来，迨到童贯复职，仍念念不忘与天祚帝之盟，派人前往联络。其时粘罕已奉调回国，由兀室代他戍守。天祚帝认为此时金军必然薄弱，倘于此时冲出罗网，说不定还有重整旗鼓之日，成功失败，在此一举。于是率辖虷军五万人，携后妃、王子、宗属出夹山南下。刚越过渔阳岭（今内蒙古呼和浩特市西北），便被兀室率军切断了归路，几经交锋，辽兵一溃千里，不可收拾。天祚帝原想投奔宋朝，又怕宋朝势弱，不可凭仗，便改投西夏。金人怀疑天祚帝已经入宋，便移文责问，童贯百口莫辩，只得杀了一个面目与天祚帝相像的辽人应命。直到天祚帝被金人擒获，这一风波才算平息。

辽国覆亡，其残部在耶律大石率领下向西北沙漠逃窜，辽国江山尽入金人之手。金国不再有后顾之忧，而宋朝又是如此孱弱，不堪一击，金国下一个目标就是宋朝。黑云压城，阴霾满天，宋金战争已迫在眉睫了。

金兵南侵

宣和七年（1125）十月，金太宗正式下诏伐宋。以谙班勃极烈（金朝官之尊贵者）杲（斜也）兼领都元帅，坐镇京师，兵分两路：以粘罕兼左副元帅，兀室为元帅右监军，耶律余睹为元帅右都监，自西京攻太原；以挞懒为六部路都统，斜也为副，斡离不（完颜宗望）为南京路都统，阇母为副，知枢密院事刘彦宗兼领汉军都统，自南京（即平州）入燕山。为协调两路军队作战，东路军建枢密院于燕山，以刘彦宗主院事，西路军建枢密院于云中，以时立爱主院事，金人称之为东朝廷、西朝廷。

金人自擒获天祚帝后，对于是否立即南下，曾一度犹豫不决，因为宋朝毕竟是泱泱大国，能否在交战中稳操胜券，金人并没有十足把握。为了试探宋朝虚实，金人连续三次派遣使臣赴宋，一是报谢通好，二是通告俘获了辽朝天祚帝，三是祝贺大宋天宁节（徽宗生日）。金国使节发现，从河朔至宋朝京师，沿途一片萧条破败景象，百姓流离失所，断定宋朝武力不竞，可以战而胜之。粘罕得悉情况，遂决意南侵。适逢隆德府（今山西长治）义胜军三千人叛宋入金，细说宋朝虚实，同时又有易州常胜军五百人投奔粘罕，诉说自张觉被杀后，燕京人心涣散，皆无斗志。辽国降将刘彦宗、时立爱皆系燕人，坟冢、田园、亲戚故旧皆在燕京，因此力主金人南侵。耶律余睹等是辽国旧臣，斡离不之妻金辇公主系天祚帝之女，粘罕之妻萧氏原系天祚帝之妃，为报宋兵助金攻辽之仇，也极力撺掇金人攻宋。耶律余睹、萧庆等人力陈宋朝可图，兵不必多，因粮就兵即可，也就是说有多少粮就发多少兵，无须派出大规模部队，更不必倾巢出动。斡离不持论尤为激烈，认为应早做决断，大举伐宋，否则就会养痈遗患，给宋朝提供整军经武之机。由于粘罕是太宗的从兄弟，斡离不是太宗之侄，两人久握兵柄，官职显赫，太宗自然是言听计从。金人分析，宋兵虽众，但能征惯战者只有陕西驻军及郭药师的常胜军，其余皆乌合之众，不堪一击，因此才布置东西两路大军攻宋。他们的策略是：西路军由雁门关攻占洛阳，以阻止陕西宋军东下，截断徽宗入蜀之路；东路军则在夺取燕京后，乘胜南下，两路军相约会师汴京，俘获徽宗，覆亡宋朝。

此前金军的频繁调动，引起宋朝有识之士的警觉。九月间清化县（今河北香河县）榷盐场向燕山府申报，金人前来劫掠居民，焚烧庐舍，有南侵之意。宣抚使蔡靖、转运使吕颐浩等觉得事态严重，一面修葺城池，严加防备，一面以银牌奏报朝廷，请示如何处理。但当时朝中大臣正忙着筹备郊祀（祭天地之礼），没有奏禀徽宗，只简单地命令蔡靖等相机处置。接着不断又有谍报传来，粘罕正在云中集结军队，伺机南寇；耶律余睹至蔚州大点军兵；中山府奏，探到金人调集女真兵、渤海兵、奚军到平州及云中府屯泊；金人从本土调集女真军、汉儿军开往云中府等处，并在蔚州、飞狐等地屯泊，积聚粮草；平州都统指挥属县刷拣丁口充军，又调白水泊驻军前往奉圣州（即新州）。种种迹象表明，金军铁骑南寇，已是箭在弦上，一触即发。

　　直到这时，童贯才觉察到事态的严重，忙派马扩、辛兴宗赴粘罕军中，商议交割蔚、应两州及飞狐、灵丘两地，并探听金人是否有南侵之意。粘罕非常倨傲，先令马扩等庭参，行见金国天子之礼，然后始议交割之事。宋方要求归还蔚、应二州，金方则要宋方再割土地，双方未能达成协议，不欢而散。马扩等从云中回到太原，童贯这才如梦方醒，便有逃回汴京之意。不久，粘罕派使者王介儒、撒卢母至太原，责宋朝纳叛渝盟，并说粘罕已经进军，大部队已至马邑扎营。马扩表示，金国如果出兵，宋朝军队不会被动挨打。撒卢母鄙夷地说："国相（指粘罕）若是害怕贵国，也不会长驱直入了。为今之计，贵国应速割河东、河北之地，以大河为界，宋朝宗社庶几可以保全。"金人的胃口真是越来越大，如果真以黄河为界，宋朝不啻损失半壁江山。事态发展到这种地步，童贯除了忧虑之外，竟是一筹莫展。他带着参议宇文虚中，谎称事体重大，须赴阙禀奏为名，准备逃离太原。知太原府张孝纯制止他说："金人渝盟，太师当积极抵御，如果离去，人心必摇，河东必然失守，河东既失，河北岂可保全！愿太师稍留，共图报国。太原地险城坚，人皆习战，金人未必能得手。愿太师深思之。"贪生怕死的童贯恼羞成怒，斥责张孝纯说："我受命宣抚，并非守土，让我留在这里，设帅臣何用？"不顾众人反对，从太原一溜烟跑回京师去了。童贯是宋朝派往西北边陲的最高军事统帅，他率先逃跑，军队无人指挥，马上陷入一片混乱状态。

金军秣马厉兵，进展迅速。东路军斡离不几乎是兵不血刃便攻陷了檀州、蓟州，兵锋直抵燕山城下。燕京守臣蔡靖命常胜军首领郭药师及张令徽、刘舜仁率军四万五千迎战于玉田（今属河北）。郭药师开始还稍做抵抗，张、刘二人则不战而退，宋师败绩。蔡靖惶急中找郭药师商议御敌之策，不料郭药师却劫持蔡靖及转运使吕颐浩、副使吕与权、提举官沈琯等降金。燕京宋军群龙无首，不战而溃，燕京及所属州县悉数皆为金有，城中士兵七万、甲胄五万副、战马万匹也都成了金人的战利品。

郭药师降金，斡离不更详细地了解了宋朝虚实，任命郭药师为燕京留守，金太宗赐姓完颜氏，给以金牌。郭药师反复无常，叛辽投宋只三年，又转而降金，徽宗将燕京的防务交给他，实在是一大失误。这期间蔡靖曾上密奏一百七十余章，乞求朝廷防备郭药师，但蔡攸却力保郭药师忠贞可信，甚至沿边巡检已截获了郭药师与金人交往的书信，宰相对他仍信而不疑。及至金兵南下，徽宗才派人调查郭药师的行踪，但为时已晚。郭药师给斡离不献计说："宋朝精兵均由童贯率领驻扎河东，如今受到粘罕牵制，无力他顾，河朔之地必然空虚，如举兵南下，一定能马到成功。"于是斡离不便以郭药师为向导，大举南下。

东路金军频频得手，西路金军也攻城略地，势如破竹。原来宋朝在招抚燕、云之民迁徙内地时，招了一批山后汉儿，命名为义胜军，皆勇悍可用，驻扎在河东者十万余人，由朝廷发给钱米。时间既久，粮秣供应不足，义胜军不免产生怨恨，时出不逊之语，而驻扎在河东的正规军，因所食之粮多陈腐不堪入口，便认为是义胜军夺了他们的口粮，扬言要攻打义胜军，义胜军闻之大惧，遂阴怀异志。当金军南犯朔、武两州时，朔州守将孙翊奋勇杀敌，正在胜负未决之际，义胜军却开门迎降，孙翊兵败被杀，武州也同时陷落。金兵长驱至代州，守将李嗣本率兵拒守，又为义胜军所擒献给金军。忻州（今山西忻州）守将贺权自度势力不敌，遂开门奏乐以迎金军，粘罕绕城而过，迤逦来至石岭关（今山西阳曲东北），距太原已是咫尺之遥了。

石岭关地势险要，只要守住此关，金军便难以攻下太原。知太原府张孝纯命大将冀景把守，冀景推辞兵力不足，孝纯又命大将王宗尹协助其守关，再命归朝人（从金国归来的宋朝人）耿守忠率军八千相助，冀景才不得已而前往。耿守忠行至忻口，借口自己率领的只是步兵，若有骑兵，则可阻挡金兵来犯，冀景便拨敢勇军的一半骑兵归他指挥。谁知耿守忠到了石岭关，不发一矢，便拱手降敌。冀景不敢回归太原，逃往汾州（今山西汾阳）去了。金兵一路斩关夺隘，于宣和七年（1125）十二月底抵达太原城下，粘罕驻扎在太原以北的陈村。其时人心惶惶，张孝纯虽传檄诸郡救援，但应命来援者甚少，只有知府州（今陕西府谷）折可求并军马使韩权、知晋宁（今陕西佳县）罗称、延安府（今陕西延安）守将刘光世等与金兵战于交城（今山西太原西古交）。由于金人劫寨，刘光世逃遁，折可求兵溃，罗称、韩权战死，河东宋军十丧七八。粘罕留数万人继续围攻太原，分兵一半东进，以期与斡离不会师，共同夺取汴京。不久，太原也告陷落，张孝纯被俘投敌，副都总管王禀投汾水死。

太原失陷是宋军的一大战略失误。金军初至太原时，知朔宁府孙翊若由朔州东去云中，只有数舍之远，折可求在府州经武、朔两州东去，路途近于交城，且均是坦途，没有高山大河阻挡。若宋军合力攻打云中，粘罕随军的亲属及所劫财宝都在云中，所留守护之人皆是老弱病残，粘罕得知消息，必然撤太原之围以救云中，张孝纯、王禀等人也可率军一并攻打云中，太原之围必解，此围魏救赵之策也。如果太原能够保全，东路斡离不所率金军也不敢进犯汴京，宋朝君臣还可从长计议，徐图救国之策。如今一切都晚了。

东路军斡离不率军攻保州（今河北保定）、安肃军（今河北保定徐水区），遭到顽强抵抗，便绕道进攻中山府（今河北定州）。知中山府詹度一面御敌，一面上奏朝廷，称金人分道入寇，一日之内三次向朝廷告急。徽宗忧惧失色，忙派通直郎、陕西转运判官李邺使金，告诉金人，徽宗即将禅位，请求议和。原来童贯自太原逃回京师后，金人便派了两名使臣入宋，宰臣未告诉徽宗，便在尚书省接见。刚刚入座，金使便说金国皇帝欲吊民伐罪，已派两路大军同时出发。这一消息犹如晴天霹雳，宰相白时中、李邦彦及蔡攸等俱大惊失色，不知如何回答才好。沉默有顷，白时中才试探着问，金兵如何才能缓师不攻，金使回答，办法只有一个，那就是割地称臣。白时中等托词须禀报朝廷定夺，赐使臣以厚礼而遣之。蔡攸之弟蔡絛主张杀死金使，或者囚而不遣，执政大臣认为此举会激怒金人，乃下下之策，遂屏而不纳。李邺于此时上书，愿奉使议和，徽宗正愁没有人选，当即答应。李邺提出须携带黄金三万两作为议和的费用，徽宗一时拿不出这么多金子，遂从宫廷中拿出祖宗遗留的金瓮两个，命书艺局销镕为金字牌，授邺而去。灭宋乃金人既定国策，当然不会因李邺出使而止戈不攻。纵然李邺口若悬河，舌灿莲花，金人只是不理不睬，却留下了金银。李邺垂头丧气，无功而返。他回朝后称赞金人军容之盛时说，金军人如虎，马如龙，上山如猿，入水如獭，其势如泰山，中国如累卵，被人戏称为"六如给事"，打仗不是金人对手，讲和又被金人拒绝，徽宗黔驴技穷，回天乏术，剩下的只有禅位一途了。

禅位风波

宣和七年（1125）十二月二十日，徽宗任命太子赵桓为开封牧，这意味着他已有禅退之意了。开封牧或开封尹之职宋朝不常设置，太宗、真宗当藩王时曾任开封尹，后来均登基称帝。以亲王担任开封尹，谓之"判南衙"，羽仪排列，灿如图画，京师人称赞道："好一条软绣天街。"若非东宫亲王任此职，皆带"权"字，自建隆以来，开封尹即为要据之任。次日，又召皇太子入朝，下诏赐以排方玉带，排方玉带非人臣所当服之物，徽宗用意何在，已非常明显了。

　　也就是在这一天，金人围攻中山府，幸亏守臣詹度防御有方，城池才未陷落。徽宗惶然无计，只得召大臣宇文虚中商议说："王黼为相，不采纳你的建议，致使金人两路并进，国家危如累卵，卿有拯救社稷之计吗？"宇文虚中回答："国事颓唐至此，陛下只有先降罪己诏，改弦更张，剔除弊政，以回天意，收拾人心。至于防御之事，只能委托将帅任之了。"让徽宗下罪己诏公诸天下，是使天子难堪的一件事，历史上有过此类现象，但不多见。此时此刻，徽宗已无退路，当即采纳了宇文虚中的建议，并让他起草诏书。

　　宇文虚中一夜不眠，替徽宗起草好一道哀婉沉痛的诏书，次日便诏告全国。徽宗承认自己秉政二十多年来的种种过失，导致天怒人怨，社稷危殆。诏书中言道："自登基以来，言路闭塞，阿谀奉承之声不绝于耳；奸佞掌权，宵小得志，缙绅贤良之人，陷于元祐党籍中受到迫害，政治窳败，世风浇漓。赋敛苛重，生民之财日竭；戍役繁剧，军兵不堪其扰。无益于国计民生之事甚多，侈靡已形成风气。国家的财源已被挖殆尽，而谋利者还诛求不已，戍边的士兵衣食不继，而冗官冗将却坐享富贵。灾异屡屡出现，实乃上天示警，而朕不知悔悟；天下百姓怨声载道，而朕深居宫中，丝毫不知。追思过去的过错，悔之何及！"

人之将死，其言也善；鸟之将死，其鸣也哀。如果不是金兵大举南下，宋室江山岌岌可危，徽宗怎会如此痛快淋漓地承认自己的失误！这二十多年来，黄钟毁弃，瓦釜雷鸣，贤良蒙难，小人得志，积弊丛生，国事日非，终于招致了金人的入侵。当然，徽宗下这道罪己诏并非单纯向国人谢罪，而是想通过这种形式挽回人心，救亡图存，延续国祚。因此，诏书接着信誓旦旦地表示："从现在起大革弊端，废除苛虐之政，答谢上天谴责，保祖宗艰难之业。以前朕也下过求直言之诏，但被权臣阻挠，致使号令不行，人心沮丧，今日所行，质诸神明，不再改易。"更何况当今急务，在于通达下情，怎能忌讳直率之言！再接下来是号召天下方镇郡邑率师勤王，捍御边疆。徽宗允诺，草泽之中如有怀抱异才为国家定大计或出使疆外者，当不次擢升，才干尤为优异者，可任以将相。最后要求中外官僚士庶应直抒胸臆，各陈所见，当者采用，不当者亦不加罪，敢有阻挠者，天下共弃之。

为了表示自己是认真悔过，并非敷衍塞责，虚与委蛇，徽宗下诏罢诸局及西城所，将其所管财物付与有司；拘收到的原系百姓田土，归还旧佃人；裁减掖庭用度及侍从官以上月俸；罢道官并宫观拨赐田土；罢大晟府、教乐所、行幸局、采石所；罢教坊额外人；罢待诏额外人；罢都茶场，依旧归朝廷。总之，那些不得人心的弊政，几乎被完全革除了。

这边厢徽宗着手革除弊政，那边厢金人并未停止进攻的步伐，京城内人心汹汹，一夕数惊。宰相、执政等日日相聚都堂，平日里一个个能言善辩，八面威风，此时却面面相觑，束手无策，唯一的办法是将家属遣散四方，加强东南面防守，同时准备车马船只，搬运金银财宝，一旦京城不守，便东下避敌。这些大臣多数是酒囊饭袋，敌军离此尚远，他们便准备溜之大吉了。事到紧急关头，徽宗想的是禅位，把烂摊子交给太子处理，君臣如此离心离德，怎能有效阻止金人的进攻！

童贯在河东时，曾得到一封金人的牒文（书信），初以为是一般书信，谁知拆开一看，竟是一封声讨徽宗的檄文，满篇尽是不逊之言，便悄悄收藏起来，不让他人知道。他擅自从太原逃回京师，宰相、枢府竟无人诘问。在都堂议事时，童贯拿出了这封书信，说是怕徽宗看见伤心，不敢上奏，请诸位大臣定夺。李邦彦提议说，如果此时把檄文呈上去，可促使皇帝下决心颁布求言之诏。于是众大臣在徽宗宣和殿早朝时呈上了金人的檄文，徽宗见文中有一段指斥自己的文字："赵佶从当藩王时就包藏祸心，阴谋夺取天子之位，他不惜暗中借助宫廷之力，剪除自己的兄长，终于登上了天子宝座，险恶之心肆意发作，日甚一日。黄袍加身后志得意满，头脑昏聩，目空四海，鄙夷一切，自认为有天命，即使作恶多端也无人奈何。"言语之激烈，可谓前所未有。宋金两国乃匹敌之国，宋国皇帝如何，非金人所当评论，但现在宋朝连战皆北，金人锐气正盛，徽宗当然奈何金人不得，只是声泪俱下，哽咽无语。良久才对众大臣说："休，休，卿等晚间可来商议！"此时，尚在犹豫不决的徽宗遂下定决心禅位。既然金人把他说得一文不值，和他们打交道无任何意义，让太子来收拾残局好了。

在此之前，徽宗曾打算向东南方向逃跑。蔡攸最先得知这一消息，马上告知给事中、权直学士院兼侍讲吴敏，并引吴敏入对于玉华阁下。当时徽宗已有旨幸淮、浙，正召集大臣赴都堂问计，吴敏在玉华阁拦住徽宗说："请陛下稍做停留。"徽宗见他面色严峻，便示意群臣止步。吴敏问："金人毁弃盟约，陛下如何处理此事？"徽宗说："事已至此，朕已乱了方寸，没有妥善之策。"其实徽宗东幸之计已定，并下诏户部尚书李梲前往守御建康（今江苏南京），吴敏也已得悉消息。他跟随众人来到都堂，大声说："朝廷轻率放弃京师，将祖宗一百多年基业拱手送给金人，这是什么道理？如果朝廷真的这样做，我即使死也不奉诏。"大臣中许多人响应吴敏，认为朝廷不应当向东南逃跑。徽宗见群臣反对，只得作罢，止李梲不遣。

皇太子被任命为开封牧，徽宗逃跑之意更加急切。吴敏再次面见徽宗，问他："听说陛下巡幸之计已经决定，有此事吗？"徽宗沉吟不语，吴敏又上奏说："为臣估计，京师之人听说金人大举入寇，人情震动，有打算出逃者，有打算守城者，有打算谋反者，这三种人同处一城之中，城池必破无疑。"徽宗皱着眉头说："卿说得对，为之奈何？"吴敏说："自金虏入侵，臣曾私祷于宗庙，在梦寐中得到祖宗训示，不知陛下允许陈奏否？"徽宗说："但说无妨。"吴敏说："臣曾梦见一条浩渺无涯的大水，水的北岸有一尊螺髻金身大佛，其长与天齐；水的西岸有一尊铁笼罩着的玉像，人称孟子。孟子之南又有一水，水之南有山坡，而臣在其间，人称为太上山。臣醒来后暗暗寻思，水北者是指河北，水南者是指江南，佛者是指金人，金人即现在的金军，太上者是指陛下。臣不解其中的奥妙，曾向别人求教，中书舍人席益对臣说，孟子者，元子也，元子即陛下的嫡长子，不就是指的皇太子吗？"徽宗见吴敏不慌不忙，娓娓道来，端的是舌灿莲花，口若悬河，一腔忧闷不知不觉间消释了许多。吴敏见徽宗心情好了许多，便接着说："陛下既已知道上天之意，臣不避万死，斗胆再问一句，此次巡幸东南，万一京师守卫不固，陛下不能按时到达江南，如何应付这一局面？"徽宗摇摇头说："朕之忧虑，正在于此。"吴敏说："陛下使守者有足够的权威，其守御必然坚固，京师固若金汤，则陛下可放心巡幸。"徽宗颜色稍霁。吴敏又说："臣所陈之事陛下如果采纳，臣敢保圣寿无疆。陛下建神霄宫已经多年，长生大帝君者，圣寿无疆之谓也。然长生大帝君旁若无青华帝君，长生大帝君便不可能万寿无疆，青华帝君就是春宫（太子）。"吴敏使出浑身解数，拐弯抹角，终于把话题引到太子赵桓身上，似乎赵桓成了宋朝社稷的救星，只要他一出现，宋室江山自会逢凶化吉，遇难成祥。徽宗在潜移默化中受到感染，不觉笑逐颜开。吴敏又不失时机地说："陛下如能早定计策，则中原自此数百年不为夷狄所有，不能定计，则中原自此沦于夷狄之手，中原数百年的命运，均在陛下掌握之中。陛下若早定计，以臣观之，当不出三日便能找出合适的守城人选，如果过了三日仍不能挑选出合适的守城人选，等金人兵临城下，一切便都无从说起了。"当时金人斡离不所部已越过中山府南下，计算路程，十日可达京畿，故吴敏以三日为期，以便守御城池者组织军队。徽宗对吴敏的建议大为嘉许。

金兵继续南下，离京城越来越近。吴敏向徽宗推荐李纲，说李纲忠贞许国，才堪大用，他自言有奇计良策，希望徽宗召见。原来李纲曾去过吴敏家，言说天子应当传位，如同天宝年间唐玄宗传位于肃宗一样，两人意见相合，因此吴敏才推荐他，希望徽宗能采纳他的意见。当时李纲任掌管礼乐、郊庙事务的太常卿，徽宗下诏令李纲明日随宰执到文字外库候对。

宣和七年十二月二十三日，李纲怀揣所写奏疏，来到文字外库等候召对，但徽宗与宰执大臣商议禅位之事，直到日晡时（下午3时至5时），未见徽宗，李纲只得怏怏而去。退朝后，徽宗留李邦彦谈话，少顷又单独召见吴敏，命李邦彦宣布任吴敏为门下侍郎，辅佐太子。吴敏惊骇地说："臣为陛下出谋划策守御京师，乃臣之本分，其实应当跟随陛下巡幸。更何况陛下行将传位，而臣却有不次之擢，臣岂敢从命。"吴敏原任给事中，职掌封驳政令之失当者，官阶不高，而门下侍郎则是辅政大臣，因此吴敏说是不次之擢。徽宗说："不更改你的官职，有些话你不便说。依卿之见，朕退位后该如何称呼？"吴敏回答说："古有成例可援，称太上皇便是。"徽宗说："不要称太上，只称一名目如道君之类便可。"吴敏说："臣说过，禅位之事宜从速，不要超过三日，迟则生变。"徽宗用手指推算日期说："来日便是好日子，卿明日与邦彦同来。"稍停片刻，徽宗又问："朕退位之后，居住宫禁之中与居住宫外哪个方便？"吴敏说："居禁中恐怕不方便。"徽宗再问：
"朕是否得称病退位？"吴敏回答："陛下至诚定大计，恐怕
也不宜以称病为由退位。"徽宗最后说："待朕深思熟虑之后
再做定夺。"退朝后吴敏至都堂见李邦彦说："陛下禅位之意
已定，今日我当与相公商议所应施行之事。"当晚，吴敏住在
学士院。

次日，徽宗在玉华阁召见满朝文武大臣，吴敏从学士院
匆匆赶到玉华阁。宰执奏事后站立一旁，徽宗召见李邦彦、吴
敏说："朕退位之事已定，今天便是好日子。"说着，随手拿
出一张帖子放到李邦彦怀中，上面尽是徽宗亲批所要施行之
事，如他本人出居龙德宫、皇后居撷景西园、郓王罢皇城司、
吴敏任门下侍郎、内侍擅过龙德宫者斩首，等等。徽宗又对两
人说："朕思之熟矣，既要退位，就不能不称病，否则会发生
变乱。关于称号问题，只称道君好了。"吴敏请称太上皇帝，
徽宗摇摇头说："卿不必泥古不变。"然后对吴敏说："卿草
诏时须写上朕不能内修政事，外攘夷狄。朕此举是上承天意，
次安宗庙，下为百姓。"又说："卿昨日说要考虑中原数百年
利害，这也是朕意。"吴敏涕泣受诏，退到廊庑之下。宰执又
奏其他事情，正奏事间，徽宗对蔡攸说："我平日性刚，不意
金人竟如此猖獗。"他拉着蔡攸的手，忽然一阵昏厥，跌落在
御床之下。朝堂上登时一片混乱，宰执大臣忙呼左右把徽宗搀
扶到宣和殿东阁，灌入汤药，过了许久，徽宗才慢慢苏醒过
来。他马上索来纸笔，用左手写道："我已无半边也，如何料
理大事？"宰执看了，相顾无语。徽宗又问其他大臣，也沉默

不语。徽宗环顾殿上，众人面面相觑，无一应者。徽宗叹了一口气，又在纸上写道："皇太子桓可即皇帝位，予以教主道君退居龙德宫。"写完之后大声说："吴敏是朕亲自拔擢的大臣，今日必然不负朕躬，可传他来起草退位诏书。"同时召皇太子及三衙（掌管禁军的军事机构，即殿前都指挥使司、侍卫亲军马军都指挥使司、侍卫亲军步军都指挥使司，合称三衙）上殿。吴敏因为早已洞悉徽宗禅位之事，因此成竹在胸，诏书一挥而就。大意是说："朕德薄能鲜，赖祖宗天地之灵，国内粗安，已二十六载于兹矣。朕受祖宗托付社稷之重，日夜忧惧，不遑宁居。如今染疴在身，恐怕贻误国家大事，幸皇太子桓聪明睿智，天长日久，忠孝之声闻于天下，主鬯（古代称太子为主鬯，鬯是古代祭祀的一种酒）十载，办事果断练达，理应付以社稷。天地人心，一致拥戴，皇太子可即皇帝位，军国大事，悉听裁决。朕当以道君之号退居旧宫。大器有托，我释重负，令人欣然，望文武忠良，同心协力，治理天下。"徽宗仔细读过一遍，将"朕当以道君之号退居旧宫"中的"朕"字改为"予"字，又在诏书的左下角批道："依此甚慰怀。"在此之前徽宗曾对宰相白时中说过内禅之事，白时中坚持认为不可，徽宗多次在纸上写"太宰主之"四字，白时中只好受诏。这一天，李纲也拿着写好的札子等候徽宗召对，要求他传位于太子。徽宗还未来得及召对，疾病发作，李纲只得作罢。

　　皇太子赵桓已得知父皇要传位的消息，非常吃惊。如在平时，当天子是人人梦寐以求之事，但今值祖宗社稷正处于风雨飘摇之际，当天子弄不好就要成为金人的阶下囚，何如当个百姓逍遥自在？因此赵桓跑到徽宗榻前痛哭，不肯受命。但也有想领略一下天子滋味的人，此人就是徽宗的第三子、太子赵桓的异母弟郓王赵楷。当徽宗传召太子赵桓时，郓王赵楷也在数十名内侍的簇拥下来到了殿门，意欲与太子争位。当时守卫宫禁的是殿帅何瓘，一见郓王赵楷，便仗剑拒之，令他后退，不得进入殿内。郓王赵楷连忙趋前说："太尉难道不认识我赵楷吗？"何瓘以剑指着他说："我虽然认识大王，但此剑不识。"赵楷惶恐而退，不敢再有非分之想了。

正当殿外何瓘指斥郓王赵楷之时，殿内童贯、李邦彦也把天子之衣覆于太子身上，太子不肯受衣。徽宗又以左手写道："不受，则不孝矣！"太子挣扎着说："臣若受之，才是不孝。"徽宗命内侍拥他至福宁殿即位，太子不肯前往，内侍强拥而去，太子竭力挣扎，跌倒在地，昏了过去。等他苏醒之后，又被拥至福宁殿西庑下，宰执大臣已迎候在那里了。到了福宁殿，太子仍不肯即位，而文武百官已齐集在垂拱殿等候迎接新天子了。

当日因天色已晚，众大臣商议，不等太子答应，先宣告新天子即位，由白时中宣读诏书。群臣齐声要求见新天子，当时还未宣布退朝，文武百官鹄立垂拱殿上。适逢梁师成自宫禁中来，对众人说："皇帝自从被簇拥到福宁殿中，至今还不省人事，恐怕醒来后仍旧不肯答应，该如何定夺？"李邦彦知道太子与耿南仲稔熟，徽宗即召耿南仲，耿南仲闻召而至。吴敏领着耿南仲走垂拱殿后门，想去福宁殿，被内侍喝止。双方相争良久，见梁师成从庭中经过，吴敏即呼叫梁师成，诉说内侍不让前去福宁殿之事，师成进去通报。少顷出来说，陛下许可进入，便领着耿南仲、吴敏进了福宁殿。耿南仲以诏宣御医为新天子疗疾，吴敏以诏召宰执大臣议事，又宣谕群臣，今日已晚，新天子改日上朝。百官散去后，宰执大臣见徽宗于宣和殿，又见太子于福宁殿，直到这时太子才同意即位。徽宗又命宇文粹中召集带兵的将领与拱卫京师的皇城司官员宿于内东门，以防不测。一更天后，宰执请求徽宗降御笔免去郓王赵楷管理皇城司的职务，以王宗濋同管殿前司公事，徽宗一一准奏。这一夜平安无事。

十二月二十四日，赵桓正式即位，在崇政殿召见群臣，大赦天下，太宰兼门下侍郎白时中率文武百官入贺新君，他就是历史上的宋钦宗。徽宗因将要出居龙德宫，宰相率百官问候起居于庭中，宰执们至壶春堂面见徽宗。既见面，宰执们痛哭，徽宗亦哭。徽宗对宰执们说："内侍们都说禅位是错误之举，真是浮言可畏。"又对李邦彦说："外面议论禅位之事，是你竭力主张。"吴敏说："哪些人说禅位错了？请斩一人，以儆效尤。"徽宗摆摆手说："众人七嘴八舌，记不清是谁最先发难。"又说："皇帝既已即位，岂可再有其他称呼？现在还有人称皇帝为嗣君，岂有此理！"转身对李邦彦说："称皇帝为嗣君的是梁师成，但又不止他一人，致使人心浮动，你等要关注此事。"李邦彦点头称是。

十二月二十五日，宰执们再至龙德宫朝见徽宗，有执政附在徽宗耳旁奏事，徽宗大惊说："我已退位，还有大臣密奏政事，这样做置皇帝于何地？大臣岂可如此！"那位大臣只得诺诺连声而退。于是徽宗正式出居龙德宫，皇后居撷景西园，以少宰李邦彦为龙德宫使，太保领枢密院事蔡攸、门下侍郎吴敏为副。从此，徽宗交出了权柄，退出了政治舞台，这年他才44岁。

南下避敌

钦宗既已即位，当务之急便是派兵阻止金人南下。十二月二十七日，下诏命节度使梁方平率骑兵七千人守御黎阳津北岸（今河南浚县东南古黄河上），步军都指挥使何灌领兵两万人扼守黄河。二十八日，在延和殿召见李纲，垂询安邦定国之策。六天之后，便下诏改元靖康元年，时为公元1126年。正月一日，下诏让中外臣僚庶民言朝政得失。正月二日，金军斡离不所部攻陷相州（今河南安阳），把守黄河北岸的宋将梁方平日日纵饮，不做防备，及金兵大至，仓促逃遁。南岸守桥宋兵望见金军旗帜，便心惊胆战，烧断桥梁，望风而逃，黄河南岸竟无一兵一卒守御。金军从容不迫，在五日内安然渡过了黄河。他们嘲笑宋人说：“南朝可谓无人，若以一二千人守黄河，我们岂能渡过！”黄河是阻挡金人的天堑，如今天堑已失，金军铁骑纵横驰骋，如入无人之境，直向宋朝京城杀来。

正月三日，钦宗下诏亲征。徽宗听说金军已渡过黄河，不禁心惊胆裂，便在同一天下诏去亳州太清宫（按：亳州今属安徽，而老子出生地所建的太清宫，今属河南鹿邑县）烧香，实际上是南下避敌。钦宗为此而下的诏书中说：“恭奉道君皇帝，近来因操劳国事而生疾，遥向太清宫祷告，旋即康复。如今没有日理万机之繁，可以前往太清宫报谢，定于今春正元节前择日诣亳州太清宫烧香，有司应做好准备。"同时任命蔡攸、宇文粹中为恭谢行宫使。

徽宗急切南下，太史本来为他卜定正月初四启行，但他却于三日晚间夜漏二鼓出东津门乘船东下，道君、皇后、皇子、帝姬（公主）等相随前往，扈从蔡攸及内侍尚未赶到。徽宗嫌乘船太慢，弃船改乘肩舆，仍然嫌慢，于岸边觅到一艘搬运砖瓦的船只乘载。由于出门时行色仓促，不暇吃饭，此时已是饥肠辘辘，也顾不得身份，从撑船人那里讨得炊饼一枚，与皇后分而食之。少顷，蔡攸及内侍等数人均单骑而至。徽宗问："卿等是来追逐，还是扈从？"蔡攸奏道："臣等受陛下厚恩，死亦不离陛下。"徽宗便上岸与蔡攸等至岸侧一寺，寺僧披衣相迎。他不知眼前之人便是徽宗，自己便坐在了主位，然后问徽宗："你们这几位官员是现任，还是罢任？"徽宗答以均是罢任。寺僧又问："莫非你们还有子弟在京城做官？"徽宗笑笑说："我有二十七个儿子，长子乃当今皇帝。"寺僧这才知道太上皇驾临，惊恐不已。徽宗此时顾不上责备他，与蔡攸等上船继续东下。

橹声欸乃，潮平岸阔。小船行至雍丘（今河南杞县），徽宗命宦官邓善询召县令前来计事。善询以他事召之，县令骑马来到岸边，善询从稠人广众中跃出，厉声呵斥县令下马。县令辩解说："某忝为县令，应显示威仪，何况这里又是邻近京畿之地，哪有徒步到老百姓那里去的道理？"善询说："太上皇

帝去亳州降香，想在此暂时驻跸。"县令大惊，舍马疾趋，来
到徽宗乘坐的小舟前谒拜，自劾请罪。徽宗莞尔一笑说："中
官（指宦官）与卿戏谑之辞，不必当真。"当下便把县令召入
舟中。因时值冬季，河道枯涩，水浅不能行船，徽宗舍船骑上
一匹名叫鹁鸽青的御骡，向睢阳（今河南商丘市睢阳区）方
向飞奔，这时才听到鸡啼。靠着河岸有一个小村庄，村民皆已
酣睡，只有一户灯光闪烁，竹扉半掩，徽宗叩门而入，见只有
一老妪纺绩。老妪询问徽宗姓氏，徽宗答道："姓赵，居住东
京，已经致仕，举长子自代。"卫士皆掩口而笑，徽宗环顾卫
士亦笑。那老妪不懂徽宗所说，亦不知他是天子，凭着庄稼人
的醇厚朴实向徽宗进酒。徽宗接过老妪的酒，又传爵给卫士。
老妪继而将徽宗揖让到卧室内拥炉烤火，又给徽宗烘袜暖脚。
徽宗非常感动，令卫士记下老妪家地名，以便回京后补报。

　　当夜徽宗便离开老妪家继续进发，一夜之间驰骋数百里，
次日平明抵达南都（今河南商丘），在馆驿中略事休息，补充
些衣被之类，又骑骡登程，直到符离（今安徽宿州埇桥区北）
才登上官舟。船行至泗上（今江苏盱眙西北），徽宗登岸至集
市买鱼，因鱼价高低，双方争执不下。卖鱼人自然不认识徽
宗，称他为保义。保义者，保义郎之谓也，徽宗把武职官阶分
为五十二阶，保义郎为第四十九阶，这里大概是泛指官人的意
思。徽宗望着蔡攸说："卖鱼人呼我为保义，这汉毒也。"买
鱼归来后，徽宗仍然兴致勃勃，赋诗咏其事。此时的徽宗完全
没有落魄逃难的感受。

　　泗上虽是小镇，却风光旖旎，徽宗打算在此小憩，然后再

定行止。此时宇文粹中、童贯、高俅等才风尘仆仆赶到。童贯率领三千胜捷军扈从徽宗渡河，向维扬（今江苏扬州）进发，高俅则率禁卫军屯留泗上，以控扼淮河渡口，防止不测。当徽宗所乘船只抵达维扬时，当地父老谏车驾不可渡江，而徽宗却执意南下，当徽宗一行过浮桥时，卫士恐流落道路，多愿从行，手攀船舷痛哭不已。童贯恐船行不速，命亲军放箭射之，中箭而倒毙江中者百余人。

徽宗一行渡过长江，迤逦来至京口（今江苏镇江），驻跸于郡治。道君太上皇后仍留居维扬。最可怜的是那些跟随徽宗一同出逃的皇子、帝姬，徽宗无力照顾他们，这些人只得流寓沿途州县，生活景况一落千丈。徽宗在逃亡中仍表示闲暇，特地在行宫中召见以江南转运使身份暂摄京口府事务的曾空青，对他慰问备至，又命乔贵妃相见，并说："你在京师时，多次问起曾三，就是此人，今日令汝一识。"其实，乔贵妃并不认识曾空青，只因曾空青少年时喜作长短句，其中不乏韵味优美者流传到宫禁，乔贵妃喜欢吟咏，故经常询问其情况。徽宗取出价值连城的七宝杯，命乔贵妃斟满酒赐给曾空青，酒酣耳热之际，一高兴把七宝杯也赏赐给他。温文尔雅，气度悠闲，徽宗陶醉于灯红酒绿之中，似乎金人的威胁根本就不存在。

徽宗在惶急中传位太子，曾下诏给三省、枢密院，说是除了道教之事外，其余军国大事一概不管，但是执掌了二十多年权柄，一旦交出，看着他人发号施令，心中不免产生巨大的失落感。因此徽宗一到泗上，便把原来的承诺抛到脑后，接连下了几道诏书：一是凡淮南、两浙等处驿递京师的文书，一律不得放行，听候指挥；二是江东路及各州将兵、士马弓手等，不得随意调动，如有活动，须申奏获准方可，同时行文京口、维扬、泗州等处，凡差遣到的兵丁，须截留具奏；三是止东南勤王之师，纲运于所在卸纳。泗州守臣认为，徽宗既已禅位，便不应干政，免得政出多门，引起混乱，便将徽宗所为上奏给钦宗。钦宗也认为父皇出尔反尔，不足为训，下诏按徽宗原来的承诺办理。这自然使徽宗感到难堪，父子之间由此产生了龃龉。

　　隆冬季节的江南山清水秀，波光潋滟，全无北方的肃杀景象。当徽宗在京口啸傲湖山，流连忘返之际，东京开封城下却是刀光剑影，云谲波诡，正经历着一场事关宋朝生死存亡的激烈厮杀。朝野上下对徽宗昏庸误国，蔡京、童贯等推波助澜，以至酿成今日之祸强烈不满，太学生陈东等在徽宗退位的第四天，即上疏请求诛杀蔡京、王黼、童贯、梁师成、李彦、朱勔等"六贼"。钦宗做太子时便恨此六人误国，当下便批准了陈东的请求，派聂山（后改名聂昌）为发运使，想秘密除掉这六人。聂山又请求开封府使臣数十人一同前往。适逢李纲去福宁殿奏事，认为此举不妥，上奏钦宗说："此数人罪恶固不可恕，然聂山之行，恐陛下不宜如此处置。如果聂山之行成功，必然惊动道君皇帝，倘道君因此而产生意外，陛下必抱无穷之戚；万一聂山之行失败，六贼挟持道君于东南，求剑南一道，陛下何以处之？"钦宗连连颔首说："你说得对，如今为之奈何？"李纲回答说："不如罢聂山之行，下诏贬谪童贯等，请道君早回銮舆，可以不劳而事定。"钦宗深以为然，遂止聂山不遣。

疾恶如仇的陈东见钦宗没有行动，又连上两疏，剖析当前形势。疏中说："臣窃知上皇已在去亳社途中，蔡京、童贯、朱勔等率兵两万从行，深恐此数贼引导上皇南渡，万一变生肘腋，后果将不堪设想。何况六贼之党遍布东南，而上皇随行大臣如宇文粹中是蔡京甥婿，其弟宇文虚中亦在东南；蔡攸乃蔡京之子，带兵戍守京口，据千里山川要害之地；宋晔乃蔡攸之妻党，出领大漕，专数路金谷敛散之权；童贯有亲随胜捷之精兵；朱勔有同乡附己之众恶，这些人在平时就互相勾结，一旦南渡，便可能振臂乘势窃发，控持大江之险，奄有沃壤之东南千里之地，十百郡县必非朝廷所有，为患之甚，恐非夷狄所能比拟。望速追回六贼，明正典刑，别派忠良可信之人扈从上皇去亳州，以全陛下父子之恩，以安宗庙。"钦宗览奏，甚为震动，遂下决心铲除"六贼"。

靖康元年（1126）三月五日，大臣汪藻上书宰执，乞迎太上皇返回京师。他说："上皇仓促南巡，在江海五十余日，未知回归之期，万一有人侵犯车驾，当今天子岂不饮恨终天？上皇车驾方出之时，'衣冠惶骇，倾国南奔'，奸佞宵小之有罪者皆以扈从为名跟随，以逃避斧钺之诛，而贵臣近侍之受国恩者率皆抱头鼠窜，未见朝廷喝止诘问，试问朝廷政令何在？上皇在泗州曾下诏止勤王之师，守臣惶惑，未知所从，人情观望，不无疑恐。我曾与军士杂行天长（今属安徽）道中，皆人言籍籍，以南幸为非。兼之上皇所至之处，'藩篱鸡犬，萧然一空'，令人寒心。上皇驻跸京口，一个士兵每天便花费六千余缗,而营缮宫室,移植花木,购买园地,科敛百端,苏、常数州居民,皆不安其居。自靖康改元,百姓未见朝廷德政,而自长江以南,已对陛下不抱希望了。以京口行营计之,每月费用当在二十万缗,两浙之民皆遭涂炭,能不愤然?倘人心思乱,上皇岂得高枕而卧?如今自江而南,诏令不行,陛下不能对上皇行晨昏之礼,岂能尽孝?上皇不归,则典刑不正,典刑不正,朝廷岂能治他人之罪?方今天下危疑之时,上皇释位而去,首恶之臣如不惩办,何以号令天下?为今之计,应以重礼迎上皇归阙,派宰相为迎奉上皇之使,大赏随行将士,令其护驾以归。"钦宗因不能号令于江南,正彷徨无计,见了汪藻的奏疏,当即采纳,派门下侍郎赵野为太上皇行宫迎奉使,准备迎接徽宗。

远在江南的徽宗也觉察到了自己这次江南之行引起了朝野争议,他在三月十五日给宋焕的诰书中辩解说:"此次东南之行,卫兵仅三千人,对百姓骚扰不大。如今胡骑犯阙,都城昼闭,道路隔绝,恐给嗣圣(指钦宗)带来忧虑,故留兵于浙江以自卫。至于止粮截饷,那是恐怕粮饷为敌寇所得。"这种辩解苍白无力,无人相信。

三月十六日,秘书省校书郎陈公辅上书说:"臣恐赵野之辈不能委曲为陛下陈请,以消融上皇与陛下之矛盾,应遴选重臣前往,然后迎奉之礼倍加隆重,陛下銮舆亲出近郊,后妃、嫔御、亲王贵戚、公卿百官、士庶耆老皆往迎接,使上皇知道,只有陛下堪任付托之重,退寇平难,京师粗安,庶事修举,人心欢快。还宫之后,陛下应自奉俭约,对上皇供养务极丰厚，以此劝天下之孝。再从群臣中选端直之士，有德行学问、全忠孝大节者辅赞上皇，使他颐养天年。"钦宗想的就是徽宗不再干政，这些条件当然照准，并擢升陈公辅为谏官。

　　三月十七日，徽宗一行在返回南都途中徘徊不前，传旨让吴敏、李纲两人中一人前来见驾。钦宗不知徽宗用意何在，不禁惊慌失措。李纲上奏说："上皇之所以命人前往，无非是想了解朝廷之事。吴敏不可离开陛下，臣愿前往条陈自金人围城以来事宜，以释陛下父子之疑。"钦宗于是差李纲前往。

　　三月二十日，徽宗一行抵达南都。二十一日，李纲面见徽宗，略道钦宗奉迎之意，徽宗流涕说，皇帝仁孝，天下所知，又夸奖李纲守御京城之功。李纲拜谢，又呈上两道札子，一是请徽宗早日回銮，不须到亳社烧香，以慰天下之望，一是乞求告老，解甲归田。徽宗再三慰留，又问他："卿曾任史官，因何事去职？"李纲答曰："臣任左史之职，因狂妄论列都城水灾，几遭重谴，蒙陛下宽斧钺之诛，迄今感戴。"徽宗说："当时宰执中有人不喜欢你。"又询问都城守御情况，李纲一一做了回答。徽宗又问金人退师渡黄河北撤时，为何不半道邀击，李纲回答说："朝廷因肃王在金人军中，故未采取行动。"徽宗叹口气说："为宗社计，岂能顾得了许多！"又解释在江南时采取的措施，都是为了防止金人知道行宫所在。又询问朝廷近事，如追赠司马光、拆毁夹城等，共三十余事，李纲一一做了解释，并委婉地进谏说："天子仁孝小心，唯恐有一事不合上皇之意，每次得到御批诘问，便忧惧不肯进膳。臣窃以为朝廷好比寻常人家，家长外出以家事托付给子弟，偶遇强盗抢劫，应当随机应变，及至家长将归，为子弟的惴惴不安，家长应褒奖他守卫田园之功，不必再问其他细节。今皇帝即位之初，陛下巡幸东南，适逢大敌入寇，为宗社计，政事不得不做小小调整。如今江山无虞，四方宁静，陛下回銮之后，应褒奖天子以慰其心，其他小事不宜一一再问。"徽宗表示，李纲所说甚是，自己只是性格直爽，问后便即无事。于是拿出玉带、金鱼袋、古象简赏赐李纲，并说行宫之人知道你来，欢喜溢于言表，以此慰劳你，应当佩戴。李纲固辞不允，只得佩戴。

三月二十二日，李纲扈从徽宗至鸿庆宫烧香，二十三日，李纲辞别徽宗回朝复命，徽宗拿出青词（道士斋醮时上奏天神的表章）一篇，让李纲回朝宣示百官，乃是初传位时为奏天而作，表示自己不再干政。又宣谕说，本欲去亳州太清宫烧香，因洪水冲断道路而不能前往，还打算西去洛阳，因皇帝恳请回銮，也不拟成行了。又从袖子中抽出一封信交给李纲说："你辅佐皇帝，守御城池，捍卫社稷，立有大功。若能调和我父子之间，使无疑阻，当书青史，垂名万世。"他已经认识到，自己三个月的东南之行，不仅使父子间产生了隔阂，而且给已经动荡不安的社会增加了许多混乱，除此之外，没有任何收获。

四月三日，徽宗回到京城，钦宗亲自出郊奉迎。只见徽宗头戴玉并桃冠，身穿销金红道袍，俨然一副道家打扮。他从兴宋门进入都城，京城人倾城而出，夹道观看徽宗一行，徽宗一派悠然自得之色，似乎这里海晏河清，没有硝烟，没有战争。他居住在龙德宫，耿南仲建议屏退徽宗左右心腹之人，钦宗于是将内侍陈思恭、萧道等十人全部贬黜，不许进入龙德宫，徽宗心中颇为不快，但又无可奈何。他每有手札给钦宗，自称老拙，呼钦宗为陛下，并不时从宫中领取财物颁赐左右。钦宗大为光火，令开封府尹逐一登记流入龙德宫的财物，凡是徽宗所赐的财物，都必须重新纳入宫中，私人不得存放。钦宗对父皇心存芥蒂，因而多次使徽宗难堪。当时金兵虽然暂退，种种迹象表明会卷土重来，徽宗表示打算赴西京洛阳招募军队，钦宗不置可否。宰相吴敏认为，徽宗禅位时曾表示不再干预朝廷事务，但在南方却截留诸路勤王兵马，今既回京师，天子尽可问安视膳，尽人子之责，但不可付以军旅，免得十羊九牧，造成混乱，将来无法控制形势。钦宗对此极为赞同，因而对徽宗的要求置之不理。天宁节在龙德宫为徽宗祝寿的宴会上，徽宗斟满一杯酒给钦宗，钦宗竟然坚辞不饮，致使徽宗号啕大哭，自此，父子间的隔阂愈来愈深。自从回到京师，徽宗身居宫掖，不与政事，门庭冷落，成了名副其实的孤家寡人。

六贼伏诛

徽宗退位后的第四天，太学生陈东便上书钦宗，请求诛杀蔡京、王黼、童贯、梁师成、李彦、朱勔六贼。奏折洋洋洒洒，历数六贼之恶，痛快淋漓，鞭辟入里，振聋发聩，受到朝野一致好评。

钦宗在藩邸时就知晓六贼作恶多端，百姓对他们恨之入骨，尤其是王黼曾阴谋帮助郓王赵楷谋夺帝位，钦宗更是深恶痛绝。加之他刚刚即位，欲给人以励精图治的印象，当下便准陈东所奏。靖康元年（1126）正月下诏将朱勔放归田里，贬王黼为崇信军节度副使，永州安置，李彦赐死。王黼被押解登程，行至雍丘南二十里的辅固村，被开封府派人杀死，取首级而去。钦宗因刚即位，不便骤然诛杀大臣，托言为盗所杀。京城百姓闻听王黼已死，争相拥入王黼府第劫掠财物，共抢走绢七千余匹，钱三十余万缗。几天之后，钦宗又下诏指责梁师成与王黼朋比为奸，众议不容，贬为彰化军节度副使，华州（今陕西渭南华州区）安置，即日押送贬所。行至八角镇（今河南开封市西），有诏赐死，梁师成自缢身亡，结束了他罪恶的一生。

二月间，钦宗应群臣要求，贬蔡京为秘书监，分司南京（今河南商丘）；贬童贯为左卫上将军，勒令致仕，池州（今安徽池州贵池区）居住；贬蔡攸为太中大夫，提举亳州明道宫，可任便居住。仅过了一月，三月间再贬蔡京为崇信、庆远军节度副使。四月间，御史中丞陈过庭上书说："蔡京、王黼、童贯等同恶相济，长达二十年之久，致使国事糜烂，不可收拾。如今王黼已经伏诛，而蔡京、童贯虽然贬官，只不过是异地安置而已。以前贬谪均在瘴疠蛮荒之乡，而蔡京、童贯贬官，却是安置善地，他们与王黼罪恶相同，惩罚却明显偏轻，有识之士，其谁不疑！虽然陛下存仁恕之心，务欲保全蔡京等人，但上天不容，四夷嘲笑，值得深思！若不将蔡京、童贯之恶示诸天下，不将蔡京、童贯投诸荒裔，诚不足让朝野之人信服。"钦宗知众怨难消，下诏蔡京移衡州安置，童贯移郴州安置，朱勔羁管韶州（今广东韶关），籍没其资产田宅，朱勔掠夺来的田地竟多达三十万亩！勒令朱勔子侄分散于诸州居住，追夺其父朱冲的官爵。

蔡京、童贯贬谪时，蔡攸却没有受到牵连，又引起朝中正直大臣的责难。陈过庭提出，罪恶之大，莫过于蔡攸。如今蔡京既贬谪远方，子孙自然应当随行，但蔡翛居杭州，蔡攸居宿州，诸孙居京城，各拥妻妾，悠哉陶然，京城人议论纷纷，应将其子孙发往贬所，使他们稍知人伦之义。钦宗于是再贬童贯于英州，蔡京移韶州，朱勔移循州，蔡攸安置永州，蔡京子孙分送湖南，朱勔子孙分送河南（今河南洛阳）。蔡攸原来庆幸自己未受到重大惩罚，谁料未过多久，便受到弹劾，安置永州。正当他涕泪涟涟，被迫动身上路之际，群臣又列举他身为大臣，作俳优鄙贱之事，且援引死党，迫害异己等七款罪状，认为安置永州，罚不当罪。钦宗于是再贬蔡攸于浔州（今广西桂平西北）。如果说蔡攸当年贬谪宿州只是个象征性的惩罚，那么浔州就是真正的荒凉、瘴疠之乡，与宿州不可同日而语。

蔡京贬谪韶州，仍有人认为惩罚太轻。左正言程瑀连连上疏，抨击蔡京罪恶滔天，擢发难数，死有余辜，贬谪之地韶州，名称上虽叫岭表，但其实与内地无异，量刑畸轻，民心不服，应加重遣，以平民愤。蔡攸多年来是其父蔡京的臂膀，坏事做绝，恶贯满盈，应该明正典刑。蔡翛娶天子之女，玷污了皇室名声，应当判其离婚。其余诸人应当褫夺官爵，勿使逍遥法外，招摇过市。钦宗马上采纳了这一建议，贬蔡京于儋州（今海南儋州），贬蔡攸于雷州（今属广东），贬童贯于吉阳军（今海南三亚），令开封府派人押解前往。蔡京及其子孙二十三人即使遇到大赦，也不许量移。凡州县官吏中有系蔡京族属，居官不通世务者，一律革职。六贼结党营私多年，门生故吏遍布天下，他们助纣为虐，劣迹斑斑，这次也受到了惩处，或除名，或贬谪，或籍没家产，无一漏网。

蔡京虽然在朝野一片咒骂声中受到贬谪，但也有不少人暗中庇护他，因此蔡京并未吃到多少苦头。他少年得志，在杭州建有府第，占山林江湖之绝胜，极为雄丽。宣和年间金人入侵，蔡京便将平日积蓄装入一艘巨船中，泛汴河而下，运入杭州豪宅中。靖康初年钦宗下诏籍没蔡京家产，而杭州的地方官毛达可是蔡京门生，对蔡京格外关照，他接到诏令后，暂缓施行，并暗中晓谕其家，藏匿一半财产，因此蔡京的后人皆不贫窭。毛达可还把蔡京家的金银宝货四十担暂存在海盐（今浙江海盐北）蔡京的族人家里，不久，蔡京父子兄弟诛窜，无暇索还，因此海盐的蔡姓富冠浙右。

靖康元年六月间，蔡京、蔡攸父子在押解途中到达江陵府（今湖北江陵），知府李偃是他过去的袍泽，奉事甚谨，一日三次拜见，犹如蔡京任宰相时。李偃动用公款款待蔡京父子，美味佳肴，供馈不绝，甚至盘剥百姓，用来充蔡京父子饮食费用。江陵有盐商数十人，因蔡京屡变盐法而破产，对他怨恨甚深，得知蔡京贬谪途经此地，便联袂上门诟骂。李偃公然派兵镇压，又差禁卒数百人保护蔡京、蔡攸家属，同时为蔡京购买宅第，以为久居之计。消息传出，阖郡鼎沸，舆论大哗，侍御史胡舜陟上书钦宗，请求查处，钦宗下诏将李偃革职。自此之后，沿途地方官员有所收敛，不敢明目张胆地优待蔡京了。

年已80岁的蔡京忐忑不安地离开江陵继续南下，他一向安富尊荣，食前方丈，席丰履厚，如今凄风苦雨，从宰相沦为阶下囚，不禁涕泪涟涟。正行之际，忽有圣旨索取他身边的宠姬慕容氏、邢氏、武氏三人。原来这三人天姿国色，弱态含娇，秋波流慧，金人指名索要，钦宗满口答应。蔡京无奈，只得挥泪作别，并写诗叹息说：

> 为爱桃花三树红，年年岁岁惹春风。
> 如今去逐他人手，谁复尊前念老翁？

从此之后，蔡京茕茕孑立，形影相吊，一路上购买饮食器用时，小商贩们知道他是奸相蔡京，皆不肯售，并高声诟骂，州县官只得派人将小贩们赶走。蔡京在轿内叹息道："我失人心，竟到了如此地步！"七月中旬，蔡京行至潭州（今湖南长沙），当时骄阳似火，蔡京老迈，身染疾病，只得在此稍事停留。他的门人已星散殆尽，只有一个叫吕辨的门人相随至潭州，他问蔡京："你高明远识，洞鉴今古，能料到今日会落魄到这样的田地吗？"蔡京叹息说："我早已料到国家会有变故，元老大臣将有灾难，我想蔡氏一门可能幸免于难，谁知没有躲过这场浩劫。"他自知不起，作词一首云：

> 八十一年住世，四千里外无家。如今流落向天涯，梦到瑶池阙下。　玉殿五回命相，彤庭几度宣麻。止因贪此恋荣

华，便有如今事也。

七月二十一日，一代元恶大憝撒手尘寰，结束了他可耻的一生。当时潭州知府是蔡京的仇人，蔡京停尸数天，不得敛葬，押送之人将他草草埋葬于漏泽园（公墓）内。葬时没有棺木，以青布条裹尸埋入土中。

蔡京晚年让侄子蔡耕道为孙子们寻觅一好士人教书，耕道找到了一个张姓士人，其人满腹经纶，为人正直，蔡京甚为高兴，选择了一个好日子聘请入馆。数日之后，张姓士人教蔡京诸孙说，只学走路即可，其他就不必学了。蔡京诸孙俱系少年，早就会走，一听老师让他们学走路，都觉得诧异，询问其故。张姓士人说，君家父祖心怀奸诈，败乱天下，将来必有祸殃，只有奔窜，或可免死，学其他书籍就没有用处了。诸孙告诉蔡京，蔡京悒郁不乐，命置酒相谢，并询问补救之策。张姓士人说，事已至此，无策可救，目下姑且收人心，改往修来，以补万一，尽管如此，恐怕也来不及了。蔡京听了，垂涕无语。还有一则记载说，海陵（今江苏泰州）人徐神翁测字甚为灵验，朝中许多官员前往求字，以测吉凶祸福，蔡京也前往求字，徐神翁顺手写了"东明"两个字给他。门生故吏皆称"东明"乃是向日之象，一轮红日从东方冉冉升起，将来子孙定可富贵传世。后来蔡京被贬，死于潭州城南五里外东明寺，可说是应了谶语。

蔡京既死，钦宗下诏诛杀童贯，他交代宰执，童贯素来狡诈，此次行刑，须得派熟识其面目者日夜兼程，快马追赶，在童贯所住之地行刑，免得出差错。宰臣推举一个叫张明达的人前往。张明达奉旨追杀童贯，马不停蹄，风驰电掣，将至南雄州（今广东南雄）才追上童贯。他恐怕童贯得知消息后自尽毙命，来不及明正典刑，便派亲事官前去拜见童贯，哄骗他说，天子有诏赏赐茶药，宣召足下赴阙，听说已任命足下为河北宣抚使了。童贯半信半疑，连声追问："此消息可靠否？"来人答道："如今的将帅皆是晚生后进，才疏学浅，不会带兵，天子与大臣计议，威望素著而又熟悉边事者只足下一人，舍你其谁！"童贯见他言之凿凿，不由得不信，便志得意满地夸耀："朝廷确实少我不得！"这一天童贯特别高兴，似乎已不是戴罪之身，又成了手握节钺、威震四方的元戎。次日，张明达才风尘仆仆赶到童贯住处，猝不及防宣读诏旨，即刻行刑，童贯只好引颈就戮。张明达把童贯的首级盛入黑漆木匣中，然后用水银及生漆浸泡，以防止腐烂，再用生牛皮加封牢固，带回京城。钦宗下诏在开封府市曹热闹处出榜晓示，悬挂童贯首级，任人观看。

没过多久，钦宗下诏赐时年五十的蔡攸自尽，蔡翛与朱勔也被钦宗派人至贬谪地杀死。至此，喧嚣一时的六贼全都灰飞烟灭，受到了应有的制裁！

九叶鸿基一旦休

汴京王气黯然收

金戈铁马，鼓鼙阵阵。金军虽退出了京师，但攻宋战争并未停止。靖康元年（1126）八月，金太宗以粘罕为左副元帅，斡离不为右副元帅，率师再次大举伐宋。二人分别从西京、保州南下，一路势如破竹，兵锋直指汴京开封。十一月二十三日，斡离不抵开封城下，屯兵刘家寺。闰十一月二日，粘罕亦至开封，屯兵青城，两军合围，将汴京团团围困。黑云压城，挟雷携电，汴京再度陷入危急之中。

钦宗命保甲军人、百姓、僧道等人上城守御，又设置东西南北四壁弹压提举官各一员，殿前司在京城诸营兵马一万人分屯五处，以备四壁策应。但是这些招募来的守城士兵，多是市井游手无赖之徒，成事不足，败事有余，往往骚扰百姓，致使怨声载道。更令人奇怪的是，他们与金兵近在咫尺，却不主动出击，任凭金兵运石伐木，制造攻城之具，往来于郊野之间。只是到了十一月二十七日，即金军攻城两天之后，钦宗才免去唐恪宰相之职，任命主战的何栗为相，孙傅为同知枢密院事，曹辅为签书枢密院事。但何栗只是一介书生，不谙韬略，在戎马倥偬之际，仍然饮酒赋诗，以示闲暇。同知枢密院事孙傅也不是久历戎行、指挥若定的军事家，他在窘急无奈之中，竟听信一个叫郭京的骗子，让他杀退金兵。原来孙傅一次读丘浚的《感事诗》，其中有"郭京杨适刘无忌，尽在东南卧白云"之语，希冀能访得郭京其人。于是殿帅王宗濋觅得龙卫兵副都头郭京，说他能掷豆为兵，且可隐形，用六甲法可以生擒粘罕、斡离不二将，扫荡金兵，只需七千七百七十七人。这分明是一派胡言，何栗、孙傅等庙堂大臣竟深信不疑，以他为神人。钦宗诏命赐他金帛数万，命他募兵，不问有无技艺，只选择年命合六甲者。郭京由副都头授武略大夫、兖州刺史，统率六甲兵。有一个在街市上耍棍舞棒之人，名叫薄坚，毫无军事知识，郭京用其做教头。有个叫傅致临的还俗僧人，自言有策退敌，请求募兵，朝廷从之。一个卖药人刘宋杰毛遂自荐，也被任命为将领。军国大事如同儿戏，有识之士对此忧虑不已，何栗、孙傅等人却自以为得计。

金军的攻势非常凌厉，他们将进攻重点放在善利、通津、宣化三座城门，每日都是矢石如雨，杀声震天，城墙上箭如猬集。金军又以磨石为炮，所至之处，楼橹为摧。尽管局面已严重至此，朝廷犹未有用兵之意，只是消极地防守。

闰十一月初九，金军在护龙河上垒桥取道。垒桥之法是先用木筏浮于水面，依次在上面放置柴、席子、土等，待木筏沉入水底，再用新的木筏依法炮制，直至铺出道路为止。宋方守将姚友仲挑选精锐士兵，以床子弩、九牛弩、大小炮等武器杀敌，又在城上绞缚可以遮蔽的虚棚，让士兵藏在里边向城下射箭。双方相持至晚，金兵不能前进，才弃桥而去。架桥不成，金兵又制造火梯、云梯、编桥、撞竿、鹅车、洞子等攻城工具。火梯、云梯、编桥，其高与城上的楼橹相等，也有高出城墙者。火梯可以烧楼橹，云梯、编桥可以倚城而上，均用轴轮推行，运转灵活。洞子的形状如一所高屋，上尖下阔，人往来其间，其长有数十丈者，上边用生铁包裹，内用湿毡铺就，矢石灰火皆不能入，可用以开道，也可用以攻城。宋军也使出各种招数抵御，双方在开封城下展开激烈的厮杀，一时难分胜负。

闰十一月二十三日，金兵再次将火梯、云梯、编桥等陆续运往城下，又推来盛满矢石的对楼（一种攻城工具）五座，城上宋兵以撞竿捣毁三座，并掷草火焚烧。不料当日刮南风，大火竟蔓延到城墙上来，烧毁城上楼子二座。金军火炮如雨，箭矢似柴林，护城河中也填满鹅车，金军在鹅车掩护下直抵通津、宣化二门，攻势甚锐。二十五日，大雪纷飞，北风凛冽，金人乘寒急攻。钦宗下诏，士卒悉数登城防御。宰相何栗、同知枢密院事孙傅忽然想起了郭京，郭京不得已，领着六甲兵七千七百七十七人，大开宣化门出城迎敌。城中士庶数千人延颈企踵，静候佳音，鼓噪助阵者又有数千人。不久便有人报告说，郭京已夺金人大寨，又说得金人马千匹，其实皆是无根妄说。金兵分两翼而进，可怜这些"神兵"都是血肉之躯，被金兵铁骑一扫而尽，积尸不计其数，郭京早已逃得不知去向，宋军只得慌忙关闭了城门。金人又用云梯、编桥并力攻城，城上士兵虽众，却无人用命，皆弃城而去，守御官吏，争相遁逃，金兵趁机攻上城墙，插上金人旗帜。溃散的宋兵到处杀人放火，劫掠钱财，火光亘天，达旦不灭，百姓哭声震动天地，太尉姚友仲，将士、使臣、宦官被杀者不计其数。守御了一个月的京城宣告陷落。

宋都开封自五代后梁即建都于此，至陷金兵之手，中原王朝惨淡经营了两个世纪，至北宋末年极臻繁华。北宋自太祖赵匡胤开国以来，经太宗、真宗、仁宗、英宗、神宗、哲宗，由徽宗传至钦宗，历九世，近一百七十年的基业，毁于一旦。一个曾创造过辉煌文化的王朝从此改朝换代。其实，北宋不是亡于金人的强大，也不是联金攻辽有什么战略失误，而是亡于廊庙朽蠹，朝政腐败，人心涣散，军无斗志，而对手又是刚刚勃兴的游牧民族政权，一方是气数将尽，一方是锐气方张，不待蓍龟，便可知北宋必然灭亡了。

一旦归为臣虏

靖康元年（1126）闰十一月二十六日清晨，徽宗在龙德宫得知京城已被攻破，不禁魂飞魄散，心惊胆裂。刚刚起床，便被卫兵拥入禁城，其时雪虐风厉，漫天皆白，徽宗踌躇雪中，心乱如麻，不知该向何处去。钦宗派带御器械王球领殿内带甲亲从官二百人，将他迎入延福宫，而太后已等候在那里了。夫妇相见，哽咽无语。

二十七日，斡离不、粘罕以战胜者的身份邀宋朝宰相议事，实际上是命令宋朝接受苛刻的投降条件。钦宗命何㮚与郓王赵楷前往，请求议和。金人表示，自古有南即有北，不可相无，大金国所求只是割地而已。复又坚持要与徽宗相见，显然是另有企图。何㮚返回后奏明钦宗，钦宗沉吟片刻说："上皇已惊忧成疾，不可出行，如金人坚持上皇前往，朕当亲行。"二十九日，钦宗派皇叔燕王俣、越王偲等十一人前往，但粘罕拒而不见。闰十一月三十日，钦宗亲率宰相何㮚、中书侍郎陈过庭、同知枢密院事孙傅等至金军大营青城，粘罕推说斡离不在刘家寺，天色已晚，容来日再见。钦宗一行无奈，当晚宿于斋宫。次日为十二月初一，金人一反常态，坚持要钦宗写降表，既是降表，就表明宋朝社稷已经覆亡。钦宗此时已是金人刀俎下的鱼肉，不敢不从，便按照金人的要求，命随从大臣孙觌写好呈上。金人表示满意，这才放钦宗返阙。

一个多月以后，即靖康二年（1127）正月九日，金人以面议金银及为金朝皇帝加徽号为由，再次要求钦宗至金营。钦宗已预感到此去凶多吉少，在延福殿朝见徽宗之时，置酒欢饮，未把金人要求他前往的事告诉徽宗，以免父皇伤心。十日，钦宗第二次前往青城，从此便身陷囹圄，失去了自由。

二月初六，粘罕、斡离不命人将钦宗押至青城寨中，命其下马跪听金朝别择贤人，立为藩屏的诏书。同一天，金人宣布废钦宗为庶人，另立皇帝，并敦促徽宗、后妃、嫔御、诸王、王妃、帝姬、驸马等出城。那些卖国求荣的宋朝大臣，为了邀功请赏，在当天夜里三更便进入延福宫，奏请徽宗次日出城。徽宗此时还不知道钦宗已被废黜，且成了金人的阶下囚，只觉得京师沦陷，事态严重，辗转反侧，一夜未能成眠，唏嘘不已。

　　二月七日黎明，徽宗刚刚起床，正在洗漱，大臣李石、周训、莫俦等一帮金人的走狗又叩宫求见。李石哄骗徽宗说："皇帝（指钦宗）令问候上皇，只因金人坚持要上皇出城，前次已经推辞，这次又要请上皇到南薰门厂舍拜表，若表到金人寨中，皇帝便可回归宫掖，金人意欲成就我朝一段好事，并无其他恶意。"徽宗沉吟半晌说："金人军中有变动否？卿可直言相告，不必隐瞒。朕平日给卿等爵禄不薄，不要因为蝇头微利误我大事。如有其他变故，我当从容谋划，不然徒死于金人之手，无补于国。"李石等发誓说，倘臣等所奏不实，甘受万死。这一批无耻之徒唯恐徽宗出城稍迟，会导致金人之怒。如果金人纵兵入城，他们的家室就有可能遭到洗劫，因此甜言蜜语引诱徽宗如期出郊，而这一切，城中百姓并不知情。徽宗派人去请显肃郑太后，而郑太后已到拱辰门外等候，欲与徽宗同行。夫妇两人寒暄数语，徽宗即索道服欲出。大臣姜尧臣劝阻说："虽说金人邀请车驾只在门里，但恐虏情诈伪不测，上皇应谨慎考虑。"徽宗摇摇头说："适才太后在宫中也听到皇帝捎来口信，我此去只是暂到门口，岂能不去？"内侍皆放声大哭，担心此去恐成生离死别。徽宗也抽泣不已说："此行纵然有不测之祸，恐怕也在劫难逃。金人如果以我为人质，让天子平安归来，确保社稷安然无恙，我也万死不辞。只是我谦逊有礼，退居道宫，不预政事，一切听命，未尝逾矩，今日落得这个结局，实在是有愧于先人。"徽宗取出平日常用的佩刀，让丁孚佩之，与郑太后乘坐肩舆出延福宫，由晨辉门而出，同行的还有郓王赵楷以下三十余人以及诸王妃、公主等人。大臣张叔夜认为，金人诡诈多端，皇帝一去不返，上皇不可再蹈覆辙，他愿率领精兵护驾突围，徽宗犹豫不决。

正在这时，莫俦手持金人元帅府文字入城，面见孙傅、王时雍、徐秉哲等人说，金人有令，上皇如不在申时（下午3时至5时）出城，即纵兵入城杀人。孙傅、王时雍吓得六神无主，立即面见徽宗，敦促他与后妃迅速到金营恳告。徽宗还未答应，掌管禁军的范琼以言逼之，徽宗涕泪横流，不得已，乃乘肩舆而行。将至南薰门，双门洞开，徽宗还以为是金使迎接，正欲从此出门到西厂舍，向导却挟持轿子出了南薰门。徽宗急得在轿内捶胸顿足，大呼丁孚取佩刀欲自尽，但丁孚出门时，佩刀已被金人搜去。行至东御园门，金人有使节来，传达粘罕、斡离不两元帅命令，说是先到寨（按：金朝权贵居住之地称寨）中，吃罢饭再相见。申时初徽宗一行到达南郊斋宫，金人已不把他当天子看待，只按亲王的规格接待他，从人皆被拦于西城门外，只丁孚等两三人相随。

徽宗出城的当天中午，徽宗之弟燕王俣、越王偲及后妃等也相继出城，百姓望见，惊忧战栗。有百姓两人打算邀拦徽宗，但没有成功，不久见燕王俣乘马而来，便拦住马头说："大王家的亲人都去了金营，京城生灵如何生活？不如留下一人以存国祚。"燕王赵俣哭泣说："大金指名要我去，如之奈何！"京城四壁弹压使范琼唯恐得罪金人，下令将两个百姓斩首，众人才一哄而散。到了傍晚，这一伙卖国求荣之徒出榜诳哄百姓说："留守司奉监国令旨，皇帝出郊，日久未返，上皇领宫嫔等出城，亲诣大军前，求驾回内，士庶安业。"当夜民情汹惧，各持军器巡防街巷，以防不测事件发生。

二月初八早晨，京城留守司恐百姓生事，又申谕说："上皇此次出郊，是为求圣驾早回，仰各居民安业，不得胡言乱语，诳惑众人视听。"到了下午黄昏时分，再次榜谕说："上皇出郊，众百姓不得手持兵杖，仰各知悉。"一天之内两次出示榜文，一方面说明天下无主，人心浮动，百姓不愿披发左衽，沦为金人奴隶，京城随时都可能引起混乱；另一方面也表明，那些卖国求荣之辈竭力维持秩序，讨好金人，以便将来在傀儡政权中分得一杯羹。

徽宗到了青城，金人传令在端诚殿相见。徽宗东向坐于客位，粘罕南向坐于主位，斡离不坐于西向相陪。徽宗慷慨激昂地指责金朝两名元帅说："你们口口声声说贵国先皇有恩于宋，其实是我朝有恩于你们。若是辽国来伐，即使亡国，我也甘心。尔等去岁兴师，我即传位于嗣君，嗣君马上割城犒军，尔等才退兵。如今尔等兴兵，又称嗣君失信，怎能如此信口雌黄？我知道此次兴兵，是萧庆、王汭等人教唆所致，可传唤两人与我对质，我岂畏一死！"粘罕、斡离不皆闭口无语，萧庆、王汭也都没有出面。此次会面没有任何结果。

徽宗因系金营，举手投足都在金人监视之中，百无聊赖，他自制一通札子，令人捎给粘罕。札子大意是说："当初缔结海上之盟，我以为双方欢好，可传万世。曾招收张觉，不久即遭贵方须索，我朝即斩首以献，这本乃区区小事，不意大兵踵至，指责甚厉。我引咎辞位，退居道宫，恬养魂魄，未尝干预朝政，而奸臣制造矛盾，离间我父子，即使大兵来到，也没有向我报告，至城破时始知是三关败约所致。这得归咎于嗣君不能谨奉大国之约，某亦训子无方，事局至此，夫复何言？"写到这里，徽宗笔锋一转，又以哀求的口气说："某愿以身代替嗣子，远赴贵国阙庭，如何处置，悉听尊便，只求给予嗣子一广南烟瘴小郡，以奉祖宗祭祀，终其天年。"灭宋是金人的既定国策，当然不会容忍钦宗继续称帝，徽宗此举不啻痴人说梦，金人自然不予理会，将徽宗赶出门外。

徽宗愁肠百结，心绪不宁，在东廊上徘徊，蓦地遇见已经被拘押了二十余天的钦宗。只见他满脸憔悴，衣冠不整，他当天子时还是一翩翩少年，事到如今，当年的风采已荡然无存。父子相见，抱头痛哭。徽宗对钦宗说："当初你若听从老夫之言，一同出幸，何致有今日之祸？如今一切都悔之晚矣。"钦宗俯首无语，只是唏嘘流涕而已。

当天金人又押解到北宋后妃五人、诸王二十八人、皇孙十六人、驸马七人，均关押在斋宫，接着又有宫眷七百余人分别被押至青城、刘家寺。当晚，粘罕为金朝将领举行庆功晚会，命令宋朝宫嫔换上歌女装束侑酒，其中郑、徐、吕三妇人抗命不遵，立刻被杀；烈女张氏、陆氏、曹氏因忤斡离不之意，金人以铁竿刺之，流血帐前，旋即毙命。其他王妃、帝姬等惶恐不已，人人乞命，粘罕假惺惺地好言抚慰，命她们重施膏沐，再整鬟鬓，换上舞衣，重新入宴。可怜这些一向安享荣华富贵的金枝玉叶竟成了金人的玩物！

二月十一日，王时雍、徐秉哲等人推举张邦昌为帝，这一天，钦宗皇后、太子等也被赶往金营。十四日，青城新建一寨，粘罕下令已经入选的童女、随来宫女以及新劫掠到的皇室妇女居之，供金人随时淫乐。十五日，王时雍召集百官作推戴表，拥戴张邦昌。一些不逞之徒趁着混乱潜入宫禁，偷盗财物，徽宗居住过的龙德宫首当其冲，他的衣物被洗劫一空，街上到处都是御物。徽宗平日雅好古玩珍宝，数量甚多，内侍梁平、王仍等奉金人命令搬取，珍珠、水晶帘、绣珠、红牙大柜、龙麝、沉香、乐器、犀玉、雕镂屏榻、古书画等，络绎不绝，陆续运出。天子所用的各种玺印，也都搬运一空。

十五日，徽宗第二十五子、建安郡王赵模因惊悸成疾，死于金营。徽宗第二十三子相国公赵梴也被拘入青城斋宫，当时他才15岁。有李浩其人者，与赵梴面貌相似，钦宗打算以李浩冒充赵梴，让赵梴脱身而走。但金兵看守严密，竟无隙可乘，没奈何，只得秘建安郡王之丧，由赵梴代替赵模。

十六日，金国帅府发布命令，凡已随从大金将士的宋朝妇女，应改为大金装束，有孕者堕胎。次日，粘罕宴请斡离不及诸将于青城寨，选定贡女三千人，犒赏妇女一千四百人，粘罕、斡离不两帅侍女各一百人。贡女是进献给金太宗的，犒赏妇女是赏赐给金军将士的，两帅的侍女自然都是姿色绝伦者，两人各有一百人。

十八日，斡离不宴请粘罕及金朝将领，并庆祝宋朝皇帝被废，命名为太平合欢宴。徽宗、钦宗、徽宗郑皇后、钦宗朱皇后也奉命出席，金将三十二人坐于堂下。席间，金人故意让宋朝妃嫔二十人、歌妓三十人一起侑酒，以此羞辱宋人。徽宗等悲愤交加，欲离席而去，粘罕不允。一场令金人狂欢的宴会，却使徽、钦父子如坐针毡。席散之后，斡离不告诉徽宗，粘罕之子设也马看上了洵德帝姬（名字叫富金），务请徽宗玉成其事。洵德帝姬当时18岁，乃徽宗第十四女，已嫁田丕为妻，徽宗自然不允，便推辞说："富金已经嫁为人妻，中国重廉耻，不似贵国没有禁忌。"粘罕拍案大怒说："昨天我刚接到圣旨，可以瓜分俘虏，你能抗拒得了吗？"当下便命令堂上客人各携带两名宋朝女子。徽宗大声抗争说："上有天，下有地，人各有女儿、媳妇，岂能如此乱来？"粘罕不由分说，命人把徽宗赶出帐外。郑皇后见侄妇还在堂下，跪地哀求说："姜家从来不参与朝政，乞元帅下令放还。"粘罕点头答应，郑皇后的侄妇才未沦入金国为奴。但徽宗之女洵德帝姬却未能逃脱厄运，到上京后沦为设也马的小妾，在北国过着俯仰由人、以泪洗面的生活。

二月二十日，徽宗第十八子信王赵榛之妃罗大姑，刚刚聘定，尚未迎娶，即被金人掳去，因不堪虐待，在青城寨自尽而死。其他各寨妇女，死亡相继，徽宗除了流泪叹息，竟是一筹莫展。

二月二十二日，徽宗第九子康王赵构（即后来的宋高宗）之母韦贤妃也被挟持至青城斋宫，与康王之妃邢氏一同囚禁在寿圣院。当时康王领兵在外，粘罕命徽宗以手谕召他回京，赵构当然不肯自投罗网，此事没有结果。

二月二十三日，金朝将领宴请粘罕、斡离不二帅，两人表示，已接到大金国皇帝命令，赵桓（指钦宗）在出降之前，曾自请别立贤君（钦宗在金营曾被迫写降表），对这种悔过行为应当优容，准以子姓为藩辅。至于赵佶、赵桓家属，由元帅府提出具体建议。其他俘获人畜，仍依过去之例上贡、犒赏。这意味着徽宗、钦宗及其家属的命运如何，取决于粘罕、斡离不两人，而其他被俘的普通人，无论是上贡到金国或是被赏赐给金朝将帅，都注定逃脱不了当奴隶的厄运。次日，金国大将在酒席宴上每人携带的宋朝妇女大多放还，共有女子十二人，她们又回到了寿圣院。只有粘罕、斡离不两人及设也马、宝山大王（此二人皆粘罕之子）所携带的女子没有放还，她们是粘罕所取的徽宗之女顺德帝姬，斡离不所取的徽宗之女柔福帝姬，设也马所取的徽宗之女洵德帝姬及邓王赵材之妻徐庆英，宝山大王所取的惠福帝姬与相国公赵樻之妻孔令则。顺德帝姬名叫缨络，17岁，已嫁向子扆为妻；柔福帝姬名多富、嬛嬛，17岁，未嫁，入金后归盖天大王赛里，后在五国城改嫁汉人徐还；洵德帝姬名叫富金，18岁；惠福帝姬名叫珠珠，当时只有16岁。此后的几天中，又不断有噩耗传来，二十四日，17岁的仪福帝姬（名叫圆珠）身患重病，被送入寿圣院，后来便不见消息，想是已香消玉殒了，她是徽宗的第九女。二十五日，16岁的仁福帝姬（名叫香云）薨于刘家寺，她是徽宗的第二十四女。三月初七，16岁的保福帝姬（名叫仙郎）也薨于刘家寺，她是徽宗的第二十三女。三月十三日，开封府向金人缴纳搜括来的金银及郓王赵楷之妾王氏至刘家寺，王氏自尽，年仅16岁。经受一系列的打击和屈辱，徽宗愤懑难平，痛不欲生，只46岁的年龄，一夜之间便两鬓添霜。

与失女之痛相伴而来的是政治上的打击。靖康二年（1127）三月六日，宋朝统制官宣赞、舍人吴革打算诛杀投靠金人的将领范琼，从金人手中抢回徽、钦二帝，谁料事不机密，反为范琼所杀。三月七日，金人的傀儡张邦昌粉墨登场，登皇帝位，国号大楚。十六日，粘罕召徽、钦二帝宣读金太宗诏书，诏书强调要择立异姓以取代赵氏，同时令元帅府差人将徽、钦父子押解至燕京。尽管徽宗早就料到亡国后命运多舛，吉凶难卜，但未料到这么快就被押解北上，以后的日子恐怕就要在边徼荒野之地度过了。祖宗辛辛苦苦打下来的江山，就这样断送在自己手里，将来九泉之下，有何面目去见列祖列宗？他蓦地想起了南唐后主李煜的两首《望江南》词：

多少恨，昨夜梦魂中。还似旧时游上苑，车如流水马如龙，花月正春风。

多少泪，断脸复横颐。心事莫将和泪说，凤笙休向泪时吹，肠断更无疑。

以往读这两首词，只觉得后主词人习气太浓，即使失国，何至于如此泪痕满面！今日自己成了阶下囚，才体会到这亡国之切肤之痛！

正当徽宗胡思乱想之际，粘罕派人扯下了徽、钦父子的服装，换以青袍，两人的皇后也改换成平民装束。改换装束就意味着徽、钦二帝已不再是天子，沦为金人的阶下之囚。跟随徽宗前往金营的宋朝吏部侍郎李若水大呼："帝号不可去，龙袍不能脱，若水唯有死而已。"大骂不绝口，粘罕大怒，挥拳击之，若水脸上登时流血不止。粘罕将若水单独囚禁一室，并派人监视，若水绝食三日，粘罕召见他，他历数金人失信五事，又高声叫骂，被金人戕杀。李若水的气节颇为金人赞许，相与言说，辽国之亡，死义者十数人，南朝只有李侍郎一人，可钦可敬！

三月十七日，粘罕派人持书示徽、钦父子，命令他们火速赴燕京朝见金太宗，不得迟误。这样，徽宗不得不离开生于斯、长于斯的桑梓之邦，到山水迢递的异国他乡，去过他的俘虏生活。

这时的徽宗已一贫如洗，分文不名了。他在无奈中写信给张邦昌的执政大臣王时雍、徐秉哲说："社稷山河，素为大臣所误，今日我父子离散，追念痛心，悔之何及？只因北行在即，缺少厨房中所用器具，烦请于左藏库支钱三千贯购买，并搬运至此。请二位努力侍奉新君，勿念旧主。"堂堂大宋天子竟然没钱买厨具，拮据到这种地步，令人扼腕叹息！徽宗明知王、徐两人叛国投敌，还要违心地鼓励他们善事新君，勿念旧主，心里一定是在泣血。粘罕、斡离不得知徽、钦父子只身出城，身上没有余钱，忽生恻隐之心，特赠徽宗银三千两，表缎四匹，厨具四套。二十四日，金人归还仁福帝姬、金儿帝姬、保福帝姬三人之丧，徽宗得知，又是悲痛欲绝。她们都是锦瑟年华，如今却含恨早逝，悠悠苍天，此情何堪，此恨何极！

只缘生在帝王家

金兵进入中原后，铁骑所至，屠戮生灵，劫掠财物，驱虏妇人，焚毁庐舍，已是司空见惯之事。金朝奴隶主贵族又把从中原掠得的汉人强行迁往漠北，五百人为一队，由金兵押解，如驱猪羊。京师人不能远走徒涉，稍微迟缓，便被敲杀，致使尸横遍野。据《三朝北盟会编》一书称，被迫迁徙北上者为十万人，而《靖康稗史》一书则说，北上者有二十万人。徽、钦二帝及其眷属就是被迫北迁汉人中的一个特殊家族。

由于开封府为金人提供了皇室成员的详细名单，金人按图索骥，将徽、钦二帝及后妃、皇子、帝姬、皇孙、驸马等统统囚系北上。他们是：

神宗诸子：徽宗赵佶，46岁，后来殁于五国城；燕王赵俣，43岁，死于北迁途中；越王赵偲，43岁，后来殁于韩州（今辽宁昌图北八面城）。

徽宗后妃：郑皇后，47岁，后死于五国城；乔贵妃，42岁，流落五国城；崔贵妃，36岁，后赴五国城；王贵妃，35岁，后死于燕山；韦贤妃，38岁，宋高宗生母，曾被迫嫁金人盖天大王为妻，绍兴十二年（1142）返回临安（今浙江杭州）；朱贵仪，39岁，流落五国城；金贵仪（名秋月），19岁，北迁后归金将萧庆；金淑仪（名弄玉），20岁，北迁后入额鲁观寨；裴淑容（月里嫦娥），19岁，北迁后入额鲁观寨；陈淑容，19岁，下落不详；曹顺仪，32岁，下落不详；徐顺容

（名散花），21岁，流落五国城；周顺容，25岁，下落不详；林婉仪（名月姊），23岁，流落五国城；王婉容（名月宫），29岁，流落五国城；任婉容（名金奴），21岁，流落五国城；阎婉容，19岁，后来殁于五国城。此外还有位号为昭仪、昭容、昭媛、修仪、修容、修媛、充仪、充容、充媛、婕好、才人、贵人、美人、夫人等多人，年龄多在17岁至22岁之间。她们的结局大致或死于北上途中，或流落五国城，或归金人某一将领，或入上京洗衣院，或入云中御寨，上京洗衣院实际上就是妓院。

迁入金国的徽宗后妃共计一百四十四人，均有姓名可考。当时局势混乱，统计不完整，肯定有漏报者，即便如此，一百四十四人的后妃群也是一个庞大的数目。据有关史料记载，徽宗五七日内必御一处女，得御一次，即升位号，他退位后放出宫女六千余人，可见徽宗妃嫔之多，否则用不着这么多宫女。

徽宗诸子：徽宗共三十一子(包括迁徙北国后所生的赵柱)，除赵柽、赵楫、赵材、赵栱、赵椿、赵机六王早逝，赵朴、赵樕不知所终，另一王子薨于青城外，余皆北迁。他们是：钦宗赵桓，28岁，绍兴二十六年（1156）殁于五国城，终年57岁；郓王赵楷，27岁，建炎四年（1130）殁于韩州；肃王赵枢，26岁，建炎四年殁于五国城；景王赵杞，24岁，流落五国城；济王赵栩，22岁，流落五国城；益王赵棫，21岁，已废为庶人，流落五国城；祁王赵模，20岁，绍兴八年（1138）殁于五国城；莘王赵植，20岁，死地不详；徐王赵棣，19岁，流落五国城；沂王赵㮮，18岁，绍兴三年（1133）与驸马刘文彦上告徽宗谋反，被金人诛于五国城；和王赵栻，17岁，建炎二年（1128）殁于上京至韩州途中；信王赵榛，17岁，北行至庆源（今河北赵县），藏匿于真定境内，时马扩聚兵五马山寨，奉以为主，金人破寨，不知所终。后与徽宗同居五国城，绍兴十年（1140）病殁；安康郡王赵㮳，16岁，流落五国城；广平郡王赵楗，15岁，绍兴十一年（1141）殁于五国城；相国公赵梴，15岁，流落五国城；瀛国公赵樾，13岁，绍兴元年（1131）殁于五国城；温国公赵栋，9岁，流落五国城；仪国公赵桐，7岁，流落五国城；昌国公赵柄，6岁，绍兴二年（1132）殁于五国城；润国公赵枞，5岁，流落五国城。

　　徽宗诸女：嘉德帝姬赵玉盘，28岁，嫁曾夤，又嫁金朝宋国王，绍兴十年（1140）殁于上京；荣德帝姬赵金奴，25岁，嫁曹晟，再嫁金朝鲁国王，绍兴十二年（1142）被金熙宗封为夫人；安德帝姬赵金罗，22岁，嫁宋邦光，后归粘罕之子设也马大王；茂德帝姬赵福金，22岁，嫁蔡京子蔡鞗；成德帝姬赵瑚儿，18岁，嫁向子房；洵德帝姬赵富金，18岁，嫁田丕，入金后为设也马妾；顺德帝姬赵缨络，17岁，嫁向子扆，绍兴七年（1137）殁于五国城；柔福帝姬赵多富、嬛嬛，17岁，入金后归盖天大王赛里，后在五国城嫁徐还，绍兴十一年（1141）死，开封尼姑静善冒充柔福，高宗封其为福国长公主，事情败露后赐死；宁福帝姬赵串珠，14岁，绍兴十一年（1141）被金熙宗封为夫人；和福帝姬，12岁，下落不详；永福帝姬，16岁，下落不详；惠福帝姬赵珠珠，16岁，入金后为某王妾；令福帝姬，10岁，绍兴五年（1135）被金熙宗封为夫人；华福帝姬，9岁，绍兴十二年（1142）金熙宗封为次妃；庆福帝姬，7岁，绍兴五年（1135）被金熙宗封为夫人；仪福帝姬赵圆珠，17岁，下落不详；纯福帝姬，4岁，由上京洗衣院归设也马大王，后嫁王昌远（一名成棣，即《青宫译语》的作者）。

徽宗有女三十四人，其中十四人早亡，崇德帝姬死于宣和二年（1120），恭福帝姬北迁时方1岁，金人不知，故未北行，余皆北迁。

徽宗驸马，共八位，他们是：娶嘉德帝姬为妻的曾夤，28岁；娶荣德帝姬为妻的曹晟，24岁；娶安德帝姬为妻的宋邦光，22岁；娶茂德帝姬为妻的蔡鞗，21岁；娶成德帝姬为妻的向子房，18岁；娶洵德帝姬为妻的田丕，18岁；娶显德帝姬为妻的刘文彦，18岁，因与沂王合谋诬告徽宗谋反，事情败露后被金人诛于五国城；娶顺德帝姬为妻的向子宬，17岁。

徽宗之孙：共十六人，年龄最大者10岁，最小者2岁。除郓王赵楷第五子宝郎殁于北迁途中外，其余都到了五国城。

徽宗孙女：共三十人，年龄最大者8岁，最小者1岁。她们的结局或流落五国城，或入上京洗衣院，或长大后嫁给金人，或殁于北上途中。

值得一提的是徽宗的几位后妃。

正宫王皇后，开封人，元符二年（1099）嫁给徽宗，当时徽宗还是一名藩王，尚未入继大统。徽宗即位后册封为皇后，生钦宗及崇国公。她生性俭约，虽贵为皇后，却从不暴殄天物。当时郑、王两位贵妃恃宠而骄，王皇后有容人之量，恬淡不以为意。有宦官在郑、王两贵妃唆使下，诬王皇后有暧昧之事，徽宗派人调查，纯属子虚乌有，王皇后亦不加辩解，令徽宗惭怍不已。大观二年（1108），她一病不起，香消玉殒，时年25岁。

郑皇后也是开封人。她本是神宗正宫向皇后的押班（内侍官名），徽宗当藩王时，每日到慈德宫朝见向皇后，向皇后命郑、王二人押班供侍，两人小心谨慎，颇得徽宗好感，等到徽宗即位，向皇后便把两人赏赐给他。郑皇后知书达礼，能自制章奏，徽宗颇爱其才，很快由贤妃晋封贵妃，宠冠后宫。徽宗多次赐以词章，在朝野广为流传。王皇后死，徽宗册封她为皇后。郑皇后虽贵为皇后，从未给娘家人乞请过恩泽，她的侄子郑居中在枢密院任职，郑皇后认为外戚不当参与国政，居中因此被罢官。钦宗受禅即位，尊她为太上皇后，迁居宁德宫，称为宁德皇后。徽宗禅位南下，郑皇后跟随到南京（今河南商丘）、维扬（今江苏扬州）。汴京被金人攻陷，郑皇后跟随徽宗至金营，后又与徽宗一起北迁。五年之后，崩逝于五国城，享年52岁。

韦贤妃也是开封人，高宗赵构生母。初入宫时为侍御，由郡君、婕妤迁为婉容。汴京陷落，跟随徽宗北迁。绍兴七年（1137）高宗始知徽宗、郑皇后已殁，生母韦贤妃尚在人世，便想迎接母亲归来。金使至宋，亦言韦后不久将放还，高宗预先为母亲建造了宫殿，但金人口惠而实不至，仍羁留不遣。以后宋金使轺往还，高宗均以归还韦后为先决条件。宋金绍兴和议成，双方媾和，止兵息戈，金人再拘系韦后已无意义，于是乐得做个顺水人情，于绍兴十二年（1142）将韦后放还。韦后得以寿终正寝。

　　乔贵妃与韦后起初均是郑皇后侍婢，两人意气相投，结为姐妹，相约先贵者勿相忘。不久，乔贵妃有宠于徽宗，她不忘旧约，也把韦后引入宫闱。徽宗被俘北上，韦、乔两妃均未能幸免。后来韦后南归，乔贵妃殁于五国城。

　　徽宗宠幸的贵妃中，有一位刘贵妃，她出身寒微，但入宫后即受到宠幸，由才人连升七级而至贵妃，生益王赵棫、祁王赵模、信王赵榛。有一年她在庭院中亲手种了几株芭蕉，竟说："等芭蕉长大，恐怕我已不在人世了。"其时她只是偶染微恙，忽然说出此话，众人皆以为不祥，连忙上奏给徽宗。谁知一语成谶，两天之后，刘贵妃竟一病不起。徽宗悲泣不已，将其生平事迹编成诗文，配上曲子到处传唱。

　　还有一个安妃刘氏，乃酒家之女，曾当垆卖酒，生得袅袅婷婷，跌宕风流，曾在崇恩宫当侍女。内侍杨戬在徽宗面前夸奖刘氏有倾国倾城之貌，可与王昭君媲美，徽宗怦然心动，将她召入宫掖。安妃生建安郡王赵楧、英国公赵橞及和福帝姬。安妃名花解语、天资聪慧，善于逢迎徽宗之意，又喜好装饰，每制一衣，款式新颖，满城争相仿效。宣和三年（1121），安妃染疾而逝，年仅34岁。

　　有一个姓彭的小妾，猾黠多智，徽宗在藩邸时甚为喜欢她，后因小有过失，被赶出府邸，嫁给一聂姓人家为妻。徽宗登基后，怀念不已，特地把她召入宫禁，因她曾为民妻，宫中无法称呼，上上下下都称之为彭婆婆或聂婆婆。一人得道，鸡犬升天，彭婆婆倚仗徽宗之势，父党夫族，不顾廉耻，揽权索钱，士大夫亦有走其门路以打通关节者。徽宗沦为阶下囚，所有后妃悉数被俘北迁，只因彭婆婆没有名位，侥幸成为漏网之鱼，安然居住在宫掖中。张邦昌僭窃帝位，一夕置酒殿中，彭婆婆趁张邦昌酒醉，以红色半臂（短袖衣服）搭在邦昌身上，将他拥至福宁殿，命宫人中有姿色者侍邦昌寝。后来高宗即以淫污先帝妃嫔为理由，将张邦昌处死。

北国播迁，飘零无依

靖康二年（1127）三月底，金人在灭亡了北宋，携掠了大批金银财宝后开始撤军。徽宗、钦宗、后妃、皇子、帝姬、驸马等四百七十余人及教坊、宫女等三千余人，统统作为俘虏，被金人押解北上。金人为方便押送，将宋俘分作七批，陆续由开封起程。

第一批：宗室贵戚男丁二千二百余人，妇女有三千四百余人，濮王、晋康、平原、和义、永宁等几位郡王都在这一批中，由都统阇母（即多昂木）押解。靖康二年三月二十七日，自青城国相寨起程。四月二十七日抵达燕山，居住在甘露寺。这些宗室贵戚出身于钟鸣鼎食之家，平日轻裘肥马，养尊处优，怎禁得起这种风刀霜剑、阶下为囚之苦！奔波一月，到达燕京时，妇女只剩下一千九百余人，差不多有一半竟死于途中，男丁损失无考。翌年七月，这批人被迁往通塞州（不详何地）。同年十二月，迁往韩州，此时男丁女口合计只剩九百余人了。两年之后又迁往咸州（今辽宁开原东北），濮王及几位郡王被押至徽宗处。绍兴元年（1131）十一月，这支俘虏又由九百人减至五百余人，只相当于出发时的十分之一。金人将他们迁往上京，男子编充兵役，女子充作婢女，把守宫院。

第二批：徽宗妃子韦贤妃（高宗生母），徽宗子相国公赵梃、郓王赵楷，洵德与柔福两帝姬、康王赵构之妻邢氏、郓王之妻朱氏、郓王及康王两人女儿，共计三十五人，由粘罕长子真珠大王设也马、盖天大王赛里（完颜宗贤）、千户国禄、千户阿替计押解，于靖康二年（1127）三月二十八日自寿圣院、刘家寺皇子寨起程，目的地是上京洗衣院。这支俘虏中女子居多，她们不习惯坐骑，路途中纷纷坠马，欲速不前。路途中所经之地屡遭兵火，到处是断壁颓垣，尸骸腐朽，白骨累累。夜宿破寺，金兵屯于寺外，环绕若寨。停一时许，金人的行李及炊具始运至寺，设也马即令金兵铺皮毡于殿上憩息。氄帐（鸟兽的细毛织成的帐子）支于殿外，灯上温酒，金人围坐大嚼。饭毕，设也马、赛里等宿于殿内，其他人宿于氄帐内。

二十九日，康王赵构之妻邢氏、郓王赵楷之妻朱氏、洵德帝姬、柔福帝姬因坠马伤胎，不能骑马，只能在后边慢行。

四月初一，宝山大王（名斜保）押着钦宗正宫朱皇后、朱慎妃、钦宗之女以及徽宗之女惠福帝姬至宋俘大队人马住宿的破寺内会合。众人相见，抱头痛哭。

四月初二，宋俘在晨光熹微之时被押起程，赵楷之妻朱氏离队便溺，千户国禄趁机欲奸污之，被朱氏拒绝，国禄又欲登上朱后所坐牛车，斜保见他图谋不轨，以鞭笞之。过了昨城

（今河南延津），欲渡黄河，闻知宋将宗泽提兵至大名（今属河北），欲邀击金兵，金兵未敢渡河，拥挤于途中，夜晚宿于荒郊野外，当地的金朝官员供应酒食。长夜漫漫，闲暇无事，设也马令随行的翻译询问宋朝宫中轶事，得知徽宗好色，妃嫔甚多，不理政事，退位后放出宫女六千人。钦宗不好女色，即位半年，只立一妃、十夫人，其中只有三位得幸。郓王赵楷性懦体弱。康王赵构目光如炬，好色如父。

初三，金人探知宋兵已撤，争先恐后北行，车马堵塞于途，拥挤不堪，到金乌西坠时分，才来到黄河岸边。

初四，这支宋俘在金兵押送下渡河北上，万户盖天大王已在黄河北岸迎候。由于其弟野利已为他代聘柔福帝姬为妻，忽见千户国禄与柔福帝姬同马，不禁怒从心中起，恶向胆边生，拔刀杀死国禄，弃尸于河，欲携柔福帝姬单独北归，设也马以奉诏入京相告，盖天大王乃随大队人马行走。一路上经过汤阴、邯郸、邢州（今河北邢台）、柏乡（今属河北）、栾城（今属河北），十一日抵达真定，入城后馆于帅府。千户韶合设宴款待设也马等人，强令赵楷之妻朱氏、钦宗之妃朱慎妃唱歌侑酒，两人以俘虏身份跋涉于野草蒿莱之间，终日以泪洗面，哪有心情唱歌！但慑于金人淫威，不敢不从，朱氏哽咽着唱道：

昔居天上兮，珠宫玉阙。今居草莽兮，青衫泪湿。屈身辱志兮，恨难雪。归泉下兮，愁绝。

朱慎妃也含泪唱道：

幼富贵兮绮罗裳，长入宫兮侍当阳。今委顿兮异乡，命不辰兮志不强。

歌未唱完，两人已泪下千行，泣不成声了。这场宴会不欢而罢。

四月十八日，这一批宋俘抵达燕京，燕人闻宋俘至，万人空巷，男女咸集，如睹异宝。宋俘居住在愍忠寺。他们本来以为，到了燕京就不会再有迁徙奔波之苦，凄风苦雨的生活可以暂时告一段落。但是，仅仅过了六天，金人便又驱赶他们上路了，目的地是上京。二十四日，韦贤妃等被押北上，自燕山登程后，沙漠万里，路绝人烟，艰苦万状，殆非笔墨所能形容。当行至海云寺（今辽宁兴城南）时，宋朝的女俘书写誓愿，在佛前焚香祷告，乞求苍天保佑，有朝一日能够返回故乡。金人嗤其异想天开，但也不加禁止。一个月之后，即五月二十三日，这一批宋俘抵达上京。

六月初七，韦贤妃等在金人押送下进入乾元殿朝见金太宗。只见金太宗正襟危坐于殿上，皇后坐于侧位，韦贤妃等以金人之礼跪右膝，蹲左膝，然后金太宗皇后下座抱韦贤妃之腰离座，赐座殿旁。金太宗退朝之后，金人即宣读对宋俘的处理决定：洵德帝姬赵富金，王妃徐圣英，宫嫔杨调儿、陈文婉，赐给粘罕长子设也马为妾；郡国夫人陈桃花、杨春莺、邢佛迷、曹大姑为侍婢；康王赵构之母韦贤妃、郓王妃朱氏、康王妃子邢氏、柔福帝姬赵嬛嬛以及徽宗孙女肃大姬、宫嫔朱淑媛等多人入洗衣院。

第三批：钦宗妻妾、惠福帝姬等共三十七人，由粘罕子宝山大王斜保、盖天大王赛里押解，于靖康二年（1127）四月一日自斋宫起程。十八日抵达燕京，入居愍忠寺。十月，与宋徽宗会合。

第四批：徽宗及其子弟燕、越、郓、肃、景、济、益、莘、徐、沂、和、信等十二位王子，安康、广平两郡王，瀛、嘉、温、英、仪、昌、润、韩八位国公，诸王孙，驸马，徽宗妻妾奴婢，合共一千九百四十余人，由万户额鲁观（即完颜宗隽）、左司萧庆、孛堇葛思美等押解。靖康二年三月二十七日夜，自斋宫及青城国相寨移至刘家寺皇子寨，二十九日登程，五月十三日抵达燕京，居住延寿寺。

第五批：帝姬、王妃等一百零三人，侍女一百四十二人，由斡离不押解。靖康二年三月二十九日自刘家寺皇子寨、寿圣院起程。五月十九日抵达燕京，居皇子寨府。

第六批：贡女三千一百八十人，其他僧道、秀才、监吏、裁缝、阴阳、技术、影戏、傀儡、小唱诸色人等三千四百一十二人，由右监军谷神（即完颜希尹）、左监军挞懒等押解。靖康二年四月初一，自青城国相寨起程，五月二十七日抵达燕京。因金人动辄鞭笞责罚，途中死亡甚多，到燕京时贡女只余二千九百人，诸色人等剩余一千八百人，沿途竟死亡了一千八百人。后来这批人中的一半又被分往上京。

第七批：钦宗、钦宗太子、祁王赵模、顺德帝姬及大臣孙傅、何栗、张叔夜、司马朴、秦桧、陈过庭等六人，侍女一百四十四人，由粘罕、耶律余睹押解。靖康二年四月初一日从青城国相寨起程，六月初二抵云中（今山西大同），七月初十抵达燕京，与徽宗相会。

应该详尽叙述的是徽宗这一批。

自从得到被押解北上的消息，徽宗便六神无主，目光呆滞，领着皇后、诸王遥望城中，拜辞宗庙，耳畔蓦地又响起了李后主"最是仓皇辞庙日，教坊犹奏别离歌，垂泪对宫娥"之词，他伏在地上，痛哭失声，气塞咽喉。景王赵杞忙搀起父皇，六宫无论长幼，皆呜咽不已。钦宗领着儿子也来拜辞。景王自入郊宫，便衣不解带，服侍父皇，尽管他只有24岁，也如同过昭关的伍子胥，一夜之间须发皆白。

靖康二年（1127）三月二十九日黎明，徽宗乘坐平日宫人所坐牛车，每辆车用牛五头，由不通华语的金兵牵驾，第二辆车上坐着郑皇后，以下是厨师及宫廷服侍人员，总共用车八百六十余辆。先至刘家寺会见斡离不，又让郑皇后以下妃嫔、诸王、帝姬出见，双方席地而坐。斡离不派翻译对徽宗说："自古圣贤之君，无超过尧舜者，尽管如此，犹有禅让之事，把帝位计与有德之人，此事历代都有，上皇心中自然明白。本朝灭亡契丹，所得妃嫔儿女，悉数赏赐给诸军将领。只因上皇昔日与我朝有海上之盟，故令儿女依旧相随，服式官职，一仍其旧。"又劝酒说："事有远近，请放心快活。"徽宗致谢说："当日为兄弟之国，今日我沦为阶下囚，岂非命运使然；乞太子网开一面，全活千口性命。某愿以身代替嗣子，远朝大国，乞太子应允。"斡离不摇头拒绝，推说是大金国皇帝不准。徽宗并不死心，又哀求说："两国订立盟约，责任全在于我，非将相之过。某罪戾深重，故请以一身仰答天谴，但愿不连累他人。"斡离不不但说此意甚好，但事关重大，他无权做主，自然不允所请。酒席之间，斡离不面请王婉容所生令福帝姬许配粘罕次子为妇，徽宗不敢违拗，只得唯唯应命。从此以后，粘罕、斡离不不再与徽宗见面，只命人每天都送来鸡兔鱼肉酒果，徽宗心绪不宁，哪有心饮酒食肉，只是长吁短叹而已。

风雨如晦，山水迢递。徽宗一行从刘家寺出发，夜晚行至封丘（今属河南），金人下令在此住宿。徽宗、郑皇后与帝姬分开居住在氊帐中，身旁是押解的金军将领住的氊帐，周围是金军士兵住的布棚，严密监视宋俘的一举一动，金人称之为馆伴。其时虽已是阳春三月，惠风和畅，万物复苏，但徽宗内心却寒冷如冰，他和衣躺在氊帐内，辗转反侧，竟是一夜无眠。

四月初一，徽宗一行来到胙城，与第二批韦贤妃、第三批钦宗朱皇后相遇，只能以目示意。次日，金人说河北路途不靖，停车两日，派士兵先渡过黄河扫清道路。两天之后出发时，徽宗眼睁睁看着韦贤妃、相国公、柔福帝姬等乘车而去，至亲骨肉竟不敢和他们道声问候，不觉五内俱焚，潸然泪下。

徽宗等渡过黄河，来至浚州（今河南浚县东）城外时，金人拦阻百姓观看，只准许卖食物的小贩近前。小贩们得知囚车上坐的是被废黜的徽宗皇帝，可怜他身为楚囚，落魄江湖，不由动了恻隐之心，纷纷馈赠炊饼、藕菜之类，不受其值。自过此州，行走新路，怕通都大邑中有人劫驾，步兵在前边砍斫荆棘，骑兵再把荆棘拖走，遇水浅之处填以柴草，开辟为路，遇水深之处则架设小桥。这一行人跋涉于荒野之间，十数日不见屋宇，夜泊荆棘或桑木之间，艰难困苦，不可言状。即使遇上滂沱大雨，亦行走于泥淖之中，途中往往车坏牛死，人行稍有迟缓，即被金兵杀死。日暮宿营时，金兵即以牛车的前辕相向，三面环绕，又斫树枝作为鹿角，鹿角之外再派重兵把守，只留一面供金兵出入，以防宋朝俘虏逃跑。然后派人凿井打柴，埋锅造饭。但宿营之处距水源甚远，等到弄来泉水，饭罢已是夜阑更深，不少人已经饿昏了。

四月初七，徽宗一行抵达汤阴，徽宗之嫔曹才人离队小解，被馆伴阿林葛思美奸污。徽宗无可奈何，只得令肃王赵枢传谕后宫，不要擅自离开队伍，以免遭受淫污。

四月初八，徽宗一行来到相州（今河南安阳），与谷神押解的贡女相遇。这批贡女人数众多，均乘牛车，每车两人，夜晚宿营时，贡女睡在车中，金兵宿于帐篷内。外边还有士兵轮流站岗。由于连日下雨，车上无法入睡，贡女只得躲入金兵帐中避雨，金兵趁机奸淫，毙命者甚多，徽宗只是扼腕叹息，无法阻止。

四月十二日，宋俘进入邯郸境内，因所行均非驿道，鸟道羊肠，荆天棘地，几乎不辨路径，无法行走。三日后进入邢州，连日风狂雨骤，车折马倒，宋朝俘虏死亡枕藉，大多弃尸荒郊，无人掩埋，甚为可怜。途中食物甚少，徽宗与郑皇后夫妇共分得羊一只、粟一斗，其他人则是四人或六人才能分得一只羊，米按人头每人两升，所发食物，仅此而已。因为食物不够，徽宗不得不在途中采摘桑葚充饥。他对身边大臣说："我当藩王时，乳母曾吃桑葚，我也取数枚食之，觉得味道甚美，但未食完，便被乳母夺去。今日再食桑葚，而祸难至矣，岂非我的命运都与桑葚相始终！"说罢，不胜唏嘘！

四月十六日，徽宗行至都城店（今河北内丘县南），燕王赵俣（徽宗异母兄弟）因途中乏食，饥饿而死，金人以马槽盛殓，犹露双足。燕王的妻子、儿子同在一军，请求斡离不准予归葬中原，斡离不不允，就寨外焚化，在徽宗一再坚持下，携骨灰同行。至夜晚，他伏在骨灰盒上痛哭说："兄弟且慢行走，我不久将到泉台与你相会。"连看管他的金兵，也被感动得泪湿沾襟。

四月十八日，行至柏乡。这里是南北交通孔道，原来居民甚多，熙熙攘攘，人烟辐辏，自宋金交恶，兵燹不绝，居民已逃避一空，到处是颓垣断壁，荆榛瓦砾，一片荒凉破败景象。宋朝俘虏食不果腹，衣衫褴褛，一个个鸠形鹄面，哀叹不绝，而金兵则各拥美女，饮酒啖肉，管弦齐举，丝竹并阵，欢乐无极，两者形成了鲜明的对照！

漫长的押解路程，使徽宗有度日如年之感，而金人又不时故意羞辱这位废黜的天子。车过洺州（今河北邯郸永年区）时，斡离不请徽宗观看田野围猎，徽宗本无心观看，但人在矮檐下，不敢不低头，只得诺诺连声答应。他同斡离不一起观看时，见金兵骑在马上，用枪挑着猎取的狐兔，忽有两人在马前立住，斡离不指着两人说："这就是你的故臣郭药师、张令徽。"两人拜见于徽宗马前，张令徽旋即退去，独郭药师跪奏说："臣昔日与上皇为君臣，过去在燕京，死战数回，力不能胜，不得已才投降金国，有负皇上恩德，不胜惭怍！"徽宗见是郭药师，不觉怒形于色，但当着斡离不的面，又不便发作，便揶揄他说："天时人事，理合如此，但你当日只欠一死！"斡离不打诨说："此人颇忠于南朝。"徽宗忿然作色说："药师不曾立过大功，是我豢养过厚，才造成今日之祸。"斡离不莞尔一笑说："此话甚有见地，此人不忠于天祚，也必不忠于南朝。"徽宗点头称是。郭药师被两人奚落，羞愧难当，抱头鼠窜而去。

自此之后，徽宗一闭眼睛，便想起失国之事。一日，他问身边随行的官吏曹勋："我梦见四日并出，这是中原皇帝争立之象，不知中原百姓肯不肯拥戴康王？"曹勋安慰他说："本朝德泽在民，至深至厚，今虽暂立异姓，终必归宋，请圣上释念。"徽宗知道要恢复宋室社稷，谈何容易，但听了曹勋一席话，心中宽慰了许多。他又对曹勋说："我身边只有你最年轻，又知我心事，我欲写封信给康王，让他知道父母北行的艰难及系念之心。"曹勋说："仰赖天威，我可以找个机会突围而出，必不辱圣命。"当天晚上，徽宗便找出一件衬衣，拆掉领子，在衣服上写了"可便即真，来救父母"的字样，复缝如故，交给曹勋。又从康王妃邢氏处索要来金镮一只，说是高宗在藩邸时所制，以为验证。另附有康王母亲韦贤妃书信一封，让曹勋转交高宗。曹勋临别时，徽宗又把拭泪的手帕交给曹勋说："见了康王可传达我的思念，计他知我泪下之痛，父子不得相见，唯望早清中原，速救父母，此外无须多说。"徽宗话未说完，已泣不成声了。邢氏取金镮捎给曹勋时说："替我传语大王（指康王），愿如此镮，得早相见。并请你代见我父，说我在北方无恙，教他放心。"徽宗也嘱咐说："如见康王，若有澄清中原之谋，可举行之，勿以我为念。要保守宗庙，洗雪积愤。"稍停片刻，又说："艺祖（指太祖赵匡胤）有约，藏于太庙，誓不杀大臣，不用宦官干政，违者不祥，故七位皇帝相袭，都未违犯此约。靖康年间诛杀过甚，今日国破家亡之祸，虽非因诛杀太过而起，也要引为鉴戒。"徽宗喋喋不休，说了哭，哭了又说，曹勋只得耐心听他说完。后来曹勋到了燕京，得以返回南宋。

　　四月二十三日，车过真定，徽宗与斡离不并辔从东门而入，前有旗帜引导，上写"太上皇帝"字样，城中居民知是徽宗从此经过，莫不痛哭流涕，金人也不计较，把徽宗安置在静渊庄居住。午饭后，斡离不请徽宗去看打球，徽宗本是此道中的行家里手，但如今阶下为囚，生死未卜，对打球已是心灰意冷，但斡离不相召，又不敢不去，只得同郑皇后怏怏而行。打罢球行酒，侍中刘彦宗忽然跪奏说："闻听上皇才学甚高，愿觅一打球诗，幸勿拒绝。"徽宗无奈地说："自从社稷倾覆，愁肠百结，早已辍笔不作。今既索诗，敢不应命！"沉思片刻，提笔写了一首七绝：

> 锦袍骏马晓棚分，一点星驰百骑奔。
> 夺得头筹须正过，无令绰拨入邪门。

刘彦宗捧读称赞，递给斡离不，又用女真语讲解诗意，斡离不频频点头致谢，徽宗也起身相谢。金人在此修车换马，驻跸三日。从刘家寨至真定，路程为八百里。

四月二十八日，徽宗一行来到中山府（今河北定州），此城当时还未陷落，尚由宋军把守，斡离不命徽宗喊话，让守城宋兵投降。徽宗不敢违抗，在城下大呼道："我是道君皇帝，今往北国朝见金朝皇帝，汝等可出降。"守将在城上痛哭流涕，不肯奉诏，徽宗也无可奈何。此人以孤城抵抗金朝百万之师，宁肯玉碎，不为瓦全，高风亮节，义薄云天，千载之后犹使人想望其风采！

五月中旬，徽宗一行来到离燕京不远的某地。金人在馆驿中纵酒行乐，徽宗见一胡妇领着数名女子，皆俊秀艳丽，或歌或舞，或吹长笛，或持酒劝客，座上客人皆纷纷掷钱，胡妇一一收归囊中。少顷，金人持酒给徽宗，胡妇瞅准机会，也命一持笛女子给徽宗斟酒。那女子知徽宗是宋朝人，歌声呜咽，不成曲调。徽宗看出此女子是中原人，问她是东京谁氏之女，缘何来到此处。那女子见胡妇已踅至别处，才低声自述说，她也是名门簪缨之后，出生于钟鸣鼎食之家，嫁给钦慈太后（按：即神宗陈皇后，徽宗生母）侄孙为妻。京城陷落，被掳至此，卖给豪门做奴婢，又遭主母虐待，转卖于此，每日在这里唱歌乞食，如讨要的东西少，便会遭到捶楚，如今是孑然一身，关山万里，欲回家乡，未卜何年，只有在梦中与亲人相会了。一席话未完，已是泪水汍澜，滴湿衣衫，半晌才止住哭，又询问徽宗家居何处，是否东京人，是不是也是国亡家破，被掳至此的。徽宗不禁悲从中来，掩面而泣，大有"同是天涯沦落人，相逢何必曾相识"的感慨。后来此女被粘罕纳为妾，降金的宋朝知太原府张孝纯曾在云中府粘罕席上见过她，为之书词一首：

疏眉秀目，看来依旧是，宣和妆束。飞步盈盈姿媚巧，举世知非凡俗。宋室宗姬，秦王幼女，曾嫁钦慈族。干戈浩荡，事随天地翻覆。　　一笑邂逅相逢，劝人满饮，旋旋吹横竹。流落天涯俱是客，何必平生相熟。旧日黄华，如今憔悴，付与杯中醁。兴亡休问，为伊且尽船玉。

行行重行行。一日，徽宗来到燕京的近郭尧山县，在这里进早膳时，有燕京百姓百余人，团团围在徽宗所乘车子之前，对曹勋说："上皇救活燕京之民十余万人，我辈老幼感恩不已，愿早识天颜。"徽宗揭帘见之，那些百姓皆罗拜车前，安慰徽宗说："皇帝救活燕京百姓十余万，积阴德甚多，定有回銮之日，不须忧虑。"徽宗叹惋说："尔等知当时救护之力吗？我为此受到许多诽谤，如今困厄反甚于尔等无食之时，岂非天意如此！"那些燕地百姓各叹息而去。

五月十八日，徽宗一行抵达燕京，在路上足足走了五十天，居住在延寿寺。随行宗族官吏，不谙风土，饮食失调，及至到了燕京，几乎有一半人病体支离，形容枯槁。徽宗叹息之余，搜索箱箧，拿出所有衣服，低价卖出，再买回药物，为众人治病。宋朝宗室自濮王仲理以下，居住在仙露僧舍，他们的生活条件更差，有食不果腹、衣不蔽体之遭遇。徽宗得知，又动了恻隐之心，让人仔细统计，看他们穷困潦倒到什么程度，然后将金人所赠一万匹生绢散发给随行的亲族官吏，而他自己却捉襟见肘，囊无余财，形销骨立，两鬓染霜。

在燕京安顿下来后，徽宗才得知，自金人侵宋以来，俘掠宋朝男女，均押解至燕京，不下二十万人，这些人在异国他乡必须自谋生路。有一技之长，能自食其力者，尚可生存，最苦的是那些戚畹贵族，他们一无所长，连执炊牧马的本领也没有，只能当奴隶天天受鞭笞。不到五年，这些人便十不存一，葬身在异国他乡。那些妇女分入王公贵族之家，不顾廉耻，尚有一线生机，如若分给谋克以下，十人九娼，名节既丧，命亦不保。有一铁工以八两黄金买来一名女子，经细细询问，竟是宋朝某一亲王孙女、宰相侄妇、进士之妻。

五月下旬某日，徽宗招待来燕京的宋室皇族吃饭，他亲自下厨调羹，命人去买茴香。下人匆匆买回一包，上面用黄纸包裹，打开看时，竟是建炎赦书，徽宗这才知道康王赵构已经登位，高兴地说："茴香者，回乡也，岂非天乎？"从此他望眼欲穿，盼望儿子赵构能重整河山，再造社稷。生活稍一安定，随行官吏便来探望，徽宗见他们一个个拮据穷困，感慨地说："初出京师青城之时，行色仓促，未携一物，卿等抛妻别子，冒涉风霜，千里相随，今日穷困如此，我不能救济，为之奈何！"言讫泣下。左右出主意说："可具状申明金国，乞赐给衣物。"徽宗马上依从。当时随行官吏缺少换洗之衣，郑皇后拿出绢十匹，分发给诸人。

虽然被囚燕京，徽宗仍不忘教子读书。每次诸王问安，必留座赐食，或赋诗属对。有一次父子联句，徽宗首先吟诗说："方当月白风清夜。"郓王赵楷对曰："正是霜高木落时。"徽宗又吟曰："落花满地春光晚。"莘王赵植对道："芳草连云暮色深。"对仗工整，意境也甚好。还有一次，徽宗正打算做一件换洗衣服，忽闻门外有卖《王安石日录》者，立即将做衣服的钱买了书籍。

六月初，斡离不请徽宗及其眷属在球场宴会，庆祝徽宗一行顺利到达燕京，实际上是羞辱徽宗。斡离不虽然殷殷劝酒，徽宗内心却痛彻肝肺，但又不能形之于色。当时高宗登位赦文传至燕京，斡离不也不隐瞒，送给徽宗观看，徽宗即刻召妃嫔相贺，心中才得到一丝慰藉。

七月十日，钦宗一行经云中到达燕京，居住悯忠寺，朱皇后、太子、祁王等与他居住在一起。几天之后，金人安排徽宗、钦宗父子在昊天寺相见。他们父子自汴京一别，虽只有几个月光景，却恍如隔世，两人都憔悴了许多。"别来几向梦中看，梦觉尚心寒。"父子之间互相惦念，却又无缘相见，如今见面，千言万语又不知从何说起了。尽管金人接席征歌，侑觞侍饮，但徽宗、钦宗父子哪里有心享用？他们魂萦梦系的是返回故乡，但终究是黄粱春梦，遥不可及。

燕京比不上东京繁华，延寿寺更无法与东京的皇家宫阙比拟，但是奔波了几个月，毕竟暂时有了栖息安身之地，不再遭受颠沛流离之苦，便是徽宗的最大愿望了。谁知金人又因南宋兵盛，怕他们夺回徽、钦父子，失去同南宋讨价还价的筹码，决定将他们父子迁入燕京以北的中京（今内蒙古宁城西大明镇）。

靖康二年（1127）九月十三日，徽、钦父子在金人的押送下离开燕京。"蝴蝶梦中家万里，杜鹃枝上月三更。"眼看着离家乡愈来愈远，徽宗不禁泪眼潸潸，思绪万千。燕京百姓与被俘来此的南人得知徽宗北徙，都挥泪相送于东门外，商贾们为此罢市数日，以表示对金人的不满，金人也无可奈何。

金人知道徽宗穷困潦倒，已无力筹措路费，便送绢万匹作为沿途费用。徽宗拿出一百五十匹分送给住在燕京仙露寺的宗室做冬衣，这可真是雪中送炭，受赠之人莫不感激涕零。

徽宗一行长途跋涉，经景州，上卢龙岭（在今河北卢龙县），渡栾撒河、泽河，又经大漠，于十月十八日抵达中京，计程九百五十里。中京是辽朝故城，徽宗到达后栖身于故契丹宰相府第。院中共有五幢房屋，中间的一幢由监管他们的金人居住，左边的两幢由徽宗与后妃居住，右边的两幢由钦宗与后妃居住。这里荒凉残破，人烟稀少，根本无法与燕京相比，当然更不能与东京开封相提并论。不过徽宗此时所考虑的并不是风光旖旎的景色，也不是阆苑仙范式的居住环境，而是在为生活的拮据担忧了。

由于中京气候冱寒，不适宜庄稼生长，物产不丰，徽、钦父子生活所需费用，都从燕京运来。金人每两月才运送一次，徽宗眷属千余口，钦宗眷属百余口，费用浩大，金人又不按时发放粮食、衣物，致使生活困窘，时时有枵腹之虞。徽宗整日长吁短叹，无计可施。

宋朝宗室赵遵顾奉使金国，被拘留不遣，关押在燕京，中书侍郎陈过庭、门下侍郎耿南仲、孙元等五十余人原来拘押在真定，也于这年八月押至燕京，居住在崇国寺。十月间粘罕来到燕京，陈过庭等苦苦哀求，请粘罕体察上天好生之德，允许他们南归，好与家人团聚。粘罕此时突生恻隐之心，慨然应允，陈过庭等人欣喜不已，雀跃欢呼，备车换装，准备登程。但是，风云突变，粘罕又忽然变卦，将他们押往显州（今辽宁北镇市西南）。与陈过庭一起被押至燕京的秦桧，因投靠粘罕，仍然留在燕京，后来被金人放回南宋，因主谋杀害岳飞而臭名昭著。

建炎二年（1128）三月间，居住在燕京的一个南朝人骑驴去瓦桥买米，无意中得到了南宋高宗颁发的足本赦书，拘押在燕京的宋朝大臣司马朴千方百计得到赦书，不料被一医官告发。当时金人严密封锁高宗即位的消息，以防人心浮动，因此严禁汉人收藏宋朝赦书。燕山留守马上把司马朴投入狱中，枷项禁勘，贷其死罪，杖责七十下，司马朴在床上躺了好几个月才得以痊愈。大臣何栗、张叔夜等皆身亡。原知燕山府蔡靖与其子松年和别人合作开酒店谋生。那些医官、教坊、内侍、工匠等人处境更为悲惨，他们无论贵贱壮弱，都得被押上路，路途遥远，凄风苦雨，死于途中者不计其数，尸横遍野。身体强壮者勉强到了燕京，自谋生路，有能力者经营店铺，无能力者靠坑骗度日，行乞于市。燕京甚至设有人市，凡金兵掳得的南人，视其强壮与否，标价贩卖。这些亡国之俘简直是生活在荆天棘地、刀丛剑树之中！

徽宗在中京居住了九个多月，又被牵涉到一桩政治风波之中。建炎二年七月下旬，传闻真定府获鹿县（今属河北）的张龚、燕山府潞县（今北京通州区）的杨浩纠约五马山（今河南内黄西）义军马扩、玉田（今属河北）僧一行、中山（今河北定州）刘买忙等打算攻占真定、燕山、易州、中山府等地归附南宋，因走漏了风声，计划未能实现。徽、钦父子在羁押之中，又离真定万里之遥，本来毫不知情，金人却怀疑他们插手其事，决定将二人徙往上京（今内蒙古巴林左旗南。按：金初仍以辽上京为金上京，天眷元年，即1138年始以会宁府为上京，即今之黑龙江哈尔滨阿城区南白城）。部分宗室则徙往通塞州，那里离燕京一千五百里，更为荒凉。

八月二十一日，徽宗一行一千余人，栉风沐雨，风餐露宿后抵达上京。当时的上京虽然远在边塞，却是金国的都城所在。第二天，徽宗一行征尘未洗，金太宗便把韦、邢二妃及帝姬、妃嫔等召入行幄。二十四日，金太宗决定让徽、钦父子朝见金朝祖庙，实际上是行献俘之礼，一来炫耀金朝武功，二来借此羞辱宋朝群臣。当时宋朝的皇亲贵戚，除发配至通塞州作家奴、军妓者外，皇子等三十人、后妃公主等一千三百余人，皆随徽宗等居住在行幄中。

次日晨光熹微之际，徽宗刚刚起床盥洗，数千金兵便汹汹破门而入，押送徽、钦父子及后妃至金人祖庙，逼着徽、钦父子脱去袍服，其他人皆令脱去上衣，身披羊裘，腰系毡条，引入幔殿，行牵羊之礼。然后金兵又逼着徽、钦父子进入御寨，在乾元殿朝拜金太宗。金太宗与皇后、诸王、郎君、大臣等骑马先行，接着是契丹乐队，后边跟着五面白旗，上面分别写着"俘宋二帝""俘宋二后""俘叛奴赵构母、妻""俘宋诸王驸马""俘宋两宫眷属"字样。宋朝俘虏一律着金人服装，帝后均帕头民服，外套羊裘，诸王、帝姬、驸马、妃嫔、王妃、宗室妇女、宦官等人均裸露上体，身披羊裘，鱼贯进入御寨。

在一片鼓乐声中，金太宗正襟危坐在乾元殿上，皇后及大臣侍立两旁，徽、钦父子皆跪于地上听金人宣读诏书。约一时许，宋俘纷纷被押解出帐。当晚钦宗朱皇后自缢，未死，又投水身亡。

八月二十五日，金太宗封徽宗为昏德公，钦宗为重昏侯，郑皇后为夫人。徽、钦的封号颇有调侃意味，所谓昏德、重昏，分明是嘲笑他们昏庸无能，才导致邦国沦亡，徽、钦得此封号，无疑是痛彻肝胆的耻辱。康王母亲韦贤妃、妻子邢氏以下三百人没为奴婢，入上京洗衣院，为金人浣洗衣服。说是洗衣院，其实乃金人开设的专供达官显贵淫乐的妓院。韦贤妃曾被迫再醮，嫁给盖天大王为妻，并生有子女，托名辛弃疾所著的《窃愤续录》中曾有记载。只因当时高宗登基已多年，堂堂天子之母竟然嫁过女真人，未免大煞风景，因此宋朝的官私史乘，对此皆讳莫如深。其实，韦贤妃北迁时只有38岁，徐娘半老，风韵犹存，更何况她入洗衣院中，身不由己，再嫁亦非不可能之事。

还有许多宋朝女子的际遇不如韦贤妃，有四百余名宫眷被送入元帅府女乐院，供金人淫乐。宫眷有孕者九十四人一律堕胎，有病者调理，以备采选。那些绮年玉貌的女子，倘被达官贵人看中，便强行取入府中。金太宗便从赏赐给诸王、郎君、万户的妇女中掠取24岁以下者一百一十四人入宫，诸王子从洗衣院中取走妇女三百余人。兀术南侵失败，也从洗衣院取走妇女十人。从此，洗衣院渐空，而宫院日盛。

　　一个多月之后，徽、钦父子刚刚在上京安顿下来，再次发生波折。十月初，金人不知出于何种考虑，再徙徽、钦父子及诸王、驸马、内侍、宫眷于韩州，但入洗衣院及元帅府女乐院者不得随行。这样，徽宗席不暇暖，便又得登程。

　　十二月二十六日，徽、钦父子始抵韩州，途中跋涉了两个月之久。

　　再说宋朝宗室晋康郡王孝骞以下一千八百余人，自徽、钦父子离开燕京后，金人计口供粮，每人每日给粟一升，拘禁若囚卒。所发之粟皆为粗劣不堪而又带壳者，又无蔬菜及副食品，自然不能果腹。因此，一年之间，死者过半，濮王仲理因贫病交加而死。剩下的人辗转流徙，存活下来的只有九百人左右，金人也把他们迁往韩州，分给薄田四十五顷，让他们自种自食。这些平日养尊处优的贵族和王孙公子虽然不懂得稼穑，但沦落到如此地步，为了求生，也只得日出而作，日落而息。最可怜的是那些奴婢，他们每月发给稗子五斗，舂成米之后只有一斗零八升，这便是一个月的全部口粮。每年发麻五把，自己纺绩成裘，作为衣服，此外更无一钱一帛之收入。那些不会纺绩的男子无衣可穿，只能终年裸体。金人中有好心肠的，改让这些人执炊，这样可以取暖，但一旦外出取柴，再回到火边，皮肉便一层层脱落，几天之后便会在痛苦中死去。有手艺者如医人、绣工之类，境遇稍好，能够演奏乐曲者，可在宴会上演奏，但酒阑客散之后，仍须从事奴隶劳动。金人对这些人视如草芥，任其生死。更有甚者，粘罕驱所掠宋人至西夏换马，以十易一，十个人才换一匹马。又卖与高丽、蒙古人为奴，每人卖黄金二两。

建炎四年（1130）三月，金太宗下诏说，良民被俘者，准其家属赎出，但辽朝的天祚帝耶律延禧，宋朝的赵佶（徽宗）、赵桓（钦宗）两人的家属没为奴婢者，不准赎出。这对徽宗来说，又是不小的打击。稍可告慰的是，这年四月徽宗又一儿子赵柱出生，为阎婉容所生，这年徽宗49岁。六月初，金太宗又下诏说，赵构（即宋高宗）之母韦贤妃、妻邢氏等十九人从洗衣院释放，成为良家子。韦贤妃本已再嫁盖天大王，并已生子，此时已42岁，色衰爱弛，盖天大王另觅新欢，韦贤妃才得以解脱，这真是不幸中的万幸。过了几天，金太宗又下诏说，徽宗之女六人嫁与金人宗室为妾，因均生男孩，应该优容，抬为次妇。所谓次妇，就是在众多的妻妾中，除了正室以外，可以排在第二位。这对被俘的宋朝妇女来说，已经是皇恩浩荡了。

在上京还不到一年，建炎四年七月，徽、钦父子又接到了迁徙五国城的命令。究其原因是金人准备立傀儡皇帝刘豫，怕中原人不服，趁机起事，才将徽、钦父子迁往金国都城东北千里之遥的五国城。这次迁徙乘舟而行，东路都统习古奉金太宗命令，减少随行官吏，诸色人等均不许携带。朝夕相处了四年之久，徽宗不想与随行人员分离，便亲自去找金人交涉，但未被获准。徽宗只得召谕随行官吏说："尔等冒风霜，涉险阻，固当忧乐与共，但今日朝命如此，我等命悬他人之手，也只能听别人摆布了。"金人命徽宗挑选随行之人，他只带了和义郡王有奕，永宁郡王有恭，燕王府节使有章、有亮，越王府节使有仲、有德六人。当时郓王赵楷已死，宗室仲湜等五百余人、内侍黎安国等三百余人，流离咸州道中，直到绍兴元年（1131），近支宗室仲恭、仲瑥等五百余人才迁往上京。

徽宗自靖康二年（1127）初离开汴京，倏尔四载。这四载中漂泊万里，栖迟无定，由汴京而燕京，由燕京而中京，由中京而上京，由上京而韩州，由韩州而五国城，路途中荒榛断梗，鬼燐萤火，受了多少苦楚！如今忍辱偷生，俯仰由人，一个曾经威震八纮的天朝天子，连多带几名随从都不获允许，其中滋味，恐怕只有徽宗才能细细体味了。

客死异乡

具有讽刺意味的是，金人安排徽宗在这年的七月十五日登程。这一天是道家的中元节，徽宗在位时，每年都要在这一天大摆道场，声势浩大，于今思之，恍若隔世。"思往事，惜流芳，易成伤。"欧阳修这几句词正是徽宗心情的准确写照！这一次徽宗在路上奔波了四十六日，九月二日才到达五国城。八月份正是北国风光旖旎的季节，天高云淡，芳草萋萋，玉露流波，金风扬彩，但徽宗父子哪有心情领略这无边美景！

到了五国城，刚刚安顿下来，金国千户孛堇八曷打手下通事（翻译）庆哥诈传八曷打之意，向徽宗索要价值连城的北珠。徽宗虽然阮囊羞涩，手头拮据，但他知道得罪了庆哥，就会带来无穷后患，于是忍痛割爱，将庋藏了多年的北珠交给了庆哥。不久，庆哥索珠一案东窗事发，八曷打派人调查此事，徽宗息事宁人，不愿扩大事态，只说并无此事，恐系讹传。金人听说，都赞美徽宗宽厚。

金国太子致书徽宗，要求徽宗从随从中挑选晓事能干、人才俊爽者两人，如有所需之物，尽管提出。徽宗览信，踌躇不决，最后还是派了两人前往，并回信说："跟随我的内侍中也乏干练之才，太子既然讨要，我只得于众人中挑选两人应命。他们自汴京随逐至此，艰苦万状，又久处贫穷，万望优容，不胜感荷。至于所需之物，太子不吝赐给，盛情殷殷，感谢不尽，但以人易物，非某之本意，就不必再说了。"谙班勃极烈夫人也致书徽宗，并赠送药物，也求赠内侍。徽宗身边无内侍可送，便不肯接受惠赠的药物。

徽宗迁往韩州的次年，因徽宗六个女儿均已生子，金太宗法外施恩，赏给徽宗十匹细绢，并允许他和女儿相见。徽宗感激涕零，连上两表，向金太宗叩谢。第一表中说："臣赵佶伏奉宣命，召臣女六人赐给宗族为妻，理应具表致谢。陛下深仁厚泽，可怜臣奔波万里，流寓四方，如今得与皇族结亲，可谓荣幸之至。臣已四次播迁，如今齿发俱衰，但迁徙之路尚未结束。昔居内地，颇多流言，今日播迁北疆，得攀若木（神话中指生长在日入处的一种树木）之枝，可以告慰臣之桑榆晚景。

臣一定保持晚节，力报圣恩。"齿发俱衰而奔波无已，这对于一个年近半百的人来说，确实是艰难异常的跋涉，何时才能结束这种漂泊不定的羁旅生活，能有个安定的晚年，成了徽宗魂牵梦萦的心事。

在第二表中，徽宗对金太宗再次表示感谢，这篇用笔墨蘸着泪水写成的表文，哀婉凄楚，就是铁石心肠的人读了，也不能不洒一掬同情之泪！文中说："荷蒙天子降恩，使臣在深秋中不觉寒冷，父女相见，顿觉如春光之暖。赐赠缣帛，使臣诚惶诚恐，感涕何言！臣举家数千口，流寓数载，每忧糊口艰难，忽有联姻之喜，犹如穷困潦倒，母不以为子，妻不以为夫的苏秦身背六国相印，还似行将冻毙街头的范雎，得到了须贾的一领绨袍。陛下仁慈，犹如唐尧虞舜，似臣这般冥顽之人，也得到了照顾。可惜的是，天阶咫尺，臣无缘一望清光，只能心往神驰，魂依于陛下左右。"仅因为十匹布绢，竟使徽宗顿觉生意盎然，一场普通的父女相见，竟如春光之暖，乍看起来，似乎不近情理，但对于一个失去自由的囚徒来说，已经感到很满足了。

到达荒凉偏僻的边陲小镇五国城，徽宗鞍马劳顿，来不及洗去征尘，又得上表致谢。在谢表中，他说自己惊涛千里，劫难甚多，幸能保住桑榆晚景，免于葬身鱼腹之中，是因为皇帝陛下"垂丘山之厚德，扩日月之大明"。因此对金太宗的恩泽心驰神往，感戴莫名。翻来覆去，还是那些感恩图报的套话，使人读来，味同嚼蜡，但是在那个特定环境中，徽宗还能说些什么呢？

　　自从迁入五国城，一直到死，徽宗也未再播迁，他在这里生活了五年之久。不幸的是，徽宗在迁入五国城三天之后，也即建炎四年（1130）九月初五，郑皇后在颠沛流离中撒手而去，终年52岁。从沦为囚虏后，他们夫妇相濡以沫，互相照顾，如今郑皇后却撇下他独自去了，这使徽宗心灵上受到了很大刺激。"空床卧听南窗雨，谁复挑灯夜补衣？"这是差不多与徽宗同时期的北宋词人贺铸悼亡词中的两句，用来形容徽宗此时此刻的心情，真是再恰当不过了。

　　绍兴元年（1131），徽宗嫁给金人的女儿中又有两人生子，金太宗甚为高兴，赐两人白金十锭，又爱屋及乌，赐给徽、钦父子衣服两套。徽宗照例又得写谢表，说自己受金朝皇帝庇佑，受到种种照顾，又与女真皇室结亲，自惭不能匹配，今日结为姻娅，使臣有受宠若惊之感。这都是皇帝陛下光照四方，海涵有量，深恩厚泽，臣涓埃未报，谨此临笺虔贺，望阙衔恩。郑皇后历尽劫波而死，女儿被金人权贵抢走成婚，如今还得强颜欢笑，拜表谢恩，"物是人非事事休，欲语泪先流"，徽宗的心几近麻木了。

　　福无双至，祸不单行。绍兴三年（1133）六月，徽宗第十五子沂王赵㮙、驸马都尉刘文彦受不了这种囚徒生活，为了取悦金人，改变自己的处境，竟然诬告徽宗居心叵测，意图谋反，千户孛堇八曷打已接受了状词。驸马都尉蔡鞗从莘王赵植、驸马都尉宋邦光处得到消息，马上派人告诉了徽宗。徽宗半信半疑，又惊惧不已，他刚派蔡鞗前往询问，金人已将沂王㮙、驸马刘文彦押解而去。徽宗急忙召集亲属、随从商讨对策。徐王赵棣因染疾未愈，不能前来，其他人皆闻召而至。听说发生了此事，众人均不寒而栗。蔡翛说："我辈前日不死国难，导致二帝播迁，已有愧于前人，不意逆党竟出于至亲至爱之间，真使人感慨系之。捐躯效命，正在今日，愿诸公尽力以赴国难，若有退避者，神明殛之。"蔡翛言词慷慨，闻者莫不泣下。

到了七月中旬，金人派遣两名使者前来勘问，徽宗命莘王赵植同蔡翛与金人交涉，来使则要求徽宗对簿公堂。徽宗再派徐王赵棣、驸马宋邦光前往，金人仍然坚持前议。徽宗无奈，又派钦宗、信王赵榛、驸马都尉向子扆、内侍王若冲同往，经再三哀求，金人才同意徽宗免于前往。

第二天，金人把赵楅、刘文彦带到徽宗居处之侧、蔡翛住处审问。审问持续了三天，经过反复诘问，沂王赵楅、驸马刘文彦理屈词穷，只得如实承认是诬告。金人征求徽宗对两人的处理意见，徽宗出于父子天性，竭力为两人缓颊说："他们两人悖逆，作出此等蠢事，应当严惩，但他们与我是父子、翁婿，还乞贵国网开一面，不予追究。"但是金人却不能容忍这种忤逆不孝之徒，下令把两人杀死。事情过后，蔡翛上疏请求徽宗闭门思过，以畏天戒。徽宗答道："老夫自得知儿子赵楅有诬告之事，深悟众叛亲离之祸，扪心自省，不知所措。倘不汲取教训，洗心革面，怎能全身远害，躲过灾难！诬告我一人，为害尚轻，若波及众人，还有何颜面存活于世！披阅你所上之疏，谠言忠论，非卿不闻此语，而今之后，凡所见闻，虽属微末，也当报闻。若隐而不言，言而不从，高天后土，神人共鉴。昔人所谓以国士待我者，当以国士报之，我决不食言。"但经过这次打击，徽宗常常一个人长吁短叹，更加沉默寡言了。

金国可怜这位被废黜的帝王衣食不给，经常赐给徽宗一些银钱、食物，徽宗都毫不吝惜地分给了随从。宗室仲曓等八百余人自咸州徙居上京，不少人因饥饿死于途中，徽宗闻知，甚为悲伤，对左右说："此辈何辜，竟至如此！以后若有南返之日，将带上这些人的骸骨同归。"又对近臣王若冲说："一自北迁，于今八年，经历磨难甚多，久欲记录，但未觅到合适人选，你可为我记文，善恶必书，不可隐瞒，以为后世之诫。"说罢已是泪流满面。

光阴荏苒，转眼到了绍兴五年（1135）。这年正月，61岁的金太宗吴乞买病逝，太祖阿骨打之孙完颜亶即位，是为熙宗。二月间，韦贤妃来到五国城与徽宗相聚。她被俘北上时，才38岁，徐娘半老，风韵犹存，如今却柳憔花悴，荆钗布裙，与昔日相比，已判若两人了。她与徽宗自建炎二年十月劳燕分飞，天各一方，度过了漫长的七年，直到这时才得以相见，真是"从别后，忆相逢，几回魂梦与君同。今宵剩把银钉照，犹恐相逢是梦中"了。

两个月之后的四月二十一日，心力交瘁的徽宗一病不起，魂归道山，终年54岁。当时滞留在燕山的宋朝兵部侍郎司马朴、朱弁丧服哭祭。朱弁的《送大行文》中说："我等之所以能在朝廷居官，全靠当年徽宗的恩泽雨露，如今被拘押在异域殊乡，尝尽了无数的灾难，但我们仍忠于宋朝，就像汉朝的苏武一样，节上之旄尽落，但不降匈奴；又像战国时的苏秦一样，只要口中之舌尚存，就要为自己的不幸命运抗争。"他由徽宗的死想到自己的际遇，并表示铁骨铮铮，决不降金，气节可风。囚禁在金国的洪皓，也派人到燕京建道场做功德，为故主祈冥福。他写的祭文悲壮苍凉，宋朝旧臣读之，莫不流涕。然而，尽管宋朝旧臣怀念故主，但在金国却没有引起任何反响。就这样，徽宗带着遗憾，带着愤懑，带着迷惘，客死在异国他乡！

徽宗临终时，遗言要葬于内地，金熙宗打算允其所请，但朝中大臣均持异议，只得作罢。按照金国风俗，宋徽宗与郑皇后均用生绢裹葬，没有棺椁。绍兴七年（1137）高宗才知徽宗已殁，谥为圣文仁德显孝皇帝，庙号徽宗。绍兴九年（1139）高宗之妻邢氏殁于五国城。绍兴十一年（1141）二月，金熙宗追赠徽宗为天水郡王，封钦宗为天水郡公，赐第上京（按：此时金国都城已迁往会宁府，即今之黑龙江省哈尔滨阿城区南白城，命名为上京，原上京改为北京）。但钦宗一直羁押在五国城，并未去上京，赐第之事自然不能兑现。这年十一月，宋、金达成绍兴和议，两国以淮水中流为界，宋割唐（今河南唐河）、邓（今河南邓州）两州给金，岁输银、绢各二十五万两、匹。十二月，抗金英雄岳飞惨遭高宗、秦桧一伙杀害。

绍兴和议的签订，标志着宋、金双方已结束敌对状态，两国关系有所缓和。绍兴十二年（1142）三月，金熙宗册封宋高宗为帝，归还徽宗、郑皇后、高宗之妻邢氏梓宫，并准许高宗之母韦太后归宋。韦太后得以返回宋朝，且儿子已登大宝，自然欣喜若狂。临行前，乔贵妃抱住她痛哭说："姐姐此次归去，便成了皇太后了，宜善自保重。妹妹我永无南返之日，当死于此地了。"又说："姐姐到快活处，莫忘了北国还有个受苦受难的妹妹。"说罢，放声大哭。韦太后也悲从中来，哭泣不止。

这年四月，徽宗、郑皇后的灵柩与韦太后南返乘坐的车辆，均从五国城起程。宋高宗专门派人迎护梓宫及皇太后，金国也派专使护送。八月十日，徽宗等人的灵车及韦太后进入楚州（今江苏淮安），二十三日，高宗亲至临平镇（今浙江杭州临平区）迎接，母子聚首，抱头痛哭。十月，葬徽宗、郑皇后于会稽永固陵。绍兴十三年（1143）谥徽宗为体神合道骏烈逊功圣文仁德宪慈显孝皇帝，将永固陵更名为永祐陵。

元世祖至元二十三年（1286），一群暴徒发掘南宋诸帝陵墓，徽、钦之墓也遭洗劫，但二陵均空无一物，徽宗陵有朽木一段，钦宗陵只有一木灯檠架而已。实际上，金人许诺归还二帝骨殖，不过是出于宣传上的需要，精心策划的一场骗局而已，徽、钦父子的骨殖就在五国城，根本没有运往南宋。

才华横溢的艺术家

雅好书画

徽宗在政治上是昏君，了无建树，但在艺术上却造诣颇深，堪称巨匠，无论是诗词、书法、绘画，都不乏上乘之作。在我国封建社会的莘莘帝王中，除了南唐的李后主堪与他相伯仲外，几乎没有人能与他比肩。

徽宗自幼就岐嶷不凡，酷爱绘画。当时神宗诸子安富尊荣，无所事事，独徽宗喜欢笔砚、丹青、图史、射御，十六七岁时其书画就已声誉鹊起。他的书画艺术受过王晋卿（诜）、赵大年（令穰）、吴元瑜的影响和熏陶，即位后，日理万机之暇，仍乐此不疲。他自己曾说："朕万几余暇，别无他好，惟好画耳。"他说自己只好图画，显然是自诩之辞，实际上，他这个风流天子，兴趣广泛，诸如寻花问柳、痴好花石、宠信道士等，无不沉湎其中，不能自拔。不过，他特别喜欢绘画，也是实情。

徽宗对绘画艺术的发展作出了巨大贡献。他组织人力收集古今名画，把自三国时的曹不兴，至宋初黄居寀的作品，共一百帙，列为十四门，总数达一千五百卷，辑成《宣和睿览集》。在此之前，虽然也有人收集整理过，但都没有如此巨大的规模。蔡京的儿子、《铁围山丛谈》的作者蔡絛说，徽宗自即位后，着意访求天下书法绘画，自崇宁末年便命宋乔年负责御前书画所，后来又命著名书画家米芾接替他，至崇宁末年，内府所藏已达千件有余了。据《画继》一书记载，宣和殿御阁内庋藏有隋代画家展子虔的《四载图》，号称高品，徽宗玩赏，终日不倦，但四图仅得其三，另一幅《水行图》乃是他人补遗之作，不是完璧，徽宗常常为此叹息不已。一次，有内臣赴洛阳公干，在一户人家见到一幅画，正是宣和殿中缺少的那幅，便立即收购，贡入御阁中，徽宗真有"漫卷诗书喜欲狂"的感觉了。

　　徽宗还下令编撰过《宣和画谱》，该书共计二十卷，内府所藏魏晋以来名画尽在其中，计二百三十一家，作品达六千三百九十六件，详分为道释、人物、宫室、番族、鱼龙、山水、鸟兽、花木、墨竹、果蔬十门，并分别加以品评。托名徽宗御制的"叙"中说，编撰这本画谱的目的是"见善以戒恶，见恶以思贤"。这本画谱是研究中国古代绘画不可或缺的资料。

　　内府所藏名画，曹不兴的《元女授黄帝正符图》被列为第一，与他同时的魏国高贵乡公曹髦的《卞庄子刺虎图》被列为第二。其实，《卞庄子刺虎图》乃西晋人卫协所画，《宣和画谱》的作者误认为是曹髦的作品。西晋人谢稚的《列女贞节图》名列第三。据说，曹不兴有一次为孙权画屏风，墨汁误落于纸上，不兴随手勾勒成苍蝇之状，惟妙惟肖，孙权误以为真苍蝇，以至于用手掸之。卫协画道释人物《七佛图》，从不画眼睛，有人请他补上，他说，不能补，如果补上，佛就腾空飞去了。此两人时代既早，画技又高，列为第一、第二名，可谓实至名归，其次才是顾恺之、陆探微、张僧繇等人，至于唐人作品，已多得不足珍贵了。徽宗对这些名画经常观赏揣摩，自然受益良多。

北宋的绘画艺术在徽宗统治时期达到了鼎盛，好手如云，名家辈出，这与徽宗关心画院是分不开的。

画院在我国历史悠久，可以上溯到春秋、战国时期。洎至五代十国时的西蜀、南唐，画院大盛，当时的著名画家如高太冲、周文矩、顾闳中、董源、高文进、黄筌父子等，均在画院供职。宋太祖赵匡胤扫平群雄，统一天下，供职于南唐、西蜀的画家先后来归，聚集京师开封。北宋沿袭五代旧制，也建立起翰林图画院，其官职名称，远比西蜀、南唐完备，除翰林院待诏、图画院待诏、图画院祗候外，还新设翰林应奉、翰林画史、翰林入阁供奉、图画院艺学、御画院艺学、图画院学正、画学谕、画学正等，让他们粉饰太平，为统治者歌功颂德。徽宗因喜欢绘画、书法而爱屋及乌，格外优待画家、书法家，并改善他们的生活及政治待遇。比如诸待诏立朝班时，画院的待诏立在最前边，以下依次为书院待诏、琴院待诏、棋院待诏等。同时，其他局工匠所发的钱叫食钱，只有画院、书院所发的钱称为俸直。书画院的人还可佩鱼，所谓佩鱼，是指官员身上佩带鱼袋，不到一定级别不许佩带，实际上是身份尊贵的标志。

　　把绘画列入科举制度与学校制度之内，是徽宗的一个创举。崇宁年间他以著名画家、书法家米芾为书画两学博士，开始招收生员。原来有一次徽宗要建五岳观，聚集天下名手数百人绘图，但多不称旨，徽宗遂决意兴建画学，开科取士。当时试题多采自古诗，谁能准确地画出诗句意境，便能中选。这种考试确实是别开生面，前所未有。至今还传为艺林佳话的考试题目有：

　　一、野水无人渡，孤舟尽日横。多数考生画一空舟系于岸侧，一鹭鸶立于船舷间，或画一乌鸦栖息于船篷上，表示船上无人。但诗的原意是无人渡河，小船自有撑船之人，因而意境不佳，未能入选。独有一人画一船夫卧于船尾，手中擎笛横吹，表示有撑船之人而无渡客，所画与诗句吻合，于是中选。

　　二、乱山藏古寺。这句诗的意境隐在"藏"字上，多数考生画乱山之中露出一塔尖，或现出一鸱吻（宫殿屋脊上像鸟一样的装饰品），有的甚至画出了殿堂一角，都未尽现"藏"的意境。只有一人画荒山满幅，上边露出了幡竿，既有幡竿，必有庙宇，"藏"字的意境便很显豁了，遂中试为第一。

　　三、嫩绿枝头一点红，动人春色不须多。多数画工构思平平，毫无新意，只在花卉上点缀春色，均不切题，不中考官之意。独有一人在高楼矗立、绿杨隐映之处，画一美人凭栏而立，准确地体现出了闺中少妇因春色撩人而思春的意境。令其他画工大为叹服，遂中为魁首。

　　四、竹锁桥边卖酒家。多数画家从"卖酒家"三字着眼，去刻画酒家的摆设，而以小桥、流水、竹林作为陪衬。这些画一览无余，毫不含蓄，没有表现出"锁"字的意境，自然不能入选。而画家李唐的构思与别人不同，他画的是一座小桥横跨于流水之上，桥畔岸边是一片生机勃勃的竹林，在竹梢上斜挑出一幅迎风招展的酒帘。画面上虽未出现酒家，但通过酒帘却使人联想到，在竹林掩映的后面，一定有酒家，从而准确地体现出了"锁"字的意境。此画一出，众人为之折服，结果他独占鳌头，被录入图画院。

五、踏花归来马蹄香。这句诗意境幽邃，不易入画，多数人只画落花，无法表现出"马蹄香"的意境。有一名画家别出心裁，画几只蝴蝶追逐马后，体现出马蹄因踏花而带有香味，也被选中。

六、蝴蝶梦中家万里，子规枝上月三更。有一个名叫王道亨的生员，画苏武牧羊于北海，披毡持节而卧，一双蝴蝶飞舞其上，表现出苏武在沙漠风雪中羁旅愁苦之状。又画林木扶疏，上有子规（即杜鹃），月正当午，木影在地，亭榭楼观皆隐约可辨，准确地体现出了诗的意境，徽宗拍案称奇，擢为画学录。

七、六月杜藜来石路，午阴多处听潺湲。多数人画茂树临溪，一人面水而坐，不能体现出"听潺湲"的意境，因此未能入选。独有一人画林木茂密，浓荫匝地，山径崎岖，乱石铺道，一人于树荫深处倾耳以听，但水在山下，目不能见，只能用耳朵听，"听潺湲"的意境表现得恰到好处，自然入选。

八、万年枝上太平雀。这是徽宗亲自主持考试时所出的题目，因考生不懂万年枝为何物，无人中选，实际上万年枝就是冬青木。

徽宗观察生活，细致入微。一次，宣和殿前所植荔枝结实，徽宗特来观看，发现孔雀立于荔枝枝下，便召画工描绘。画工各展技艺，妙趣纷呈，但画到孔雀飞往藤墩时，都画右脚先举。徽宗摇摇头说，画得不对，众画工愕然相顾，不知所以。几天之后，徽宗再召画工询问，众人仍不知错在何处。徽宗说孔雀升空，必先举左足，验之果然，众画工大为叹服。还有一次，龙德宫建成时，徽宗召画工在屏壁上作画，画成后徽宗前往观看，无一句夸奖之辞，独在一幅斜枝月季花画前徘徊不已，问画者是谁，其实那幅画的作者只是一个少年新进。徽宗欣喜之余，特准赐绯。按照制度，六品官才能赐绯，那少年还没步入仕途，得此荣誉，实属难得。众人问其缘故，徽宗说月季花春、夏、秋、冬四季及朝暮蕊、叶均不相同，这幅画画的是春天正午时分的月季，没有丝毫差错，因此才赏赐他，众人甚为佩服。

只要进入画院，就得和学生一样，受到严格的教育。除了学习绘画外，还兼习其他课程。绘画课有佛道、人物、山水、鸟兽、花竹等，其余课程有《说文》《尔雅》《方言》《释名》等。《说文》是让学生写篆字，探讨字的音训，其余三书都设问答，看他们的理解能力是否能通画意。

进入画院的学生分士流、杂流两种，分斋居住。士流兼习一大经或一小经，杂流只诵小经或读律考。他们平时练习图画，都有机会见到内府所藏之画，赏鉴观摩。北宋灭亡后，流落到蜀地的中原画家叙述，他们在画院时，每隔十日，徽宗便命宦官将两匣内府所藏名画送往画院，让士子观看，并立下规矩，不得渍污、遗失。画工每作一幅画，都要先呈上草稿，然后再呈上真品。徽宗不时前往观看，如对哪幅画不满意，先用白色土涂去，令画工重新构思，直至徽宗满意为止。可以说，徽宗是执教非常严格的导师。徽宗在位期间是两宋画家人数最多的时候，有成就的画家达四十八人之多。

徽宗对书画家优宠有加，最著名的当推米芾。米芾字元章，襄阳人，因寓居苏州，《宋史》说他是吴人，人称米南宫，别人戏称为米颠。曾任校书郎、知雍丘县（今河南杞县）、太常博士、画学博士、礼部员外郎、知淮阳军（今江苏睢宁西北）等职，著有《画史》传世。徽宗知米芾擅长书法，于瑶林殿张挂长两丈的绢，设玛瑙砚、李廷珪墨、牙管笔、金砚匣、玉镇纸等，召米芾书写。徽宗亲自观看，令梁守道相伴，赏赐酒果。米芾反系袍袖，跳跃便捷，落笔如云龙飞动，并不时回头向徽宗大声呼道：“奇绝陛下！”徽宗大喜，把砚匣、镇纸赏赐给他，并封为书学博士。一次在崇政殿议事，米芾手执札子打算呈进，徽宗让他放在椅子上，他大声叫道：“皇帝叫内侍，要唾壶！”管理阁门的官员劾奏他扰乱宫廷，应当受到惩处。徽宗连忙制止说：“对有才能的人不可用时俗礼法拘束他。”米芾任职于吏部时，徽宗召至便殿，命他在四扇屏风上写字。几天后，派宦官赐银十八笏，十八笏为九百两，宋人以九百为痴。米芾知道天子在戏弄他，便对使者说：“知臣莫若君，臣有自知之明。”使者回奏，徽宗纵声大笑。政和年间修建艮岳，徽宗召已任书画两学博士的米芾书写屏风，并指着御案上的一方端砚让他使用。那方端砚系端州（今广东肇庆）贡来，制作精巧，米芾便想据为己有。待书写完毕，他捧着端砚说："此砚已被臣濡染，陛下无法使用了。"徽宗知他想索要砚台，便愉快地赏赐给他。米芾大喜过望，捧砚急走，墨汁淋漓，把他的衣服都弄脏了。米芾在涟水军（今江苏涟水）时，有一客人贩卖戴嵩的《牛图》，米芾借来观看数日，便照样画了一幅，将仿画还给了客人，自己留下了真迹。几天后，客人索要真本，米芾问他怎辨真假，客人说："真画牛目中有牧童身影，这幅画没有，因此我断定是赝品。"米芾无法抵赖，只得将真画归还。

除了米芾以外，受徽宗器重的书画家还有不少。苏轼之子苏叔党，也是丹青好手，徽宗曾召他入宫，命其在墙壁上画槔石。苏叔党举笔涂抹，顷刻而就，徽宗甚为赏识，赐赉甚厚。勾处士精于鉴赏，四方所进之画，徽宗都让他品定等级高低。戴琬最擅长画翎毛花竹，求者甚多，徽宗封其臂，不令私画；宣和年间赐宰臣宴时，徽宗以其所画《龙翔鹥鹈图》宣示群臣。徽宗把山水画家郭熙的画赏给《画继》作者邓椿的父亲邓雍。这些都说明了徽宗与画家的融洽关系。

杰出的绘画成就

徽宗绘画技艺精湛，画路宽广，具天纵之妙，有晋、唐风韵。他的花鸟画尤为世人称道，现在传世的作品，也以花鸟画居多。据邓白所撰《赵佶》一书统计，国内现存徽宗的花鸟画真迹有：故宫博物院收藏的《芙蓉锦鸡图》《祥龙石图》《枇杷山鸟图》《池塘秋晚图卷》《梅花绣眼图》等，上海博物馆收藏的《柳鸦图》，辽宁省博物馆收藏的《瑞鹤图》，现存台湾的有《山禽蜡梅图》《杏花鹦鹉图》《鸲鸽图》等。流散在国外的有《御鹰图》《金秋英禽图》《写生珍禽图》《四禽图》《六鹤图》《栀雀图》《竹禽图》，以及藏于日本的小品《小鸠桃花》《水仙鹌鹑图》等。这些画用笔细腻，逼真传神，显然是融合了黄筌父子创作的长处，形成了自己独特的风格。据《画继》记载，政和年间，徽宗曾画了一幅《筠庄纵鹤图》，画面上绘有二十只神态各异的白鹤，或游戏于上林苑中，或饮水于太液池中，或昂首向天，引吭而鸣，或刷洗羽毛于清泉。并立而不争，独行而不倚，闲暇之格，清迥之姿，寓于缣素之上，各极其妙，莫有同者。如果不是大手笔，是很难达到这种境界的。

　　徽宗的花鸟画颇受后世的推崇和称赞。元朝人刘敏中说徽宗的鹤图，骨活神从，曲尽真态。另一元朝人贝琼评徽宗的《蝉雀图》所画螳袭蝉后，蝉环顾左右，伺机欲逃；雀袭螳后，螳螂反顾而将回击，构思之巧妙，布局之恰当，非一般画家所能企及。南宋初年的王庭珪在《题宣和殿双鹊图》诗中高度赞扬了徽宗的绘画技巧：

　　　　宣和殿后新雨晴，两鹊飞来东向鸣。
　　　　人间画工貌不成，君王笔下春风生。

　　另一南宋人李曾伯评论徽宗的《宣和浦禽图》说，徽宗的画技艺超群，一片羽毛，一株花卉，均落笔不凡，精妙过人。宣和初年，徽宗曾赐给中书舍人何栗一幅《双鹊图》，校书郎韩子苍有诗赞道：

> 君王妙画出神机，弱羽争巢并占时。
> 相见春风鸹鹊观，一双飞上万年枝。

　　喜鹊站在万年枝（冬青树）上，神态自然，呼之欲出，惟妙惟肖。

　　清人王士祺的《池北偶谈》记载了这样一则故事：武昌一个姓张的人，儿媳被狐所惑，百计驱之无效。一日置酒招待客人，把徽宗画的鹰张挂堂上，让客人观赏。这天风平浪静，狐至门口逡巡而不敢入。等客人散去，已是更深夜阑，狐始至，说几乎丧命。妇人问他为何如此狼狈，狐说："你家堂上有神鹰，看见我即奋爪搏击，如果不是它脖项上系着铁链，我就死无葬身之地了。"第二天，妇人告知丈夫，将图画中神鹰脖项上的铁链涂掉，到了晚上，果然有狐被击死于堂下。这则记载极尽夸张之能事，当然不可凭信，但说明徽宗画的鹰鲜明生动，形态逼真。

　　徽宗的人物画也有很深造诣。他画的《梦游化城图》（佛教用语，即幻化出来的城市），在咫尺画幅中，不但能画出上千个人物，而且还能把城郭、宫室、麾幢、鼓乐、仙嫔、云霞、霄汉、禽畜、龙马等也描绘于上，观之令人有神游八极之思。徽宗从容画来，布局巧妙，剪裁得当，不愧为画人物的高手。他的画既有临摹的，也有自己创作的。临摹的如辽宁省博物馆藏《摹张萱虢国夫人游春图》及现藏美国波士顿美术馆的《摹张萱捣练图》，笔墨生动，几可乱真，没有丝毫雕琢痕迹。元代大书画家赵孟頫说，徽宗的人物画，其风神法度可与顾恺之、陆探微一争高低。这是切中肯綮的评价。

现存台湾的《文会图》与故宫博物院收藏的《听琴图》是徽宗留下的真迹。《听琴图》画面上有一株苍劲挺拔的松树，枝繁叶茂，高耸云天，树下一人身穿道袍，正专心致志地弹琴。左右各有大臣一人，右边一人俯首凝思，左边一人目视远方，也在全神贯注地听琴，他身后有一小书童侍立，画的正上方有蔡京题的诗。据后人考证，弹琴者为徽宗本人，右边俯首者即蔡京。画面完整和谐，意境幽美，给人以无限遐想，仿佛悠扬的琴声与雄浑的松涛声汇成了一首动人的合唱曲。

徽宗的山水画也气势不凡。他有一幅《奇峰散绮图》，画面上展现出秀丽山水，迢迢银河，琼楼玉宇，使人有身临其境、飘飘欲仙之感。《画继》一书称赞这幅画意匠天成，工夺造化，妙外之趣，咫尺千里。现藏于故宫博物院的《雪江归棹图》是一幅气势恢宏的作品，画卷中烟波浩渺，水天一色，层峦叠嶂，行客萧条，鼓棹中流，片帆天际，把雪江归棹的意境描绘得淋漓尽致。明朝人王世贞说徽宗的花鸟画成就可与黄筌父子相匹敌，但山水、人物画不为世人所知，而《雪江归棹图》则独辟蹊径，可与唐代的王维相媲美。

除花鸟、人物、山水画之外，徽宗还擅长其他杂画，墨竹就是一例。《画鉴》上说徽宗的花鸟、山石、人物画或入"妙品"，而有些墨花、墨石画则可入"神品"。他所画墨竹紧细不分浓淡，一色焦墨，从密处微露白道，自成一家，绝不蹈袭古人轨辙。徽宗画马、兔也不落窠臼，独辟蹊径。抗金名将李纲说，徽宗所画马、兔，一马举足奋迅将起，一兔正面踞地啮草，皆绝去笔墨畦径间，意态如生，精妙入神。并写诗赞扬画中马的形象："非行非立非驰逐，独马腾身前举足。展步奋迅欲嘶风，骧首骎骎初喷玉。"兔的形象是"枯荄咀嚼如有声，缺口长颈耸双耳"。均是栩栩如生。如今传世的《王济观马图卷》《宣和三马图》及表现草虫之类的《水墨草虫图》《宣和双蟹图》等，都是艺术珍品。可惜汴京失陷时，这些名贵的画卷有的毁于兵火，有的则流落下臣之手，不能成为完璧了。李纲有诗云："时危反掌同永嘉，胡骑飒沓陵中华。当时宸笔散烟雾，往往流落群臣家。"指的就是这种情况。

瘦金体书法，独步一时

徽宗的书法艺术，在北宋末年可谓独步一时。他在十六七岁时与驸马都尉王诜、宗室赵令穰过从甚密，此两人都擅长绘画，而令穰又喜欢黄庭坚的书法。徽宗在学习黄庭坚书法的基础上，独辟蹊径，自成一家。他不但擅长行书，草书、正书也有极高造诣。刚开始学书法时师法薛稷，变其法度，自号瘦金书。有人称赞他的书法笔势飘逸，如冲霄鹤影，高迈不凡；似掠水燕翎，轻盈无迹，瘦劲而不纤，端整而不板。鹤影直冲云霄，是何等的潇洒飘逸；燕翎掠水，是何等的轻盈而不着痕迹！笔迹虽瘦但遒劲而不显纤细，字体端整但又不显得呆板，这种艺术境界不是一般书法家所能达到的。南宋人楼钥曾目睹过徽宗真迹，赞叹不已，说他"笔力超迈，高掩前古"，又说其字"至今如新，势欲飞动"。这些评价都不是溢美之词。

　　徽宗的书法作品传世者不多，但从其御笔题跋中，仍可窥见他那瘦金体的风采。稀世珍品《牡丹帖》是瘦金书的代表作，全帖共一百一十字，潇洒飘逸，刚柔相济，结构、行笔都恰到好处，给人以艺术的享受。徽宗的草书也达到了炉火纯青的地步，现藏于辽宁省博物馆的《草书千字文》，笔走龙蛇，气势磅礴，是一份珍贵的历史文物。全卷长三尺有余，写在整幅的描金云龙笺上，其精致美妙可与隋代僧智永、唐代孙过庭和僧怀素的《草书千字文》相颉颃。上海博物馆庋藏的徽宗《草书纨扇》，上写"掠水燕翎寒自转，堕泥花片湿相重"十四字，婀娜多姿，风流跌宕，恰似出水芙蓉，天然而去雕饰，也是不可多得的珍品。

　　徽宗的书法艺术深受臣下欢迎，皆以争得一轴为荣。相传有一次他到秘书省去，打开箱子，取出御书画，凡公宰亲王、使相从官，各赐御画一幅，兼行草书一纸，命蔡攸为大家分配，群臣皆断佩折巾，争先恐后索要，徽宗高兴得开怀大笑。无独有偶，唐太宗曾在玄武门欢宴三品以上官员，亲作飞白书赏赐群臣，众臣乘醉竞取，常侍刘洎甚至登上御床，从太宗手中夺取。这两则皇帝赏赐臣下书画的故事，都是书法史上的佳话。

相传政和年间，襄邑（今河南睢县）在上元节时请紫姑神做游戏。紫姑神又名坑三姑娘，是神话中的厕所神，据说正月十五日夜被杀于厕所之中，上帝怜悯她无辜被杀，命她为神。民间于元宵夜在厕所中祭祀她。不料这天紫姑神竟写了一个长约一丈的大字。有人戏谑地问："还能写得更大些吗？"神即书写道："请你们贴纸二百幅，我为你们写一'福'字。"又有人问："纸的事好办，去哪里找那么大的笔呢？"紫姑神又写："请用麻皮十斤扎笔，直径二尺左右，用大缸盛墨汁。"好事者遵命，在一富人家的麦场上铺纸濡墨。紫姑神又写："请找一人，把笔系在他的脖子上。"其中一人不觉身体腾挪，往来疾行于麦场之上，顷刻成字，端庄如颜真卿体。紫姑神又用小笔在纸角上写道："可持往宣德门卖钱五百贯。"消息传开，县官说他们是妖人，将参与者悉数逮捕。后经上级官府审理，未发现有不轨行为，便上奏给天子。徽宗下诏让紫姑神再次书写，他亲往观看，只见神又写一"庆"字，与前几天写的"福"字大小相称，字体也相同。徽宗称奇不已，命令在襄邑择地建祠，年年祭祀。这则记载完全是无稽之谈，不可凭信，但由此反映出徽宗是非常重视书法艺术的。

忍听羌笛，吹彻梅花

　　徽宗的诗词为书法、绘画所掩，在文学史上地位不高。他的诗词可分为前后两个时期：他当天子期间，就经常挥毫染翰，写作不辍，但多是无病呻吟、粉饰太平之作，可取者不多；靖康蒙难之后，环境骤变，阶下为囚，蒙羞受辱，倍觉凄凉，徽宗伤感时事，形于歌咏。这些诗词大都发自肺腑，情真意切，婉转浏亮，悲怆欲绝，虽不能与苏东坡、陆游、辛弃疾、李清照等大家媲美，但也有自己的特色。可惜的是，徽宗沦落到五国城后，沂王赵樗、驸马刘文彦告他谋反，徽宗心灰意冷，将自己的作品付之一炬，如今剩下的只有断简残编了。

徽宗的诗大致可分为以下几类：

第一类是宫词。这些诗多是描绘宫廷景色，即兴吟咏，格调不高，《宋诗纪事》一书虽有收录，但流传不广，不为世人所知。不过也有个别篇什清新流丽，意味隽永。如一首写宫中打水球的诗：

苑西廊畔碧沟长，修竹森森绿影凉。

戏掷水球争远近，流星一点耀波光。

诗中描绘宫苑西廊畔有一泓碧水，岸两旁修竹森森，宫人们在碧波中戏掷水球，只见一点流星在水中闪闪发光。短短二十八字，将宫人打水球的场面完全烘托出来。

第二类是题画诗。这些诗大都描写女性，清新自然，通俗易懂而又寓意深远。如《题修竹士女图》：

瑶台无信托青鸾，一寸芳心思万端。

莫向东风倚修竹，翠衫经得几多寒。

瑶台是神仙所居之地，这里指远方的情人；青鸾指传说中的神鸟。心上人音尘阻隔，杳无消息，只得托青鸾传递问候。一个痴情女子，春心脉脉，身穿一件薄薄的翠衫，背倚修竹，思念远方的情人，尽管寒气袭人，也毫不在意。一个多情女子的形象跃然纸上。

又如《题芭蕉士女图》：

> 罗袜生香踏软纱，钗横玉燕鬓松鸦。
> 春心正是芭蕉叶，羞见宜男并蒂花。

一个含情脉脉的少女见到并蒂芭蕉花时，不禁感慨万端。芭蕉花能够并蒂盛开，联想到自己也到了"窈窕淑女，君子好逑"的年龄，但名花无主，形单影只，于是不敢再看并蒂芭蕉花了。

再如《题涤砚士女图》：

> 软绣屏风小象床，细风亭馆玉肌凉。
> 含情学写鸳鸯字，墨洗蕉花露水香。

一个情窦初开的少女，学写比翼齐飞、形影相随的鸳鸯二字，以寄托自己无尽的情思。

第三类是赐给臣下的诗。这类诗大部分是赐给宰相蔡京的，无论是思想性、艺术性均无可取之处，只有一首《赵昌江梅山茶》颇可玩味：

赵昌下笔摘韶光，一轴黄金满斗量。

借我圭田三百亩，真须买取作花王。

这首诗写画家赵昌运用神来之笔，摘下春光置于画卷之中，百花盛开，如同一轴黄金。如果徽宗有三百亩圭田（卿大夫供祭祀用的田地），就全部种上花卉作为花王。诗意饶有趣味，使人浮想联翩。

第四类是沦为囚徒后的伤感身世之作。这类作品因身处逆境而显得感情真挚，哀婉凄凉，催人泪下。

其一　汧州作

投袂汧城北，西风又是秋。

中原心耿耿，南渡思悠悠。

尝胆期贤佐，颐情忆旧游。

故宫禾黍遍，行役闵宗周。

汧州即历史上的汧县，春秋时秦襄公曾建都于此，在今陕西陇县南。徽宗从未到过汧州，这里是把虎狼之秦与金国相提并论了。徽宗在秋风萧瑟中到了金国之后，内心无限酸楚。《诗经·黍离》写周朝大夫路经宗庙遗址，见其地尽为禾黍，彷徨不忍离去，而今轮到自己来体会这一滋味了，心中的痛苦无以言表。自己昔日那金碧辉煌的宫殿，想必已是荒草没径，遍地禾黍了。倘若昔日有贤臣辅佐，自己又励精图治，何至于有今日这种悲惨结局!

其二　在北题壁

彻夜西风撼破扉,萧条孤馆一灯微。

家山回首三千里,目断天南无雁飞。

这首诗描绘被俘后北上途中的酸辛。西风凛冽,摇撼门窗,馆驿萧条,一灯如豆,回首乡关,三千余里,仰望云天,无雁南飞。此情此景,怎不使人感慨系之!

其三

国破山河在,人非殿宇空。

中兴何日是,搔首赋车攻。

《车攻》是《诗经·小雅》中的篇名,该诗写周宣王因狩猎而选调车徒之事,这里指选调军队恢复旧日河山。国家覆亡,但山河犹在,人事全非,殿宇已空,何日才能中兴?只能搔首踟蹰,吟咏《车攻》这篇诗来抒发情愫了。

其四

国破山河在,宫廷荆棘春。

衣冠今左衽,忍作北朝臣。

国家灭亡,社稷丘墟,宫廷里长满了荆棘。而我这个堂堂天子，却被迫穿上了金人的衣服，向金国俯首称臣，让人情何以堪！

其五

杳杳神京路八千，宗祊隔越几经年。

衰残病渴那能久，茹苦穷荒敢怨天？

神京（指汴京）杳杳，路途八千，已经好几年没拜谒祖庙了，真是愧对列祖列宗于九泉之下！如今我是身衰体残，疾病缠身，能活在世上多久，还是未知数。在穷乡僻壤之地吃苦受罪，是命中注定，我哪里敢埋怨上天呢？恓惶、无奈之情，都包含在这四句诗里了。

其六　清明日作

茸母初生忍禁烟，无家对景倍凄然。

帝京春色谁为主？遥指乡关涕泪涟。

这是徽宗在金国为俘，逢清明节有感而作的诗。诗中的茸母是一种植物，其籽可食。清明节前一日或两日是寒食节，此时茸母初生，寒食节又禁止生烟火，茸母可以逃过一劫，继续生长。睹物思人，我能否逃过这一劫，回到中原呢？过了寒食节，又是清明节，到了为祖先烧纸上坟的时候，但如今阶下为囚，有家不能归，祖宗的陵墓不能祭扫，使人倍觉凄然！北国虽然春寒料峭，但是汴京却是春色烂漫，美景如画，在这无边春色中，谁是宫阙的主人呢？当然是金朝的权贵了。翘首南望，乡关山水迢递，不禁涕泗涟涟。正因为徽宗沦落为囚，身处逆境，才能直抒胸臆，写得如此哀痛感人。

其七

九叶鸿基一旦休，猖狂不听直臣谋。
甘心万里为降虏，故国悲凉玉殿秋。

北宋一共有九位皇帝，因此称九叶鸿基。徽宗是第八位皇帝，到他的儿子钦宗时国祚中断，个中原因是没有采纳贤臣的忠言谠论，而今悔之已晚。山河破碎，北国为囚，遥望故国，悲怆难言，玉殿（皇宫）萧瑟，又逢深秋，怎不叫人气塞咽喉！

徽宗的词也可分作三类。

第一类是描写帝王宫阙生活的。这里选择两首：

其一　声声慢　春

宫梅粉淡，岸柳金匀，皇州乍庆春回。凤阙端门，棚山彩建蓬莱。沉沉洞天向晚，宝舆还、花满钧台。轻烟里，算谁将金莲，陆地齐开。　　触处笙歌鼎沸，香鞯趁，雕轮隐隐轻雷。万家帘幕，千步锦绣相挨。银蟾皓月如昼，共乘欢、争忍归来。疏钟断，听行歌、犹在禁街。

　　这是一个乍暖还寒的初春季节，岸柳吐绿，大地回春。凤阙端门已经搭建起了山棚，装点得如同蓬莱仙岛一般。烟雾氤氲中，状如莲花一样的彩灯到处悬挂。耳目所及之处，笙歌鼎沸，鞍辔生香，车轮驶过之处，似有轻雷，隐隐可以听见。来看灯的人都搭起了帘幕，万家相连，如同锦绣。此时皓月当空，如同白昼。如此良辰美景，使人流连忘返，已是夜阑更深时分，钟声已经稀疏了，但禁街上仍不时传出悠扬的歌声。这是多么令人陶醉的太平景象！

其二　探春令

　　帘旌微动，峭寒天气，龙池冰泮。杏花笑吐香犹浅。又还是、春将半。　　清歌妙舞从头按，等芳时开宴。记去年、对着东风，曾许不负莺花愿。

　　帘旌微微飘动，春寒料峭，但池中的冰已开始融化，杏花正在次第开放，香味还不很浓，不过已经是烂漫的春天了。春光如许，正是轻歌曼舞的大好时机，等到百花姹紫嫣红时再开宴赏春。去年百花盛开时，对着骀荡东风，曾许下诺言：不辜负莺、花，即在有莺、花的地方饮酒探春。这首词把宫廷的旖旎风光、帝王的闲适恬淡都描绘出来了。

　　第二类是悼亡之作。流传下来的只有一首：

醉落魄　预赏景龙门追悼明节皇后

　　无言哽噎，看灯记得年时节。行行指月行行说。愿月常

圆，休要暂时缺。　　今年华市灯罗列，好灯争奈人心别。 人
前不敢分明说。不忍抬头，羞见旧时月。

　　明节皇后即林灵素所说的九华玉真安妃刘氏，宣和三年
（1121）一病不起，终年33岁。她温柔贤淑，甚得徽宗宠爱，
突然在盛年去世，使徽宗悲泣不已。当后宫众人前往吊唁时，
他也掩面啜泣。因此，这首《醉落魄》词情真意切，感人肺
腑。上阕写去年上元节时，两人携手观灯，一边行走，一边低
声诉说，愿花常开，明月常圆，有情人白头偕老。下阕笔锋一
转，写今年风景依旧，街市花灯罗列，而安妃已逝,空有满怀惆
怅，又不便在人前诉说，更不忍心观看去年此时两人共赏过的
那轮明月。通篇没有"相思"二字，但悼念亡人的一片挚情，
却绵绵不尽，给人以无限想象的余地，大有"天长地久有时
尽，此恨绵绵无绝期"的意味。 整篇词质朴自然，没有雕琢痕
迹，哀婉动人，是徽宗词中非常成功的作品。
　　第三类是退位、被俘后的作品。这些作品抒发胸中愤懑，
叙述自己坎坷困顿的遭遇，使人不能不洒一掬同情之泪。

　　其一　临江仙 宣和乙巳（1125）冬幸亳州途次
　　过水穿山前去也，吟诗约句千余。淮波寒重雨疏疏。烟笼
滩上鹭，人买就船鱼。　　古寺幽房权且住，夜深宿在僧居。
梦魂惊起转嗟吁。愁牵心上虑，和泪写回书。

　　这首词是徽宗退位后往亳州烧香时写的。他虽然禅位给儿

子，不再过问朝政，有闲暇去亳州烧香，但是金兵挥戈南下，一路上如入无人之境，已经接近汴京城下，社稷存亡未卜，使他牵肠挂肚，放心不下。雨疏风骤，烟雾茫茫，赁舟南下，远离京城，栖身古寺，心神不宁。听说金兵已至汴京城下，不知朝廷近来消息如何。愁堆心头，含着眼泪写封回信，此情此景，用李清照词"这次第，怎一个愁字了得"来形容，是最贴切不过了。

其二　眼儿媚

玉京曾忆昔繁华，万里帝王家。琼林玉殿，朝喧弦管，暮列笙琶。　　花城人去今萧索，春梦绕胡沙。　家山何处，忍听羌笛，吹彻梅花。

这是徽宗被俘至金国后思念故国之词。玉京指都城汴京，回忆当年汴京，真是烟薮繁华之地。在这人烟辐辏的大都市里，徽宗作为帝王，住的是琼林玉殿，白天弦管迭奏，晚上则笙琶齐鸣，端的是声透碧霄，音贯九重。这是一段令人惬意，难以忘怀的日子。往事堪哀，对景难排。那段美好的生活只能留在记忆里了。如今是远离故国，花城人空，胡地萧索，一片肃杀景象，几回梦里归乡，醒来时却是满地胡沙。乡关何处，家在哪里，往事如烟，不堪诉说，听着那一声声呜咽的羌笛，心都要碎了。

其三　燕山亭

　　裁剪冰绡，打叠数重，冷淡燕脂匀注。新样靓妆，艳溢香融，羞杀蕊珠宫女。易得凋零，更多少、无情风雨。愁苦。闲院落凄凉，几番春暮。　　凭寄离恨重重，这双燕，何曾会人言语。天遥地远，万水千山，知他故宫何处。怎不思量，除梦里、有时曾去。无据。和梦也、有时不做。

　　这首词上阕写一个妙龄女子乍试新妆，淡施脂粉，风情万种，芳香四溢，天上神仙府的女子也自愧不如。但是韶光易逝，人生易老，经过几番风雨摧残，春已迟暮，院落冷落凄凉，往日繁华不再，人也变老了。这显然是作者自况，从显贵的天子沦落成了金人的阶下囚。下阕抒写国破家亡的离愁别恨，家乡天遥地远，万水千山，旧时宫阙何处寻觅，恐怕只能在梦里相见了。这首词哀怨低回，虽然说不上是千古绝唱，但也深深打动着读者的心扉。

　　读徽宗被俘后用血和泪写成的词，很容易使人联想起李后主。他们两人的才能、气质、性格、爱好乃至结局，都有惊人的相似之处。二人都是政治上的昏君，艺术上的巨匠；两人又都是亡国之君，李后主被宋太宗的牵机药毒死于北宋都城开封，徽宗则在流放中死于五国城。这种历史的巧合，恐怕古今中外都难以找到相同的例子，无怪乎后人传说宋徽宗乃李后主转世了。

附录　宋徽宗年表

元丰五年（1082）1岁

十月生于宫中，神宗第十一子，生母为钦慈皇后陈氏。

元丰六年（1083）2岁

正月，神宗赐名为佶。闰六月，韩国公富弼病逝。十月，授镇宁军节度使，封宁国公。

元丰七年（1084）3岁

十二月，司马光上《资治通鉴》，神宗降诏奖谕。

元丰八年（1085）4岁

二月，神宗第六子煦被立为皇太子。三月，神宗崩逝，年38岁。皇太子即位，是为哲宗。封宁国公赵佶为遂宁郡王。十月，葬神宗于永裕陵。

元祐元年（1086）5岁

二月，吐蕃首领董毡卒，以其子阿里骨袭河西军节度使、邈川首领。四月，王安石病逝。七月，夏国主秉常卒。九月，司马光病逝。十月，改衍圣公为奉圣公。

元祐二年（1087）6岁

八月，封吐蕃首领心牟钦毡为银州团练使、温溪心瓜州团练使。西夏入侵三川诸寨，被宋兵击败。宋将种谊收复洮州，俘其首领鬼章青宜结。十一月，鬼章招其子及部属以自赎。十二月，颁《元祐敕令式》。

元祐三年（1088）7岁

三月，夏人寇德靖寨，为宋所败。九月，禁宗室与内臣家联姻。十月，复南北宣徽院。闰十二月，颁《元祐式》，范镇定铸律、度量、钟磬等以进，令礼部、太常参定。

元祐四年（1089）8岁

二月，吕公著病逝。四月，立进士四场法。

八月，以"四善三最"考课县令。九月，检先朝文武百官应遵守的七条戒律，命百官遵守。

元祐五年（1090）9岁

二月，因旱灾罢修黄河。文彦博致仕，哲宗欢宴于玉津园。五月，诏差役法有未备者，令王岩叟具利害以闻。

元祐六年（1091）10岁

四月，诏大臣堂除差遣，非行能卓异者不可轻授。夏人入侵熙河、兰岷、鄜延路。

五月，诏娶宗室女者，其官不得过朝请大夫、皇城使。九月，岁出内库缗钱50万以备边费。十一月，作《元祐观天历》。

元祐七年（1092）11岁

四月，立孟氏为皇后。立考察县令课绩法。

五月，大食进火浣布（石棉织成之布）。

六月，浑天仪像成。七月，诏修《神宗史》，复翰林侍讲学士。九月，永兴军、兰州、镇戎军地震。十月，环州地震。

元祐八年（1093）12岁

正月，颁高丽所献《黄帝针经》于天下。

二月，高丽使者请求买历代史及《册府元龟》，哲宗许之。三月，诏御试举人复试赋、诗、论三题。五月，罢二广折二钱。七月，令陕西沿边铁钱、铜钱悉还近地。

八月，诏陕西复铸小铜钱。九月，哲宗祖母太皇太后高氏崩逝。十二月，仿《唐六典》修官制。

元祐九年 / 绍圣元年（1094）13岁

四月，诏诸路复元丰免役法。苏轼坐掌制命语涉讥讪，落职知英州，六月再贬惠州。七月，诏"大臣朋党，司马光以下各轻重议罚，布告天下"。于是，司马光、吕公著夺谥，吕大防、刘挚、苏辙等均贬官。十二月，范祖禹、赵彦若、黄庭坚坐修史事责授散官，分别安置于永、澧、黔州。是岁，洛水溢，太原地震，河北大水。

绍圣二年（1095）14岁
十月，河南府地震。

绍圣三年（1096）15岁
三月，赵佶由遂宁郡王改封端王。七月，依元丰职事官以行、守、试三等定爵秩。九月，废皇后孟氏为华阳教主、玉清妙静仙师，赐名冲真。十一月，章惇上《神宗实录》。十二月，蔡京上《新修太学敕令式》《评定重修敕令》。

绍圣四年（1097）16岁
正月，以吐蕃首领阿里骨子瞎征为河西军节度使、邈川首领。二月，追贬吕公著为建武军节度副使、司马光为清远军节度副使、王岩叟为雷州别驾，夺赵瞻、傅尧俞赠谥。岁赐端王佶钱6500缗。吕大防、刘挚、苏辙、梁焘、范纯仁再次贬官,分别安置于循、新、雷、化、永五州。闰二月，苏辙责授琼州别驾，移昌化军安置，范祖禹移宾州安置，刘安世移高州安置。四月，吕大防卒。五月，文彦博病逝。十二月，刘挚卒。是岁，两浙旱饥，诏行荒政，移粟赈贷。

绍圣五年 / 元符元年（1098）17岁
三月，封端王赵佶为司空。四月，章惇进《神宗帝纪》。

七月，范祖禹、刘安世分别移化州、梅州安置。京师地震。九月，秦观除名，编管雷州。是岁，澶州河溢。

元符二年（1099）18岁

七月，洮西安抚使王赡复邈川城。八月，吐蕃首领瞎征降。九月，青唐陇拶降。立刘贤妃为皇后。闰九月，以青唐为鄯州，邈川为湟州，宗哥城为龙支城，俱隶陇右。

元符三年（1100）19岁

正月，哲宗崩，赵佶于枢前即位，皇太后权同处分军国事，追尊生母陈氏为皇太妃。二月，立顺国夫人王氏为皇后。三月，以西蕃王陇拶为河西军节度使，赐姓名为赵怀德，邈川首领瞎征为怀远军节度使。四月，罢编类臣僚章疏局。五月，复废后孟氏为元祐皇后。追复文彦博、王珪、司马光、吕公著、吕大防、刘挚等23人官爵。七月，皇太后还政。九月，诏修《哲宗实录》《神宗史》。十月，蔡京、章惇贬官。禁曲学偏见、妄意改作以害国事者。

建中靖国元年（1101）20岁

正月，追尊生母为皇太后。二月，始听政。三月，辽人告道宗殂逝，孙延禧即位，是为天祚帝。诏以河西军节度使赵怀德知湟州。

崇宁元年（1102）21岁

五月，瞎征卒，七月，以蔡京为尚书右仆射兼中书侍郎，焚元祐法，于都省置讲议司。八月，诏司马光等21人子弟不得在京师为官。九月，诏中书籍元符三年臣僚章疏姓名为正上、正中、正下三等，邪上、邪中、邪下三等。治臣僚议复元祐皇后及谋废元符皇后罪，罢韩忠彦、曾布官，窜曾肇以下17人。籍元祐及元符末宰相文彦博等、侍从苏轼等、余官秦观等、内臣张士良等、武臣王献可等122人，御书刻石端礼门，另以元符末上书人钟世美以下41人为正等，悉加旌擢。范柔中以下500余人为邪等。又诏元符三年、建中靖国元年责降臣僚已牵复者，将其告命缴纳尚书省。十月，罢元祐皇后之号，复居瑶华宫。刘奉世等27人坐元符末党与变法，并罢祠禄。十二月，论弃湟州罪，贬韩忠彦、曾布等官。诏"诸邪说诐行非先圣贤之书及元祐学术政事，并勿施用"。置局苏、杭州，造作宫廷器用。

崇宁二年（1103）22岁

正月，窜任伯雨、陈瓘、龚夬、邹浩于岭南，马涓等9人分贬诸州。以蔡京为尚书左仆射兼门下侍郎。三月，诏"党人子弟"不得擅到阙下，因趋附党人罢任在外指射差遣及得罪停替臣僚亦照此办理。赐进士及第538人，其中曾经上书在正等者升甲，邪等者黜之。四月，下诏毁吕公著、司马光、吕大防等景灵西宫绘像。毁《唐鉴》及三苏、秦观、黄庭坚等文集；追毁程颐出身文字，其所著书令监司觉察。六月，册王氏为皇后。诏"元符末上书进士，类多诋讪，令州郡遣入新学，依太学自

讼斋法，候及一年，能革心自新者许将来应举，其不变者当屏
之远方"。复湟州。八月，再论弃湟州罪，韩忠彦、安焘等再
次贬官。张商英入元祐党籍。九月，诏宗室不得与元祐奸党子
孙为婚姻。上书邪等人，知县以上资序并与外祠，选人不得改
官及为县令。令天下监司长吏厅各立元祐奸党碑。十一月，以
元祐学术政事聚徒传授者，令监司觉察，必罚无赦。

崇宁三年（1104）23岁

正月，诏上书邪等人不得至京师。铸当十大钱。铸九鼎。
二月，诏王珪、章惇别为一籍，如元祐党。四月，复鄯州，不
久改为西宁州。罢讲议司。五月，罢开封权知府，置牧、尹、
少尹。改定六曹，以士、户、仪、兵、刑、工为序，增其员
数，仿《唐六典》易胥吏之称。六月，置书、画、算学。诏重
定元祐、元符党人及上书邪等者合为一籍，共309人，刻石庙
堂。十月，夏人入泾原，围平夏城，攻镇戎军，河西军节度使
赵怀德出降。

崇宁四年（1105）24岁

正月，改熙河兰会路为熙河兰湟路，筑溪哥城，以童贯
为熙河兰湟、秦凤路经略安抚制置使。二月，置陕西、河东、
河北、京西监，铸当二夹锡铁钱。受赵怀德降，授感德军节度
使，封安化郡王。曲赦熙河兰湟路。三月，夏人攻塞门寨。
四月，辽人遣使为夏人求还侵地及退兵。夏人攻临宗寨、顺宁
寨，为宋将刘延庆击败，复攻湟州北蕃市城，又被击败。五

月，除党人父兄子弟之禁。赐张继先号虚靖先生。七月，置四辅郡，以颍昌府为南辅、襄邑县为东辅、郑州为西辅、澶州为北辅。诏夺元祐辅臣坟寺。八月，以东辅为拱州。奠九鼎于九成宫。赐新乐名大晟，置府建官。九月，诏元祐党人贬谪者依次迁徙近地，但不得至畿辅。

崇宁五年（1106）25岁

正月，毁元祐党人碑，复谪者仕籍，从今以后，言官不得弹纠。赦天下，除一切党人之禁。权罢方田。

大观元年（1107）26岁

正月，以蔡京为尚书左仆射兼门下侍郎。二月，复行方田。五月，朝散郎吴储、承义郎吴侔坐与妖人张怀素谋反伏诛。诏颁新乐于天下。诏自今凡总一路及监司之任，勿以元祐学术及异意人充选。八月，曾布卒。九月，章惇坐冒法窜海岛。十二月，蔡京进太尉。

大观二年（1108）27岁

正月，蔡京进太师，加童贯节度使，仍宣抚。三月，颁《金箓灵宝道场仪范》于天下。五月，以复洮州功，赐蔡京玉带，加童贯检校司空。复诸路岁贡供奉物。溪哥王子臧征朴哥降。九月，皇后王氏崩。曲赦熙河兰湟、秦凤、永兴军路。

大观三年（1109）28岁

二月，韩忠彦致仕。六月，诏修《乐书》。蔡京罢。七月，诏贬谪之人除元祐奸党及得罪宗庙外，余并录用。十一月，蔡京进封楚国公致仕，仍提举《哲宗实录》。十二月，罢东南铸夹锡钱。

大观四年（1110）29岁

正月，罢改铸当十钱。诏士庶拜僧者，论以大不恭。二月，禁燃顶、炼臂、刺血、断指。罢京西钱监。罢河东、河北、京东铸夹锡铁钱。三月，诏医学生并入太医局、算入太史局、书入翰林书艺局、画入翰林图画局，学官等并罢。四月，蔡京上《哲宗实录》。五月，贬蔡京为太子少保。十月，立贵妃郑氏为皇后。

政和元年（1111）30岁

二月，册皇后。诏陕西、河东复铸夹锡钱。四月，罢陕西、河东铸夹锡钱。立守令劝农黜陟法。八月，复蔡京为太子太师。九月，郑允中、童贯使辽，李良嗣献取燕之策，赐姓赵。十一月，以上书邪等及曾经入籍人并不许试学官。

政和二年（1112）31岁

二月，蔡京复太师致仕，赐第京师。四月，复行方田。宴蔡京等于太清楼。五月，蔡京落致仕，三日一至都堂议事。九月，改太尉为武阶之首，正三公、三孤官，改侍中为左辅，中书令为右弼，左右仆射为太宰少宰，罢尚书令。

政和三年（1113）32岁

正月，追封王安石为舒王，子雱为临川伯，配享文宣王庙。四月，在福宁殿东建玉清和阳宫。闰四月，改公主为帝姬。复置医学。五月，颁新燕乐。十月，阅新乐器于崇政殿，出古器以示百官。十二月，诏天下访求道教仙经。

政和四年（1114）33岁

正月，置道阶，凡二十六等。八月，改端明殿学士为延康殿学士，枢密殿直学士为述古殿直学士。

政和五年（1115）34岁

正月，泸南宴州夷人起义，派梓州路转运使赵遹率兵镇压。二月，立赵桓为太子。以童贯领六路边事。三月，追封韩琦为魏郡王，复文彦博官。十月，以嵩山道士王仔昔为冲隐处士。十二月，宴州平定，置缘边安抚司于泸州。

政和六年（1116）35岁

正月，以童贯宣抚陕西、河北。闰正月，置道学。四月，会道士于上清宝箓宫。诏蔡京三日一朝，正公相位，总治三省事。五月，废锡钱。六月，颁中书官制格。七月，宴州夷人首领卜漏被处死。八月，幸蔡京第。九月，诣玉清和阳宫，上太上开天执符御历含真体道昊天玉皇上帝徽号宝册，令洞天福地

修建宫观，塑造圣像。以童贯为开府仪同三司。十二月，奠九
鼎于圜像徽调阁。

政和七年（1117）36岁

正月，以殿前都指挥使高俅为太尉。二月，会道士2000
余人于上清宝箓宫，诏通真先生林灵素谕以帝君降临事。改天
下天宁万寿观为神霄玉清万寿宫。幸上清宝箓宫，命林灵素讲
道经。四月，讽道录院上章，册已为教主道君皇帝，止于教门
章疏内使用。五月，命蔡攸提举秘书省并左右街道录院，改玉
清和阳宫为玉清神霄宫。六月，进封蔡京为陈、鲁国公。十一
月，命蔡京五日一赴都堂治事。十二月，以童贯领枢密院，命
户部侍郎孟揆作万岁山。

政和八年/重和元年（1118）37岁

二月，遣武义大夫马政由海道使女真，约夹攻辽。五月，
诏诸路选漕臣一员，提举本路神霄宫。以林灵素为通真达灵元
妙先生、张虚白为通元冲妙先生。以青华帝君八月九日生辰为
元成节。八月，以童贯为太保，颁御注《道德经》。九月，诏
太学，辟雍各置《内经》《道德经》《庄子》《列子》博士二
员。用蔡京言，集古今道教事为纪志，赐名《道史》。诏视中
大夫林灵素、视中奉大夫张虚白，并特授本品真官。十月，置
道官二十六等，道职八等。

重和二年 / 宣和元年（1119）38岁

正月，诏佛改号为大觉金仙，余为仙人、大士。僧为德士，易服饰，称姓氏。寺为宫，院为观。改女冠为女道，尼为女德。金人遣使来，宋派人报聘。二月，易宣和殿为保和殿。三月，诏天下知宫观道士与监司、郡县官以客礼相见。童贯遣知熙州刘法出师攻统安城，夏人伏击，刘法败殁，震武军受围。四月，童贯以鄜延、环庆兵大破夏人，平其三城。五月，诏德士并许入道学，依道士法。六月，诏西边武臣为经略使者改用文臣。封庄周为微妙元通真君、列御寇为致虚观妙真君，配享混元皇帝。夏国遣使纳款，诏六路罢兵。七月，以童贯为太傅。八月，诏诸路未方田处并令方量，均定租课。以神霄宫成告天下。九月，宴蔡京于保和新殿。幸道德院观金芝，遂幸蔡京等。以蔡攸为开府仪同三司。十月，以《绍述熙丰政事书》布告天下。十一月，因朱勔以花石纲媚上，东南骚动，太学生邓肃进诗讽谏，诏放归田里。十二月，京东路百姓揭竿而起，令东、西路提刑镇压。徽宗多次微行，往来李师师家，正字曹辅上书极谏，被编管郴州。

宣和二年（1120）39岁

正月，罢道学。二月，遣赵良嗣使金。九月，金人遣孛堇使宋。复德士为僧。遣马政使金，宴童贯第。十月，方腊起义于建德青溪，命谭稹镇压。十一月，改谭稹为两浙制置使，以童贯为江、淮、荆、浙宣抚使攻打方腊。方腊攻克建德、歙州、杭州。

宣和三年（1121）40岁

正月，罢苏杭造作局及御前纲运。方腊克婺州、衢州。二月，方腊克处州。宋江起义军由淮阴至京东、河北，入楚、海州界，被张叔夜招降。五月，陈过庭、张汝霖因乞罢御前使唤及岁进花果，为王黼所劾，一并窜贬。闰五月，恢复应奉司，命王黼与宦官梁师成领之。七月，童贯俘获方腊，献于京师。八月，方腊被杀。以童贯为太师。

宣和四年（1122）41岁

正月，金人破辽中京，天祚帝北走。三月，辽人立燕王淳为帝。金人来约夹攻，命童贯为河北、河东路宣抚使，屯兵以应之，且招谕幽燕。五月，以高俅为开府仪同三司。童贯至雄州，令统制种师道分道进兵。辽人败宋将杨可世于兰沟甸，再败之于白沟，宋将辛兴宗亦败于白沟。六月，种师道退保雄州，辽人追至城下，徽宗闻兵败，下诏班师。燕王淳死，萧干立其妻萧氏。七月，王黼以耶律淳死，复命童贯、蔡攸治兵，以刘延庆为都统制。种师道、和诜皆贬官。九月，金人来议师期，遣赵良嗣报聘金国。辽将郭药师以涿、易二州来降。十月，改燕京为燕山府。涿、易等八州皆赐名，刘延庆、郭药师出兵雄州，耶律淳妻萧氏上表称臣纳款。郭药师、高世宣、杨可世等袭燕，萧干以兵入援，战于城中，药师等败绩。以蔡攸为少傅，判燕山府。刘延庆自卢沟烧营夜遁，众军遂溃，萧干追至涿水上乃还。十一月，金人遣李靖等来许山前六州。十二月，郭药师败萧干于永清县，遣赵良嗣报聘于金国。金人入燕，萧氏出奔。贬刘延庆。

宣和五年（1123）42岁

正月，金人遣李靖来议所许六州代租钱。遣赵良嗣报聘，求西京等州。以王安中为河北、河东、燕山府路宣抚使，知燕山府。四月，金人遣杨璞以誓书及燕京、涿、易、檀、顺、景、蓟州来归。童贯、蔡攸入燕，燕之职官、富民、金帛、子女已为金人尽掠而去。童贯表奏抚定燕城。曲赦河北、河东、燕、云路，宋军班师。五月，以收复燕、云赐王黼玉带，以王黼总治三省事。金人许朔、武、蔚三州。阿骨打殂逝，由其弟吴乞买继位，是为金太宗。六月，辽人张觉以平州来附。以蔡攸领枢密院。七月，童贯致仕，起复谭稹为河北、河东、燕山府路宣抚使。王黼等上徽宗尊号为继天兴道敷文成武睿明皇帝，不允。禁元祐学术。八月，命王安中作《复燕云碑》。萧干破景州、蓟州，寇燕山，为郭药师所败，不久，为部下所杀，传首京师。十一月，幸王黼第观芝。金人取平州，张觉走匿燕山，金人索之急，命王安中缢杀，函其首送之。

宣和六年（1124）43岁

五月，金人遣使告吴乞买嗣位。六月，诏以收复燕云以来，京东、两河之民，困于调度，令京西、淮、浙、江、湖、四川、闽、广并纳免夫钱，限两月纳足，违者从军法。七月，遣许亢宗贺金国嗣位。八月，谭稹落太尉，罢宣抚使，童贯致仕。以复燕云赦天下。九月，以金芝户于艮岳万寿峰，改名寿岳。十月，诏有收藏、习用苏、黄之文者并令焚毁，犯者以大不恭论。十一月，王黼致仕。罢应奉司。令尚书省置讲议司。十二月，蔡京领讲议。诏百官遵行元丰法制。蔡京落致仕，领三省事。是岁，河北、山东百姓起义，命内侍梁方平镇压。京师、河东、陕西地震，河北、河东、京东、京西、浙西大水。

宣和七年（1125）44岁

二月，复置铸钱监。诏京师运米50万斛至燕山。京东起义军张万仙等5万余人受招安。三月，山东义军贾进等10万人受招安。四月，蔡京复致仕。诏行元丰官制。复尚书令之名，虚而不授，三公只是阶官，不领三省事。六月，封童贯为广阳郡王、蔡攸为太保。九月，河东奏言宗翰至云中，诏童贯复宣抚之职。十二月，童贯自太原遁归京师。中山府奏金人宗翰、宗望分两道入攻，郭药师以燕山叛入金，北边诸郡皆陷。金人陷忻、代诸州，围太原府。罢浙江诸路花石纲、延福宫、西城租课及内外制造局。金兵攻中山府。以太子赵桓为开封牧。下诏罪己，令申外直言极谏，郡邑率师勤王。罢道官、大晟府、行幸局，西城及诸局所管缗钱，尽付有司。以宇文虚中为河北、河东路宣抚使。内禅皇太子即皇帝位，是为钦宗。徽宗被尊为教主道君太上皇帝，居龙德宫，尊皇后为太上皇后，居撷景园。金人分道入犯，宗望陷信德府，宗翰围太原。太学生陈东等上书，请诛蔡京、童贯、王黼、梁师成、李彦、朱勔六贼。上道君皇帝尊号为教主道君太上皇帝，皇后为道君太上皇后。

靖康元年（1126）45岁

正月，诣亳州太清宫，幸镇江府。宰相欲奉钦宗至襄、邓，为李纲谏止，以李纲为亲征行营使。金人攻宣泽门，被李纲击退。命李棁使金军。金人攻通津、景阳等门，又被李纲击退，李棁与金使萧三宝奴、耶律忠、王讷来索金帛数千万，且求割太原、中山、河间三镇，宰相、亲王为质，方行退师。命康王赵构、张邦昌使金，诏称金国加"大"字。种师道率兵入援。王黼被杀于雍丘。梁师成贬谪，行至八角镇，有诏赐死。二月，姚平仲夜袭金人，败绩。罢李纲以谢金人，废亲征行营司。命资政殿大学士宇文虚中等使金，许割三镇地。太学生陈东等伏阙上书，请夏用李纲、种师道，李纲被任命为右丞，充京城防御使。除元祐党籍学术之禁。康王赵构自金营回。金人退军，京师解严。蔡京、童贯、蔡攸贬官，梁方平坐弃河津伏诛。三月，徽宗返回南京，居于宜春苑。四月，徽宗回到京师。贬童贯为昭化节度副使，安置郴州。朱勔安置循州。开府仪同三司高俅卒，追削高俅官。七月，除元符上书邪等之禁。安置蔡京于儋州、蔡攸雷州、童贯吉阳军，蔡京子弟23人已分窜远地，遇赦不许量移。蔡京死于潭州。赵良嗣伏诛，窜其子孙于海南。八月，宗望攻广信军、保州不克、犯真定。宗翰攻太原。九月，太原陷落，安抚使张孝纯被俘降金。蔡攸与弟脩、朱勔赐死，枭童贯首。十月，贬李纲为保静军节度副使，安置建昌军。金人陷真定。天宁节至，钦宗率群臣至龙德宫上寿。议割三镇。金人陷平阳府、威胜、隆德、泽州。十一月，命耿南仲赵宗望军，聂昌赴宗翰军，许画河为界。康王至滋州，州人杀王云，康王还相州。宗望军至开封城下。遣使召诸道兵勤王，命康王为天下兵马大元帅。遣曹辅、冯澥、士诇使金请和，为金人拒绝。金人攻通津门、宣化门，妖人郭京用六甲法大开宣化门出攻金人，大败，郭京遁去，金人登城，京师陷落。十二月，钦宗赴金营上降表，竭府库所有犒军、金人大肆搜刮财物。

靖康二年 / 建炎元年（1127）46岁

正月，钦宗再至金营，被囚不返。二月，钦宗被金人废黜。同月，徽宗、郑皇后等也被押往金营。三月，金人主张邦昌为帝，徽钦二帝被押解北上，同行者有后妃、皇子、皇孙、帝姬（公主）、驸马、宗室、官吏、内侍、技艺、工匠、倡优、教坊女乐等3000余人，掠去法驾、卤簿、车辂、法物、大乐、祭器、八宝、九鼎、圭璧、天下图书等，府库积蓄为之一空。五月，徽宗一行抵达燕京。是月，赵构即皇帝位，是为高宗。七月，钦宗也至燕京。九月，金人徙徽宗于中京，十月方至。

建炎二年（1128）47岁

七月，金人徙徽、钦二帝于上京。八月，徽、钦二帝素服拜见金太祖庙，然后入见金太宗于乾元殿。徽宗被封为昏德公，钦宗被封为重昏侯。十月，金人再徙徽、钦父子于韩州，随行宗室给田四45顷，让他们自种自吃，死者甚众。

建炎三年（1129）48岁

徽、钦父子仍在韩州。

建炎四年（1130）49岁

七月，金人徙徽、钦父子于五国城，八月间始至。九月，郑皇后病逝，终年52岁。

绍兴元年（1131）50岁

徽宗在五国城。

绍兴二年（1132）51年

徽宗在五国城。

绍兴三年（1133）52岁

六月，沂王赵樗、驸马刘文彦告徽宗谋反，金人查无此事，将赵樗、刘文彦二人处死。

绍兴四年（1134）53岁

徽宗在五国城。

绍兴五年（1135）54岁

正月，金太宗病逝，完颜亶即位，是为金熙宗。二月，韦贤妃从洗衣院获释，至五国城与徽宗相聚。四月，徽宗病逝，按金人风俗，用生绢裹葬。绍兴七年，高宗才知徽宗已殁，谥为圣文仁德显孝皇帝，庙号徽宗。绍兴十一年，金熙宗赠徽宗为天水郡王，封钦宗为天水郡公。同年，绍兴和议成，金人归还徽宗、郑皇后等人梓宫，准许高宗之母韦太后归宋。次年四月，徽宗等人灵柩与韦太后自五国城出发，八月始抵宋境。十月，葬徽宗、郑皇后于会稽永固陵。至元二十一年（1284）徽宗之墓被奸徒盗劫。

后 记

　　又是一年春草绿，依旧十里杏花香。2007年春天，河南人民出版社出版了这本人物传记。时隔15年之后，又是莺飞草长的春天，岳麓书社又重印这本书，编辑陈文韬先生嘱我写篇后记，除了感谢之外，杜甫这句"漫卷诗书喜欲狂"诗，也许最能表达我此刻的心情了。

　　在我几十年的学术生涯中，我喜欢读人物传记，林语堂的《苏东坡传》、梁启超的《李鸿章传》、吴晗的《朱元璋传》、朱东润的《张居正大传》是我书案必读之书。我也喜欢写人物传记，除本书外，还为谢安、韩愈、范仲淹、清代台北知府陈星聚等人写过传记，今年还有三本写历史人物的书分别在河南人民出版社、大象出版社出版。我才疏学浅，谫陋饾饤，不能望梁启超、林语堂、吴晗诸先生的项背，但愿尽力去步先贤的后尘。在写过的几本传记中，我下功夫最多的就是本书。宋徽宗是风流天子，诗、书、画均有极高造诣，堪与号称诗、书、画三绝的唐代郑虔和清代郑板桥相媲美，但在治国理政上却昏庸无能，把一个好端端的国家弄得满目疮痍，山河破碎，他本人也沦为金人的阶下囚，在凄风苦雨中被羁押北上。度过了长达8年的铁窗生涯后，54岁的徽宗在北方边徼的荒凉小镇——五国城殒命丧生。当年我写完这本书时曾随口吟出一首俚诗："一片降幡出国门，荒陬遐域度残春。宵小误国倾社稷，几回掩卷哭徽钦。"其实，误国者岂止是宵小，徽宗何尝不是误国之人！

承蒙岳麓书社的厚爱，这本十几年前的旧作才得以重新面世。如今是太平盛世，政通人和，海晏河清，才有更多的人关注传统文化。倘博雅君子稍稍浏览一下这本小书，作为饭后茶余的消遣，于愿足矣。

任崇岳

2022年3月18日

宋徽宗

著　　者	任崇岳	责任编辑	陈文韬　周家琛　刘丽梅
出 版 人	崔　灿	责任校对	舒　舍
出版统筹	马美著	书籍设计	罗志义
策划编辑	陈文韬	营销编辑	谢一帆　唐　睿